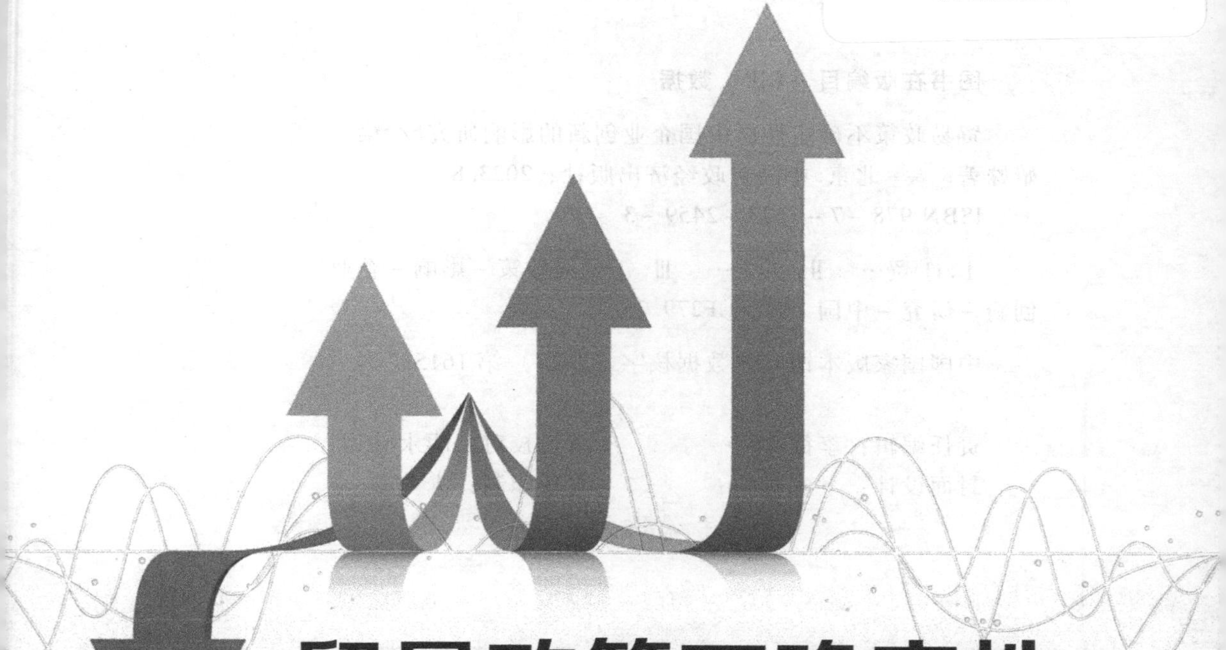

贸易政策不确定性对中国企业创新的影响研究

The Impact of Trade Policy Uncertainty on China's Enterprise Innovation

梁婧姝 著

中国财经出版传媒集团
中国财政经济出版社

图书在版编目（CIP）数据

贸易政策不确定性对中国企业创新的影响研究 / 梁婧姝著. --北京: 中国财政经济出版社，2023. 8

ISBN 978-7-5223-2459-3

Ⅰ. ①贸… Ⅱ. ①梁… Ⅲ. ①贸易政策-影响-企业创新-研究-中国 Ⅳ. ①F279. 23

中国国家版本馆 CIP 数据核字（2023）第 161537 号

责任编辑：李篌文　　　责任校对：胡永立
封面设计：卜建辰　　　责任印制：党　辉

贸易政策不确定性对中国企业创新的影响研究
MAOYI ZHENGCE BUQUEDINGXING DUI ZHONGGUO QIYE CHUANGXIN DE YINGXIANG YANJIU

中国财政经济出版社 出版

URL：http：//www. cfeph. cn
E-mail：cfeph@ cfeph. cn

社址：北京市海淀区阜成路甲 28 号　邮政编码：100142
营销中心电话：010-88191522
天猫网店：中国财政经济出版社旗舰店
网址：https：//zgczjjcbs. tmall. com
北京财经印刷厂印刷　各地新华书店经销
成品尺寸：170mm×240mm　16 开　15. 25 印张　220 000 字
2023 年 10 月第 1 版　2023 年 10 月北京第 1 次印刷
定价：69. 00 元
ISBN 978-7-5223-2459-3
（图书出现印装问题，本社负责调换，电话：010-88190548）
本社质量投诉电话：010-88190744
打击盗版举报热线：010-88191661　QQ：2242791300

前　言

题记：当我们对自己变成什么样的人感到惊讶时，就能看到变化着的时代正在我们的生命中打下深深的烙印。

从2019年年底开始，突如其来的新冠疫情迅速蔓延至全球，打破了人们平静的生活。三年多来，供应链脱钩断链、贸易摩擦、金融市场恐慌、粮食危机、通胀高企、地缘政治冲突等各种各样的“黑天鹅”和“灰犀牛”接踵而至。不经意间，我们已经迈入了一个充满不确定性的新时代。被新生活裹挟着前进，有些恐惧和不安，但也拥有更多可能性。

党的二十大报告提出，“以中国式现代化全面推进中华民族伟大复兴”。在现代化新征程上，需要在更高层次、更大范围发挥科技创新的引领作用，坚持创新在我国现代化建设全局中的核心地位。当前，中国的创新能力不断提升，但部分核心技术领域与世界先进水平仍有差距。与此同时，外部环境发生了深刻的变化，复杂多变的国际形势引发中国的贸易政策不确定性急剧上升，给企业创新发展带来严峻挑战。因此，了解贸易政策不确定性如何影响企业创新，并找到可能的应对策略和突破路径对于学术研究和政策制定都非常重要。

具体地，贸易政策不确定性的根源有哪些？如何影响中国企业技术创新？具体的作用机制是什么？企业嵌入网络的类型、程度和位置将发挥怎样的调节作用？政府为帮助企业应对贸易政策不确定性，持续提升创新能力需要做哪些工作？更进一步，中国如何参与世界贸易和科技规则的制定，成为真正意义上的贸易和创新强国？本研究旨在对上述问题进行回答，为中国企业应对贸易政策不确定性建立起策略体系。

通过研究我们发现，尽管中美大国博弈背景下贸易政策不确定性使相关行业和企业的发展生态受到负面影响，但相关企业表现出较强的韧性，研发投入大幅增加，攻克核心技术的战略决心显著增强。只要将贸易政策不确定性控制在合理的区间，就能避免其对企业创新造成不可逆转的危害。我们也应注意到，贸易政策不确定性对不同高科技制造业创新绩效的影响存在显著差异，特别是外向型经济发展模式挑战尤为严峻，需要我们以国内大循环的确定性和稳定性对冲外部环境不确定性，增强产业政策的针对性和适应性，全面提升创新发展韧性。经济全球化是世界经济发展的必然趋势，中国要提升对外开放的广度和深度，主动与世界再挂钩，在合作共赢中寻找新的发展机遇。

塔勒布在《反脆弱》一书中写道："风会熄灭蜡烛，却能使火越烧越旺。对随机性、不确定性和混沌也是一样。你要利用他们，而不是躲避他们。"世界无时无刻不在变化相生，从这个角度看，不确定性本是日常，意外也不意外。天地不仁，以万物为刍狗。与造物的自然相比，个体从来都是非常短暂而渺小的，面对时代的变化和挑战，我们能做的就是发挥主观能动性，用自身的确定性去应对未来的不确定性。

作者

2023 年 7 月

目　录

第1章 绪言

创新是引领发展的第一动力，是国家兴旺发达的不竭源泉。近年来我国创新能力不断提升，专利申请和发明授权排名世界第一，2022年国家综合创新能力排名世界第11位。然而，中国仍然是世界上最大的发展中国家。与美国等发达国家相比，我国在部分核心技术领域仍受制于人。与此同时，外部环境也发生了深刻的变化，不稳定不确定性因素明显增加。2019年年末，新冠疫情席卷全球，产业链、供应链中断，复杂多变的国际形势使中国的贸易政策不确定性急剧上升，给企业创新发展带来严峻挑战。因此，了解贸易政策不确定性如何影响企业创新，并找到可能的应对策略和突破路径对于避免"技术脱钩"和"技术冷战"带来的不利影响，实现科技自立自强具有重要的理论和现实意义。

1.1 研究背景和研究意义

1.1.1 研究背景

(1) 创新成为提升国家竞争力的关键

当今世界，科技创新已经成为提升国家综合竞争力的决定性因素。随着知识经济时代的到来，技术创新作为历次产业革命的先导，在各个工业与科技强国中一直被看作综合国力竞争的战略制高点。据2019年全球主要国家的研发投入数据显示，大国间科技竞争态势日趋激烈，各国在基因编辑、量子、人工智能等颠覆性技术领域和信息、能源、先进制造等基础性科技领域均纷纷加强前瞻性和战略性布局，确保紧跟科技前沿，占据产业发展先机，以期形成非对称战略竞争优势（见图1－1）。

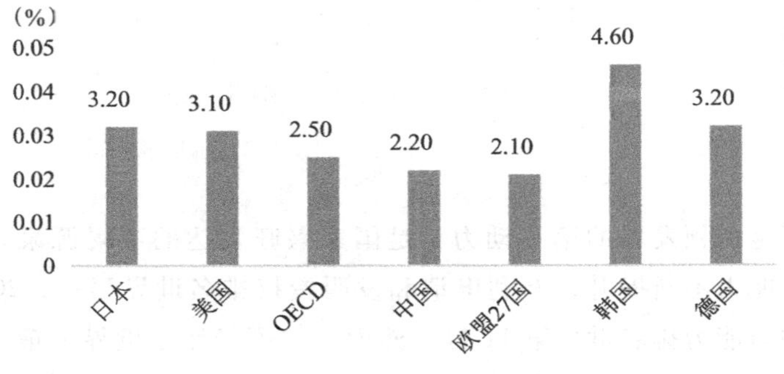

图1－1　2019年主要国家研发投入占GDP比重

资料来源：OECD（经济合作与发展组织）。

（2）中国贸易政策不确定性持续攀升

自2016年美国总统特朗普上台以来，中美贸易摩擦不断升级并引发世界经济动荡，2019年年末，新冠疫情席卷全球，产业链、供应链中断，贸易保护主义抬头，逆全球化加速到来。作为最大的发展中国家，中国的创新发展遭到发达国家的限制，针对中国的贸易限制政策不断增加。2016年以来部分国家对中国出口的诉讼案件情况显示（见表1－1），针对中国贸易保护的368件诉讼中，发达国家占183件，发展中国家占185件。对我国出口实施诉讼的案件类型方面，发展中国家对我国集中使用的反倾销诉讼、保障措施类诉讼案大都由发展中国家发起，发达国家以反倾销诉讼为主体，部分采取反补贴诉讼。

表 1－1　　2016 年以来中国出口应诉案件情况汇总　　单位：件

发起国	发起国类别	反倾销	反补贴	保障措施	合计	主要涉案行业
阿根廷	发展中国家	34	0	0	34	电气、金属制品、有色金属
巴西	发展中国家	13	2	0	15	钢铁、金属制品、有色金属
哥伦比亚	发展中国家	7	0	3	10	钢铁、金属制品
墨西哥	发展中国家	12	0	0	12	金属制品、有色金属、化纤
土耳其	发展中国家	9	1	6	16	化纤、钢铁、纺织
印度	发展中国家	86	7	5	98	化学原料和制品、钢铁、纺织、非金属制品
澳大利亚	发达国家	16	9	0	25	钢铁、金属、电气
加拿大	发达国家	9	8	1	18	钢铁、金属
欧盟	发达国家	22	7	1	30	钢铁、金属制品、有色金属
美国	发达国家	55	52	3	110	金属制品、通用设备、化学原料和制品
合计	—	263	86	19	368	—

资料来源：中国贸易救济信息网。

Steven 等根据媒体报道测算的中国 TPU（贸易政策不确定指数）数据显示：2000—2008 年，受益于中国加入 WTO（世界贸易组织），中国贸易政策不确定性显著下降；2008 年国际金融危机后贸易政策不确定性开始逐步攀升，2012—2016 年经历短暂回落，2017 年又快速升高，2019 年的 TPU 指数突破历史新高，相对于 2016 年上升了 418%（见图 1－2）。

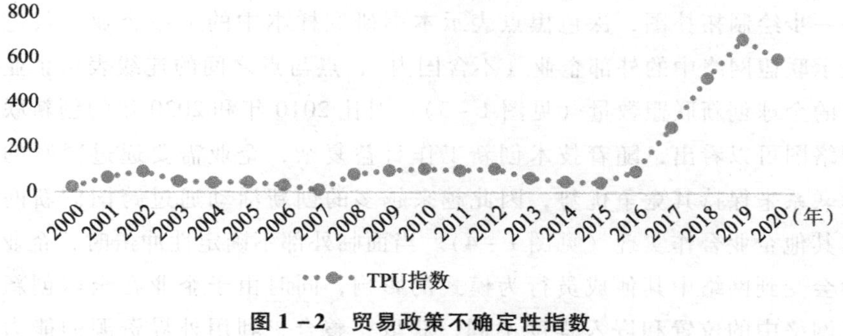

图 1－2　贸易政策不确定性指数

资料来源：https：//www. policyuncertainty. com.

（3）高科技企业频遭打压

2018年美国政府单方面挑起中美贸易战，宣布对集中在航空航天、信息技术、汽车零件等高科技领域产品加征关税。伴随美国针对中兴、华为等中国企业的一系列制裁行为，中美经贸摩擦不断升级并拓展至科技领域。美国贸易代表办公室指责中国利用投资限制、技术标准要求美国公司进行技术转移或以技术换市场，通过并购美国公司获得先进技术和知识产权，盗取美国技术和商业秘密等。截至2021年12月31日，被纳入美国实体清单的企业和机构数量已经增至611家。科技领域的竞争日趋激烈，中国对外贸易面临着前所未有的严峻形势。

（4）网络经济时代，嵌入外部创新网络已成为企业提升创新竞争力的重要途径

在创新全球化的时代，中国企业通过新建、并购、合资、合作等多种方式嵌入全球创新网络，推动了全球创新市场发展，促进了新技术在全球的扩散和应用。我们用SDC数据库中企业签订创新联盟协议的文本数据构建了创新合作的社会网络关系。创新联盟网络是指以焦点企业为中心节点，所有企业间相互建立创新联盟合作关系而构成的结构化网络群体或者是中心企业和不同伙伴为了共同目标而形成的合作关系。结果显示，我国上市企业加入的创新联盟数量以及参与全球创新联盟的上市企业数量均呈现明显上升趋势，在近年全球贸易政策不确定性持续攀升背景下增速有所放缓。上市企业参与创新联盟网络的平均聚类系数在2010年后呈上升趋势，说明参与网络的聚集性不断提高（见表1－2）。进一步绘制拓扑图，深色黑点表示本书研究样本中的上市企业，灰色点表示联盟网络中的外部企业（不含国内），点与点之间的连线表示企业参与的全球创新联盟数量（见图1－3）。对比2010年和2020年的创新联盟网络图可以看出，随着技术创新工作日益复杂，企业需要通过紧密的国际联系来保持其竞争优势，因此越来越多的创新活动通过跨国创新网络与其他企业合作实现（见图1－4）。当面临外部不确定性冲击时，企业行为会受到网络中其他成员行为模式的影响，同时由于企业在全球创新联盟网络中的位置和嵌入程度不同，获取、整合、利用外界资源的能力不同，其对不确定性的反应也会出现较大差异。

表1-2　　2005—2020年中国上市企业参与创新联盟情况

年份	中国上市企业参与创新联盟年度新增数量	中国上市企业参与创新联盟年度新增数量增速（%）	参与创新联盟上市企业年度新增数量	参与创新联盟上市企业年度新增数量增速（%）	平均聚类系数（%）	参与创新联盟上市企业数量：累计
2005	154	58.76	34	-8.11	7.78	208
2006	117	-24.03	30	-11.76	7.55	220
2007	158	35.04	39	30.00	6.16	241
2008	162	2.53	48	23.08	6.99	267
2009	105	-35.19	45	-6.25	7.10	283
2010	75	-28.57	34	-24.44	7.07	299
2011	158	110.67	63	85.29	7.76	332
2012	192	21.52	94	49.21	9.92	391
2013	136	-29.17	57	-39.36	9.62	420
2014	123	-9.56	47	-17.54	9.18	448
2015	118	-4.07	40	-14.89	9.40	466
2016	435	268.64	244	510.00	10.31	652
2017	678	55.86	365	49.59	13.06	897
2018	428	-36.87	170	-53.42	12.99	979
2019	318	-25.70	109	-35.88	13.34	1 022
2020	290	-8.81	76	-30.28	13.72	1 058

资料来源：SDC数据库。

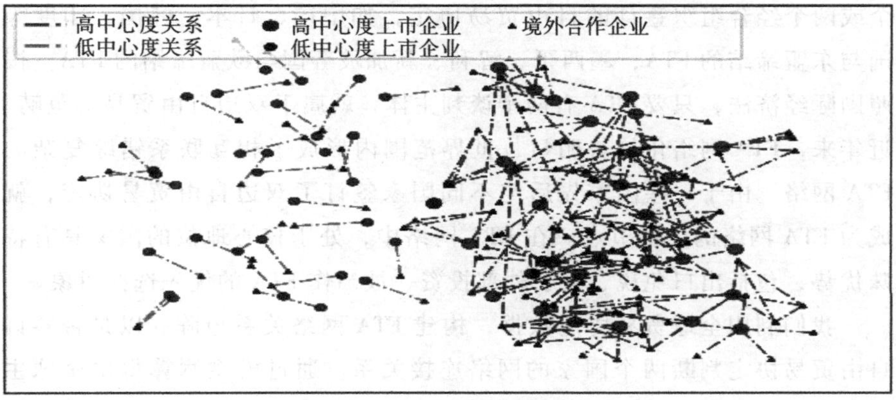

图1-3　2006—2010年创新联盟网络关系

资料来源：SDC数据库。

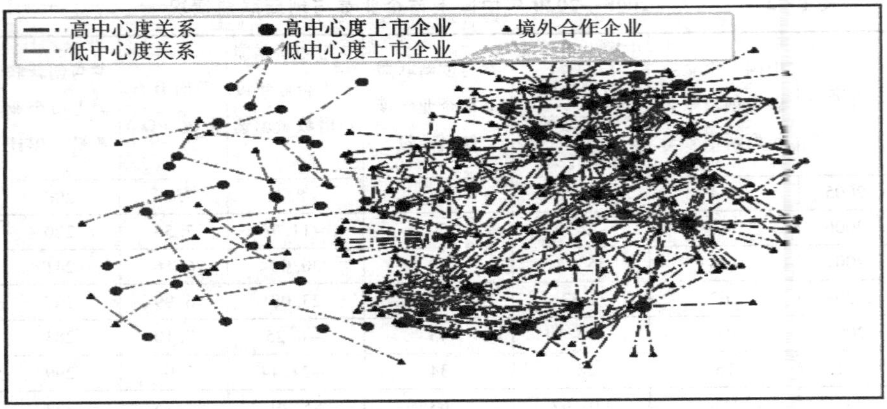

图 1-4 2016—2020 年创新联盟网络关系

资料来源：SDC 数据库。

近年来 FTA 网络化趋势明显，深刻改变中间品供应格局，影响了跨境技术传播路径。20 世纪 90 年代以来，双边自由贸易逐渐兴起。根据 WTO 网站公布的数据显示，截至 2022 年 7 月，全球生效的 FTA 数量为 312 个，约占区域贸易协定总量的 85%。从 FTA 发展特点看，双边 FTA 是主流。双边自由贸易协定一般指两个国家缔结自由贸易协定，开展两国间的自由贸易。在现实中，除了两个国家的 FTA，还有一个国家与一个或两个经合组织签订的自由贸易协定，如中国、日本、韩国、印度等国与东盟缔结的 FTA，墨西哥、智利、新加坡等国与欧盟缔结的 FTA。按照国际经济法，只要 FTA 有两个谈判主体，就属于双边自由贸易的范畴。近年来，FTA 网络化趋势明显，世界范围内形成了相互联系错综复杂的 FTA 网络。由于一些国家先后与不同国家签订了双边自由贸易协定，就成为 FTA 网络的关键节点。在 FTA 网络中，处于核心地位的国家具有特殊优势，包括出口免税、吸引外部投资、被当作 FTA 的优先选择对象。

我们利用全球贸易协定数据，构建 FTA 网络关系矩阵。以是否签订自由贸易协定判断两个国家的网络连接关系。通过模型测算得出全球主要经济体 FTA 的网络关系密度水平。测算结果发现，FTA 全球网络总体呈现出密度上升的趋势，但结合增速可以看到，在 2008 年全球经济危机后，以及2015年后随着全球贸易摩擦的不断增加，FTA网络密度增速显著放缓（见图1-5）。

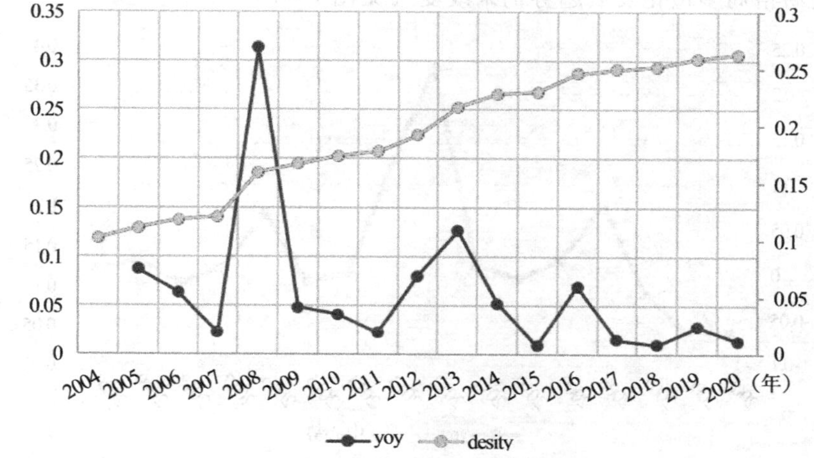

图1-5 FTA全球网络密度及增速

FTA网络平均距离长度描述了网络中节点间的平均分离程度。由测算结果看出全球FTA网络的平均距离不断减小，说明各国FTA的网络连接在缩短（见图1-6）。

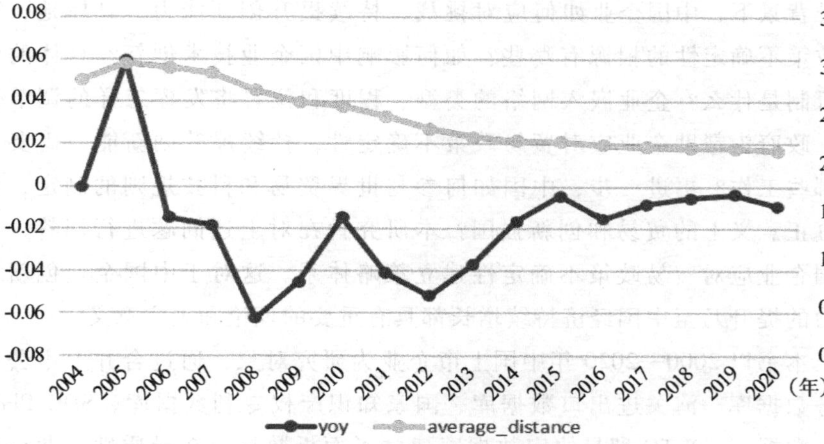

图1-6 FTA网络平均最短路径及增速

对 FTA 网络的中心势进行测算，中心势整体呈现上升趋势，在一定程度上标志着全球单边主义的抬头。但增速明显减缓甚至为负，说明整体贸易格局多边化发展趋势仍未改变（见图 1－7）。

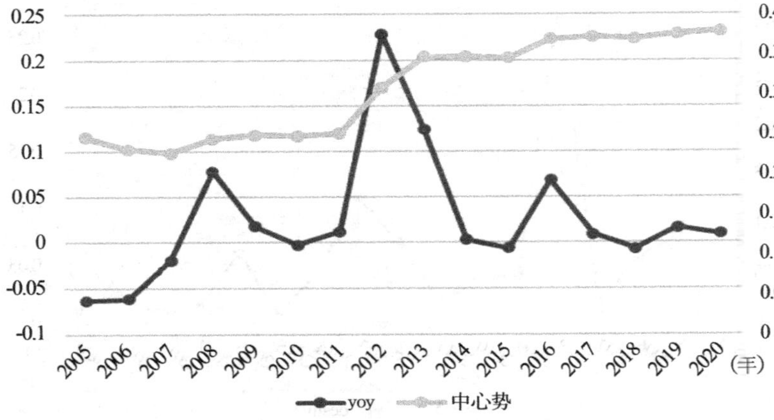

图 1－7　FTA 中心势及增速

1.1.2　本研究的理论和现实意义

应对贸易政策不确定性不仅关系着企业的健康成长，而且关系着中国创新驱动发展战略的成败。因此有必要探寻在当前贸易政策不确定性上升背景下，中国企业如何应对挑战，持续提升创新能力。具体地，贸易政策不确定性的根源有哪些？如何影响中国企业技术创新？具体的作用机制是什么？企业嵌入网络的类型、程度和位置将发挥怎样的调节作用？政府为帮助企业应对贸易政策不确定性，持续提升创新能力需要做出哪些工作？更进一步，中国如何参与世界贸易和科技规则的制定，成为真正意义上的贸易和创新强国？本研究旨在对上述问题进行回答，为中国企业应对贸易政策不确定性建立策略体系。这对于中国企业创新竞争力的提升乃至中国经济持续增长都具有重要的理论和现实意义。

本书以 2000—2020 年中国上市企业为研究对象，通过合并上市公司财务数据库、海关进出口数据库、国家知识产权专利数据库、SDC Platinum 数据库、WTO 贸易协定数据库建立了面板数据，在异质性企业框架基础上引入“网络嵌入”因素，考察企业嵌入全球创新网络对两者关系发挥的调节作用。边际贡献主要体现在以下三个方面：

一是提出并验证了贸易政策不确定性与企业创新存在倒“U”形的非线性关系。现有研究中贸易政策不确定性对企业创新的影响结论相互矛盾。可能存在忽视贸易政策不确定性强度大小对企业创新影响存在差异的问题。为此，本书将贸易政策不确定性水平划分为高不确定性和低不确定性，我们发现当贸易政策不确定性水平较低时，不确定性的提高对企业创新的促进作用占主导；而贸易政策不确定性水平较高时，不确定性的提高对企业创新的抑制作用占主导。这种倒“U”形关系存在的意义绝不是对现有研究的简单整合，而是具有十分重要的政策含义。即在较低的贸易政策不确定性水平下，当不确定性升高时，政府不应过多介入，因为此时的不确定性对企业的促进作用是良性的；当贸易政策不确定性水平较高时，政府应该介入以帮助企业克服不确定性，因为此时企业更可能放弃或降低创新投入，从而对企业长期发展带来不良影响。

二是研究视角具有一定创新性。现有研究主要考察了贸易政策不确定性与企业创新、全球创新网络与企业创新的关系。网络化时代，企业创新过程是一个与系统网络内其他企业交互合作的过程。虽然网络在国际贸易中的作用越来越受到学者的关注，但鲜有文献将企业的网络嵌入特征放入贸易政策不确定性与企业创新关系的讨论。考虑到企业嵌入网络的类型、结构和位置会影响企业从外部网络的获益程度以及抵御贸易政策不确定性风险的能力，因此本研究基于网络嵌入视角，将贸易政策不确定性、网络嵌入与企业创新三者置于同一分析框架展开研究。揭示网络嵌入影响贸易政策不确定性与企业创新关系的内在机理，具有较强的理论意义。

三是相关指标的构建和选取。本书尝试构建贸易政策不确定性指数，弥补了关税法和媒体报道方法衡量贸易政策不确定性时存在的指标单一、内容偏误、部分关键词比较模糊很难判断语义倾向，因而无法准确、全面地反映贸易政策不确定性水平的不足。引入社会网络分析方法构建起企业嵌入全球创新网络、FTA网络的指标，考察了企业所处网络中心度、结构洞位置、网络嵌入关系强度、网络关系多元化等因素对贸易政策不确定性与创新关系的调节效应。

1.2 研究对象和研究目标

1.2.1 研究对象

(1) 企业创新

创新的概念最早源于经济学家熊彼特（Schumpeter），他认为创新就是在生产中引入原材料和生产要素的新组合，形成新的生产函数。索罗（Solow）进一步将创新分为两个阶段：第一阶段是新思想的来源，既可以是内部的创意，也可以是来自外部的学习；第二阶段是对以后阶段的实现和发展。成思危将技术创新分为三类：一是跟随创新，在他人的基础上继续发展出新的产品市场。二是集成创新，是对已有技术的重新组合，创造出新产品。三是原始创新，是从一种发明开始，从一种全新的东西开始进行创新。从广义来讲，创新是产品从生产到走向市场的过程。从狭义来讲，创新包括发明、技术以及创新三方面的绩效。基于已有文献，本书认为创新是指创新主体通过技术上的发明或改进，提供新的产品或生产方式。我们将根据创新路径，从创新投入和产出两个维度来衡量创新。

(2) 网络嵌入

"嵌入性"概念反映了行动者所处的网络对其经济活动的影响过程。Granovetter（1985）阐述了"网络嵌入性"，认为嵌入网络的个人或企业的行为和结果会受到网络成员之间的关系和网络结构的影响。本书认为，网络嵌入性是指在合作网络中，企业的行为受其与其他成员关系的强弱和企业所处位置的影响，同时也受制于宏观经济和社会环境的变化。基于 Granovetter（1992）提出的将网络嵌入分为关系嵌入和结构嵌入的框架，本书主要讨论了网络嵌入的影响。

(3) 贸易政策不确定性

贸易政策不确定性是指政府改变现行贸易政策的决策时间、方式无法预测（Gulen 和 Ion，2016）。近年来，逆全球化思潮持续发酵，中美贸易摩擦升级导致贸易政策不确定性大幅上升。目前，对贸易政策不确定性的衡量方法的文献主要从关税（Pierce 和 Schott，2016；Handly 和 Limão，2017）、非关税壁垒（Crowley 等，2018）、文本分析（Baker 等，2016；Caldara 等，2019）几个角度分别构建代理变量。然而，关税度量法虽然最为常用，但仅局限于单一事件，推广到其他事件的可行性不高；从报刊和公司财报文本中提取的贸易政策关键词构建指数的方法存在偏误，且部分关键词比较模糊很难判断语义倾向，因而无法准确、全面地反映贸易政策不确定性水平。

1.2.2　研究目标

本书的核心目标是：探究贸易政策不确定性影响企业创新的机制，从网络嵌入视角探讨贸易政策不确定性的化解方案，在理论分析和经验分析中试图将网络嵌入因素纳入贸易政策的分析中来。

第一，分析贸易政策不确定性对企业创新的影响效应。本书将厂商异质性贸易理论同贸易政策的政治经济学结合起来，实证分析了中国贸易政策不确定性与企业创新的关系。既识别贸易政策不确定性对企业创新模式、创新投入、创新产出的影响，又要识别出贸易政策不确定性给企业创新带来的“积极效应”和“消极效应”。

第二，考察贸易政策不确定性影响企业创新的作用机制。将贸易政策不确定性水平分为高不确定性和低不确定性，考察投资决策机制、技术获取机制、融资约束机制在不同贸易政策不确定性水平下是如何发挥作用的，在此基础上辨析贸易政策不确定性的创新促进效应和创新抑制效应，从而找到我国企业创新发展的短板和努力方向。

第三，探索网络嵌入视角下应对贸易政策不确定性，提升企业创新能力的策略体系。首先，构建企业层面的全球创新网络嵌入、FTA 网络嵌入指标。其次，基于国际贸易理论和社会网络分析方法探讨网络嵌入的程度、类型、位置对贸易政策不确定性影响企业创新的调节效应和内在机理。最后，基于实证分析结果从企业层面和政府层面探讨应对贸易政策不确定性，提升企业创新能力的策略体系。

1.3 技术路线、研究内容与研究方法

1.3.1 技术路线

本书以当前贸易政策不确定性持续攀升、中国高科技企业频遭制裁为背景，探究中国企业应对贸易政策不确定性持续提升创新能力的措施与方法，按照“表现—影响—应对”的逻辑顺序展开，旨在构建应对贸易政策不确定性的策略体系。研究的技术路线如图 1－8 所示。

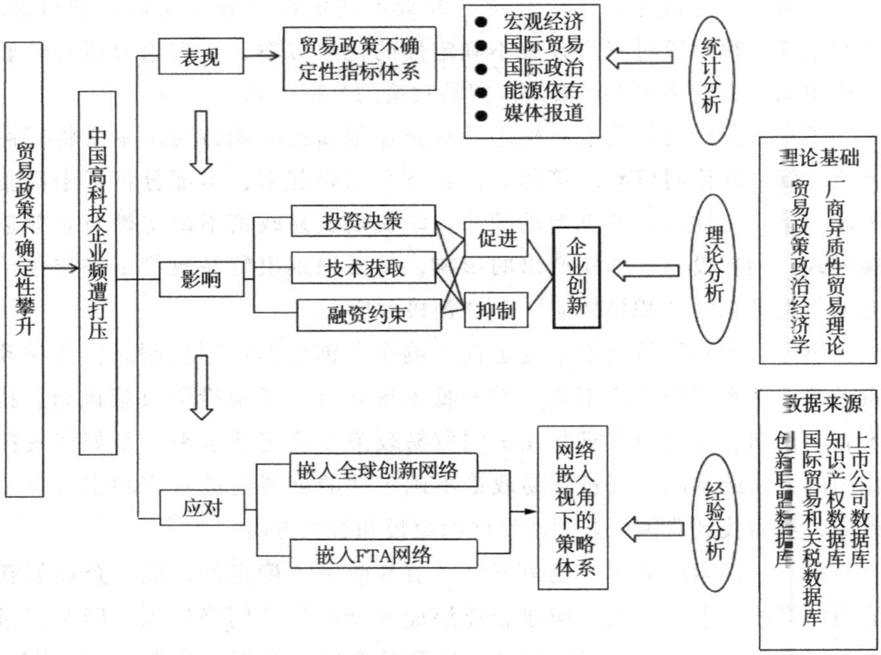

图 1－8 技术路线

1.3.2 研究内容

本书主要分为 11 章。

第 1 章为绪言。介绍研究的背景、意义，研究对象和目标以及技术路线图和主要研究内容。

第 2 章为贸易政策不确定性对企业创新影响的理论分析。基于已有文献提出几点理论假设：一是贸易政策不确定性与企业创新存在非线性关系。二是当贸易政策不确定性水平较低时，贸易政策不确定性对企业创新主要发挥促进作用，当贸易政策不确定性水平较高时，贸易政策不确定性对企业创新主要发挥抑制效应。三是全球创新网络嵌入对贸易政策不确定性与企业创新发挥调节效应。四是 FTA 网络嵌入对贸易政策不确定性与企业创新发挥调节效应。

第 3 章为中国贸易政策不确定性与企业创新的典型事实分析。首先，对入世以来中国贸易政策不确定性的演变和典型特征进行分析和归纳。其次，使用统计分析方法构建中国贸易政策不确定性指标体系。再次，对中国贸易政策不确定性的发展趋势进行研判。最后，对贸易政策不确定性下的中国企业创新投入、产出以及外资高技术制造业企业的创新表现进行描述性统计分析。

第 4 章为贸易政策不确定性对行业创新影响的实证分析。选取高技术制造业为研究对象，首先考察贸易政策不确定性是否对高技术制造业创新造成影响；其次，引入行业竞争度、研发密集度、不透明度、外部融资依赖度考察贸易政策不确定性对不同行业的创新影响存在哪些显著的差异。从市场化水平、融资环境、创新创业环境几个角度考察地区制度环境的调节效应。

第 5 章为贸易政策不确定性对企业创新影响的实证分析。首先，检验贸易政策不确定性影响企业创新的几个假设。其次，从投资渠道、技术获取渠道、融资渠道几个角度分析贸易政策不确定性影响企业创新的机制。

第 6 章为网络嵌入对贸易政策不确定性与企业创新关系的调节效应分析。分别从嵌入全球创新网络、嵌入 FTA 网络两个层面构建企业的网络嵌入指标讨论调节效应。

第 7 章为美国对华出口管制对企业创新影响的典型事实分析。将 2018 年以来美国 BIS 公布的中国实体清单机构与国家知识产权数据库进行合并，考察美国对华实体清单制裁对清单企业专利原创性、科学性、普遍性产生了哪些显著的变化，并进行典型的企业和行业案例分析。

第 8 章为贸易政策不确定性下的企业创新韧性研究。从外部冲击、企业创新韧性、风险投资三个关键词出发，对如何在动荡环境中稳定创新系统，提升企业创新韧性进行了理论和实证探索。重点讨论企业创新韧性的内涵、影响因素和作用机制。选取风险投资作为实证分析对象，考察风险投资如何影响企业创新韧性。

第 9 章为应对贸易政策不确定性提升企业创新能力的国际经验分析。选取日本、俄罗斯两个国家，从应对政策、应对效果、经验、教训几个方面展开，为我国构建应对贸易政策不确定性的策略体系提供有益的启示和借鉴。

第 10 章为中美贸易摩擦经验总结及未来研判。对中国应对中美贸易摩擦带来的积极影响和经验进行总结。对如何退出中美关税战，更好推动中美经贸关系行稳致远展开分析和研判。

第 11 章为结论和政策建议。基于上文的分析得出主要结论。提出应辩证地看待贸易政策不确定性对企业创新的影响，建立监测和预警机制将贸易政策不确定性控制在合理的水平。完善国内制度环境建设，稳定预期。企业应实施多元化网络嵌入战略，增强网络嵌入强度，提升网络嵌入的中心度，以更好应对不确定性的挑战。在不确定性环境下，政府应积极构建国家层面的创新合作和自由贸易合作平台，为企业提供精准扶持。

1.3.3 研究方法

本书拟根据技术路线的不同阶段综合运用统计分析、理论分析、经验分析、案例分析方法。

描述中国企业面临的贸易政策不确定性的特征，主要采用统计分析的方法。一方面，构建中国的贸易政策不确定性指标体系，并结合商务部发布的贸易救济数据及信息，总结中国企业面临的贸易政策不确定性现状、来源、表现、趋势。另一方面，与企业进行深度访谈，力求获得中国企业面临贸易政策不确定性的第一手资料，切实掌握中国企业在贸易政策不确定性升高条件下的创新研发现状及应对过程中存在的问题，作为本课题所构建指标体系的补充。在统计分析过程中，拟综合运用主成分分析、聚类分析等多元统计方法提炼出贸易政策不确定性的综合性指标。

考察贸易政策不确定性对中国企业创新造成的影响，将采用理论分析和计量分析相结合的方法，一方面从理论上刻画贸易政策不确定性影响中国企业创新的机制和渠道，以及全球创新网络嵌入和FTA网络嵌入的调节效应。另一方面合并上市公司数据库和SDC Platinum数据库、海关数据库、专利数据库，用企业微观数据构建相关指标进行实证检验。

分析应对贸易政策不确定性提升企业创新能力的典型案例和国际经验。以遭受实体清单制裁的中国企业和行业作为研究对象，分析其经历制裁前后专利特征发生的变化，从中找出有效应对制裁，实现创新持续发展的典型企业和行业案例。日本、俄罗斯也曾经并正在经历美国的贸易打压，在贸易政策不确定的环境下，日本、俄罗斯的政府和企业是如何应对的，有哪些经验和教训。对比分析方法将有助于从历史和现实的经验角度对我国当前面临的问题提供有益的启示和借鉴。

第2章

国内外研究评述与理论分析

2.1 国内外研究评述

2.2.1 企业创新绩效的影响因素

创新是如何发生的？历史学家的观点认为事物是偶然性和必然性的结合。生物学家认为，新事物的产生是完全随机的，变异机制本身不存在任何所谓“聪明”变异。每次都是完全“盲目”的。演化经济学家则认为，微观层次上的经济决策者并不是“完全盲目”的——为了获得成功或有潜力的创新，他们会对行动进行周密的计划。因此，创新由追求利润而产生。然而，事实上无论是渐进性创新还是个体的突变，都没有动力机制来确定甚至尝试达到这样的目标。

被誉为“创新理论”鼻祖的熊彼特认为，企业技术创新的动力来源于企业家对技术创新的投资。J. Schmookler认为市场需求决定了技术创新。还有人认为产品市场的竞争（Aghion等，2005），企业的产权制度（Aghion、Van Reenen和Zingales，2013；Ferreira、Manso和Silva，2014），法律（Acharya、Baghai 和 Subramanian，2014），投资者对失败的态度（Tian 和 Wang，2011），管理者的激励（Manso，2011），金融发展和监管（Hsu、Tian 和 Xu，2014）；Amore、Schneider 和 Zaldokas，2013）；Fang、Tian 和 Tice，2014；Cornaggia 等，2015）都影响着企业创新。根据技术创新理论的代表人物莫尔顿·卡曼和南赛·施瓦茨的研究，决定技术创新的因素有三个：竞争程度、企业规模、垄断力量。

创新绩效是企业绩效研究的重要组成部分。目前，对于创新绩效的影响因素研究主要以企业边界为划分标准，从企业内部和外部两个角度展开。

一部分学者将研究目光聚焦于企业内部，他们认为企业内部的某些能力或者资源促进企业创新绩效提升。许萧迪、王子龙（2003）认为企业创新的内在动力是创新行为的根源。安立仁、张健申（1994）认为，利润、成就和社会价值是企业技术创新的内在驱动力。傅家骥将技术创新的动力归因于"激励"。吴庆松、游达明（2009）提出影响技术创新的资本协同逻辑模型，强调技术创新企业的技术资本、人力资本和心理资本的协同共同构成了创新的动力来源。基于企业资源观，竞争本质上是创新能力强弱对比，源于企业的内部核心资源的所有量（即资源越多，创新能力相对较强）。从组织学习角度来看，企业创新的前提是有能力利用资源创造价值。因此，学者认为对若干资源的高效整合、吸收以及对某种技术的高效学习是提升企业创新能力的基础。例如，Cohen 和 Levinthal（1990）认为吸收能力应该包含四部分：搜索能力、获取能力、同化能力和利用能力。具体而言，获得能力以及搜索能力的主要功能是促进企业快速识别外部资源，转变企业对外界的认知（Cognitive Method），努力建立企业的颠覆意识，而利用能力又将这些颠覆意识付诸实践，转化为现实。吸收能力能够帮助企业从外部网络中获得创新资源，这些创新资源反过来又对企业的组织文化、内部机制、研发投入等产生影响，最终提升创新绩效。

另外一些学者则将研究重点聚焦于企业外部，他们认为由于企业外部因素（如外部合作、社会网络、产业集群）促进企业获取战略资源，在创新方面形成竞争优势，进而提高创新绩效。王春法（1996）认为市场需求、技术进步和制度变迁共同影响企业技术创新，并重点讨论了政府管制可以通过增加对技术创新的资源配置，进而改变技术创新的速度、轨道和方向。肖广岭、柳卸林（2001）认为，企业面临的外部环境会影响企业技术创新的动力，如产权不清、税负、技术和管理等因素的入股和分配问题。

此外，技术创新也需要有良好的宏观环境。企业进行技术创新的主要动力是获取高额利润，只有当对经济前景有乐观的预期时，才愿意进行技术创新，这就要求宏观经济能稳定增长。完善的社会保障制度是企业进行技术创新的后盾，否则技术创新的风险使一些企业难以承受。国家还应从财政、信贷、公共投资等方面保证技术创新的资金供应。

2.1.2 贸易政策不确定性研究起源

（1）贸易政策

自从 1907 年 Bickerdike 最早的最优关税分析以来，贸易政策分析一直是研究的中心。Pierce 和 Schott（2016）发现 2000 年来美国制造业就业率下降与美国给予中国永久正常贸易关系（PNTR）之间的联系。研究结果显示，美国政策的改变与随后的制造业就业之间存在统计上的负相关关系。除了考虑贸易政策不确定性对制造业就业的影响外，还有研究探讨了贸易政策不确定性对企业层面结果的影响。例如，Greenland 等（2020）利用资产价格对贸易政策事件的反应来计算异常收益，作为衡量企业政策风险的指标；然后，作者估计异常收益对企业结果的影响。他们发现，给予中国永久性正常贸易关系对美国大小企业的利润和就业有不同的影响，但加拿大—美国自由贸易协定对企业之间的分配影响很小。这些研究表明，首先当各部门之间存在关税政策差异时，需要考虑到供应链联系，以便评估贸易政策的影响。其次，贸易政策在不同空间的劳动力市场上具有异质效应。最后，贸易政策的影响可能是长期的。

贸易文献的最新进展之一是使用数据来量化贸易政策影响贸易和福利的不同机制。一般均衡模型成为这一领域的重要的经验分析工具。定量框架包含了生产结构、偏好、部门数量和类型（可贸易和不可贸易）、市场结构、经济地理、贸易赤字的处理以及商品和人员的流动性等方面的要素。

还有一部分文献从单一的生产要素出发，研究了贸易政策变化对收入不平等的影响（例如，Dix - Carneiro，2014；Dix - Carneiro 和 Kovak，2015；Hakobyan 和 McLaren，2016），或者更一般地说，其他与贸易相关的冲击对收入不平等的影响（例如，Burstein 等，2013；Burstein 和 Vogel，2017；Galle 等，2017；Lee，2020 年）。

（2）不确定性

企业不是在真空中运作，而是在政治家和监管机构设定的框架内运作，即企业受制于政治家和监管机构的决策。关于政策决定的时间、内容和潜在影响的不确定性会影响到公司经营的经济环境，从而对公司产生重要的经济后果。从国际货币基金组织（IMF）关于2012—2013年世界经济展望的报告中表明，经济政策的不确定性—财政、货币和监管—导致了2008—2009年的经济萧条以及随后全球经济复苏缓慢（IMF，2012，2013）。因此，政策的不确定性很容易转化为公司层面未来财务状况的不确定性。有研究发现政策不确定性与股票价格波动加大、就业减少和投资减少也有关（Baker 等，2016），会导致家庭削减开支（Gilchrist 等，2014）。对宏观层面政策不确定性的认知会将不确定性转化为战略和组织结果（Yang 等，2019）。在这方面，Yang 等（2019）表明，中国的管理者对企业和社会压力的感知与积极主动的外部环境战略正相关。Stein 和 Stone（2013）发现股票期权的隐含波动性表明，市场预期的公司层面的波动与研发投资正相关。由于企业层面的不确定性可以被多样化，Xu（2020）考察了总体政策风险的影响，这种不确定性影响的是整体经济环境，而不是具体的企业。研究发现，总体政策风险对企业R&D投资有负面影响。Bhattacharya 等（2017）从跨国数据中发现，全国选举结果的不确定性，以及经济政策的相对重要性，对一个国家的技术创新产生了负面影响。政策不确定性源于未来政策的不确定性。此外，它还可能引发市场和整个经济的不确定性。公共经济学文献已经证明了政策的不确定性，特别是税收政策的不确定性会对公司的投资产生负面影响。

从 Bernanke（1983）开始，各项研究表明，当投资项目不能完全逆转时，企业会变得谨慎，并在面对不确定性时保持投资不变（Bloom 等，

2007；Gilchrist 等，2014）。企业之所以选择等待，是因为随着政策的不确定性，等待期权的价值增加了。Dixit（1989）构建了外部不确定性环境下的最优投资模型。将企业做出投资决策类比为执行期权。此后学术界基于上述理论研究，展开了对不确定性的理论和经验研究（Rodrik，1991；Baldwin 和 Krugman，1989），他们的研究发现，企业投资预期会受到不确定性的负面影响。Bloom 等（2007）研究发现，由于调整成本不同，研发投资对不确定性的反应与普通投资也不同，在高不确定性下研发投资仍保持一定的连续性。国内学者赵卫斌等（2022）研究了宏观经济政策不确定性情况下，不同融资约束特征的企业现金持有动态调整的差异。国内学者朱巧玲和杞如福（2022）考察经济政策不确定性对上市企业创新水平的影响。发现经济政策不确定性不利于上市企业创新数量，但是提升了创新质量。

2.1.3 贸易政策不确定性的衡量

Handley（2014）首次提出了贸易政策不确定性的概念，主要指贸易政策的潜在波动无法被预测。目前，对贸易政策不确定性的衡量方法的文献主要从关税（Pierce 和 Schott，2016；Handly 和 Limão，2017）、非关税壁垒（Crowley 等，2018）、文本分析（Baker 等，2016；Benguria 等，2022）几个角度分别构建代理变量。

关税测算法。关税测算法可以分为直接差分法和变体差分法。直接差分法以 Pierce 和 Schott（2016）为代表，以关税上限与实际关税的差额测算贸易政策不确定性。变体差分法是对关税上限和实际关税之间的差额进行技术调整，主要由 Handley 和 Limao（2017）创建。Feng（2017）基于产品层面的关税构建了三个变量来衡量中国贸易政策环境。这些变量是平均进口关税、进口关税的变化（使用中国加入 WTO 之前和之后关税的变化），以及关税不确定性（最坏情况下的关税与某一特定年份的适用关税之间的差额）。Facchini 等（2018）用特定产品的正常贸易关系（NTR）差距测量方法来衡量中国对美出口商面临的贸易政策不确定性。这个衡量方法是通过计算美国对世贸组织成员国征收的最惠国关税与威胁关税之间的差得出的。

非关税壁垒识别法。关税壁垒识别法由 Crowley（2018）将企业数据与反倾销数据匹配，用上一年度产品层面的反倾销税来度量企业当年的贸易政策不确定性，构建了一个约束变量，如果产品 p 受到最终约束关税，则约束取值为 1。

文本提取法。文本提取法是基于媒体报道的文本资料构建的更为综合全面的贸易政策不确定性指标。Baker 等（2016）基于《南华早报》、Davis 等（2019）使用《人民日报》和《光明日报》的文本，提取关键词出现频率，进而计算出不确定性指数。在此基础上，有学者通过分析企业上市公司财报文本的方法，构建了微观层面的贸易政策不确定性指标。

以上几种方法各有优劣。基于关税构建的贸易政策不确定性指标只能分析行业层面的不确定性，无法具体到企业；反倾销税来度量企业当年的贸易政策不确定性是基于存在“扩散效应”的强假设，与现实情况不太相符。从报刊和公司财报文本中提取的宏观和微观层面的贸易政策关键词构建指数的方法存在偏误，且部分关键词比较模糊很难判断语义倾向，因而无法准确、全面反映贸易政策不确定性水平。以中国加入 WTO 获得美国授予的永久正常贸易关系（PNTR）来衡量贸易政策不确定性指标，无法反映加入 WTO 后生产率、制度环境等因素的变化对结果的影响。

2.1.4 贸易政策不确定性的影响

自 2016 年以来，在英国退出欧盟、特朗普当选美国总统和美中贸易战之后，TPU 已经成为经济不确定性的一个主要来源。不断变化的全球形势引发学术界的广泛关注，对 TPU 如何影响不同的经济决策的需求日益迫切。主要涉及宏观经济效应和对微观企业的生产经营、投资销售等领域的影响。

Steinberg 等（2019）使用了一个英国及其贸易伙伴的模型来评估英国退出欧盟的贸易流动、福利和宏观经济动态影响。这个模型描述了英国退欧的两种可能结果：软退欧，与欧盟的贸易成本略有上升；硬退欧，这些成本大幅上升。发现英国退欧后，对欧盟财政转移支付的减少将使英国受益，移民政策的变化也可能影响英国家庭的福利。此外，由于外国直接投资减少，离开欧盟可能会降低英国的生产率。该模型预测，英国退欧将对英国经济产生重大影响，尤其是长期影响，贸易流和家庭福利都将下降。

有部分研究发现贸易政策不确定性会影响新企业的进入。中国加入世贸组织的一个重要里程碑是在2000年10月与美国建立了永久性正常贸易关系（PNTR），即“最惠国”地位。此前，尽管中国自20世纪80年代以来一直接受临时正常贸易关系（NTR）待遇，并能够以较低的NTR关税率进入美国市场，但形势充满不确定性，如果取消临时NTR地位，中国出口商将不断面临惩罚性非NTR关税的威胁（Lighthizer，2010；Handley和Limao，2015）。这种与贸易相关的不确定性的结束引发了中国出口的异常增长（Pierce和Schott，2016；Feng等，2017），并产生了广泛的经济后果（Chuantao Cui等，2023）。有研究发现中国加入世贸组织后，TPU的减少对新企业进入中国的影响。发现TPU的减少显著地促进了新企业的进入。具体来说，将一个行业的TPU从10%减少到90%会增加新公司3.31%的进入率。减少TPU会影响新公司进入的基本机制包括降低进入成本的大小和深度，出口机会增加、出口规模扩大以及促进企业的区域集聚。

还有研究发现贸易政策不确定性会影响企业的进出口贸易活动。Feng等（2017）提供了令人信服的证据表明，TPU下降可以同时诱使企业进入和退出出口活动。他们发现，生产价格较高但质量较低的产品的公司被生产价格较低但质量较高的产品的公司所取代。然而，Alessandria等（2010）应用了一个库存模型来解释国际贸易在生产者层面或在冲击传递中的高频率动态变化，并揭示了贸易活动在预期未来不确定性增加的情况下增强。Benguria等（2022）发现，在中美贸易摩擦期间，企业层面的TPU急剧增加，这反过来又减少了企业层面的投资、研发支出和利润。

有部分研究对贸易政策不确定性与企业的风险承担能力问题展开讨论。Hui Wang等（2021）研究了外贸环境对第一手财务报表的影响。探讨了TPU如何通过财务约束和经营风险两种影响机制减少企业风险承担。说明贸易政策的不确定性确实会对第一部分税率产生负面影响。因此，政府在制定宏观经济政策时，应客观评估总目标单位对资本市场和企业的潜在影响，尽量减少总目标单位，创造良好和稳定的营商环境，减少企业面临的融资限制和经营风险。此外，在公司股权设计和结构设计过程中，企业也可以考虑分散股权，以最大限度地减少TPU对企业风险承担的负面影响。

2.1.5 贸易政策不确定性的创新效应

自Handley（2014）提出贸易政策不确定性这一概念之后，国内外大量学者展开了对贸易政策不确定性的研究，有关贸易政策不确定性如何影响企业创新的学术研究较为丰富，国内外关于贸易政策不确定性如何影响企业创新的最新研究进展，可以概括为以下两种主要观点：

（1）贸易政策不确定性会抑制企业创新

创新需要大量的不可逆投资，研究成果商业化需要相当长的时间。政策和法规的改变会导致未来经济环境的不确定性和创新投资的减少。根据环境不确定性条件下的企业投资决策理论（Bernanke，1983；Dixit，1989）、实物期权理论可知，当投资项目不能完全逆转时，面对不确定性，企业会变得谨慎，并且控制投资（Bloom等，2007；Gilchrist等，2014）。企业选择等待是因为等待期权的价值随着政策的不确定性而增加。贸易政策不确定性上升会导致企业预期未来创新收益低于其创新投资的成本，从而导致企业推迟创新投资计划，进而影响创新产出。Gali和Monacelli（2005）、Corsetti等（2010）利用企业层面的证据，发现美国贸易政策的不确定性的增加减少了投资和经济活动。具体而言，贸易政策不确定性会引发信息不对称上升，进而导致创新决策难度增加。Li（2020）构建了理论模型，认为贸易政策不确定性导致中间产品生产的风险和损失加大，从而影响企业的利润。由于生产利润减少，企业减少了对创新的投资。他使用美国的数据进行实证研究，发现总的贸易政策不确定性指数和申请专利的平均数量变动一致，但呈明显的负相关关系。很多研究发现，减少政策的不确定性可能会鼓励企业家进行更大的投资，提高生产率，并保护就业（Aacemoglu等，2018）。贸易自由化在很大程度上消除了政策的不确定性，使未来的市场条件更加透明和可预测，从而鼓励企业投资于创新。佟家栋与李胜旗（2015）研究发现，中国出口企业的创新能力在加入WTO后不断增强。Liu和Ma（2020）研究发现，通过消除出口目的地市场的贸易政策不确定性，贸易自由化鼓励创新活动。即加入 WTO 后，美国对中国的贸易政策不确定性水平下降较大的行业的企业申请了更多的发明专利。随着不确定性水平下降，预期的市场规模增加、对机械设备的固定资本投资和进口投入增加是引发创新产出提高的主要渠道。

（2）贸易政策不确定性会促进企业创新

根据增长期权理论，当一项投资的潜在收益会随着不确定性增加时，企业会增加该项目的投资。当贸易政策不确定性上升时，国外竞争者增加会倒逼国内企业形成更强的防御性和扩张性的研发激励。Bloom（2007）认为，由于调整成本不同，研发部门对不确定性的反应可能不同。在政策不确定性水平较高时，创新投资对政策的反应将大大减弱并出现延迟效应。顾夏铭等（2018）对 Bloom 的理论进行了验证，发现不确定性与研发和专利的数量呈正相关。在贸易政策确定性较高的时期，企业会通过创新来获取增长机会，为研发和专利的诞生增加投入。此外，当贸易政策的不确定性增加时，拥有更多政府补贴和管理层所有权的公司较没有补贴的公司而言所受到的冲击更小。王凯和武立东（2016）研究发现，当外部环境变化时，企业缺乏对顾客需求的完全信息，为避免信息不对称，企业会谋求自我发展和提升，会加大创新投入。李敬子（2019）研究发现贸易政策不确定性对企业 R&D 投资具有正向激励作用。Shen 和 Hou（2021）根据 2007—2018 年中国新能源汽车行业上市公司为样本，考察贸易政策不确定性对企业创新的影响。魏明海等（2021）研究发现，贸易政策不确定性上升会促进企业的研发投入，提升专利申请数量（见表 2－1）。

表 2－1　　文献梳理

观点	内容	机制	文献
贸易政策不确定性主要来源于关税变化	用实际关税和关税上限之间的差异测度贸易政策不确定性。分为直接差分法和间接差分法		Pierce 和 Schott（2016） Handly 和 Limão（2017）
贸易政策不确定性主要来源于非关税壁垒	以出口企业在上一期、任意出口市场是否遭受反倾销措施的虚拟变量作为本期贸易政策不确定性的代理变量		Crowley 等（2018）

续表

观点	内容	机制	文献
贸易政策不确定性的文本度量方法	从新闻等文本中提取出表示贸易政策不确定性的关键词，对其进行标准化处理，得到贸易政策不确定性指数。分为新闻报道文本和上市公司财报文本		Baker 等（2016） Caldara 等（2019）
不确定性上升抑制创新	贸易政策不确定性上升会增加中间品进口风险，加速企业调整进口结构，降低企业利润，抑制企业生产率增长和创新能力提升	中间品进口	世界银行报告（2016） 张茉楠（2016） Michele 和 Imbruno（2019） 谢杰等（2021）
	中国入世后贸易政策不确定性下降显著提升了出口企业的产品创新密集度	市场规模 产品种类	佟家栋和李胜旗（2015） 毛其淋（2021） 刘美秀等（2020）
	贸易自由化会降低不确定性，推动创新	贸易协定	刘青和马弘（2020） Handley 等（2015）
	外部贸易政策不确定性上升会使企业延迟投资，减少创新活动，规避内部风险	实物期权	邓晓飞（2021） Acemoglu 等（2018） Bloom 等（2007） Dixit 和 Pindyck（1994）
	贸易政策不确定性影响高技术产业技术进步	知识产权保护	韩慧霞（2020）
不确定性上升促进创新	贸易政策不确定性对企业 R&D 投资具有正向激励作用	融资约束	李敬子（2019）
	基于外部环境变化会带来信息不完备，为了摆脱信息不完全的困境，企业会加大创新力度	信息完备	王凯和武立东（2016） 汪丽等（2012）
	不确定性具有敦促企业通过研发活动谋求自我发展的效应	研发投入	孟庆斌和师倩（2017）
	根据博弈论，对于一家企业来说如果别的企业在风险提升时没有等待而是去创新，那么他们的收益会比等待更小，所以该企业会去创新	现金流 收益率	He（2020）

2.2 贸易政策不确定性影响企业创新的机制分析

作为国际贸易研究领域的一个非常重要的前沿课题，贸易政策不确定性（Trade Policy Uncertainty，TPU）对企业创新的影响已经成为广泛关注的热点问题。在开放经济中，创新可以提高企业的产品质量和出口竞争力。现实中，企业的创新决策在一定程度上取决于政策稳定性，因为政府的政策和监管决策会影响创新企业运营的经济环境（Bhattacharya等，2017）。在传统的贸易模型中，贸易政策被认为是外生的、静态的。然而，越来越多的证据表明，贸易政策并不是静止不变的，与政策相关的不确定性对企业的投资很重要（Handley和Limo，2015；Kost，2019）。在实证研究中，由于贸易政策不确定性指标选取、创新水平的衡量和内生性的解决并不成熟，贸易政策不确定性与企业创新关系的结论也存在较大分歧。基于已有文献，本书在综合考虑贸易政策不确定性对企业创新的抑制效应和促进效应基础上，对两者的非线性关系进行分析。

2.2.1 影响机制分析

实证研究中贸易政策不确定性对企业创新的影响方向并无定论。一些研究认为贸易政策性显著抑制了企业创新。Gali和Monacelli（2005）、Corsetti等（2010）、Acemoglu等（2018）利用企业层面的证据，发现美国贸易政策的不确定性的增加减少了投资和经济活动。邓晓飞和任颋（2021）用中国上市公司数据研究发现贸易政策不确定性上升延迟企业投资决策，抑制创新。还有一些研究认为贸易政策不确定性促进了创新。李敬子（2019）研究发现贸易政策不确定性对企业R&D投资具有正向激励作用。魏明海等（2021）研究表明，贸易政策的不确定性与研发和专利的数量呈正相关。

（1）贸易政策不确定性与企业创新存在非线性关系

一是投资决策机制。从战略增长期权理论的角度来看，不确定条件下的即期投资可以使企业抓住机遇，获得未来的竞争优势。与常规投资相比，创新具有长期性，强调未来的利润流，因此，由于低水平的贸易政策不确定性并不会威胁企业的生存，不确定性水平增加会提升企业创新投资意愿，以便更好地利用未来的增长机会、提高市场份额（Free，2005），获得先发制人的优势（Trieorgis 和 Reuer，2017）。Bloom（2007）提出研发投资的调整成本更高，为了有效应对贸易政策不确定性，企业会增加创新投资，提升产品技术含量和不可替代性。双元创新理论认为技术创新可以分为渐进性创新和突破性创新，贸易政策不确定性水平较低时，较高风险偏好的管理者会倾向于开展风险较大的突破性创新活动，以增强企业市场竞争力。但是，当贸易政策不确定性升高到一定水平后，具有资源约束的企业面临生存压力，会使管理者出现短视行为，更愿意投资风险较小的渐进性创新。根据实物期权理论，不确定性增加时继续等待的期权价值会升高（司登奎等，2022）。在既定资源约束下，由于企业创新的资源是有限的，因此可以将企业的创新选择理解为一个期权。当贸易政策不确定性升高到一定水平时企业甄别市场信息难度增加，面临产业链上下游和产品需求的不确定性也随之上升，对创新投资成本和收益缺乏明确的预期，导致推迟创新投资继续等待的期权价值会升高。也就是说，此时企业更愿意将创新的机会留给未来，而会减少当前的创新投入。

二是技术获取机制。贸易政策不确定性会增加跨境技术获取难度，技术转移、人员交流活动减少抑制技术扩散，进而影响企业技术创新模式的选择。当贸易政策不确定性较低时，外部核心技术获取难度增加会倒逼企业正视技术短板，增加创新投资，加大自主研发力度。企业可以通过开拓多元目标市场，推行供应链多元化战略打破技术和产品垄断，提升议价能力，降低关键零部件和技术引进成本，提升自主创新能力。贸易政策不确定性水平升高会减少企业的出口份额，导致大量企业退出出口市场（Roberts 和 Tybout，1997）。为了节约成本，企业会减少资本品和运输设备、差异化产品的进口（刘秀美等，2020），随着嵌入全球产业链、供应链的程度下降，进出口的学习效应受到抑制。由于中国技术创新的引致特征明显，在本土供应链没有发展起来的情况下，当国内企业失去与外部技术合作与交流机会后，部分领域的技术差距不断扩大。由于企业不能按照效率最大化原则自由地在国内和国外进行科研合作与资源配置，这将极大地限制相关产业的创新资源配置方式和方向，影响企业的技术路线，导致较大的创新效率损失，最终影响企业技术创新能力的提升。

三是融资约束机制。贸易政策不确定性升高会影响企业的现金流、投资收益等财务指标。在企业资产负债表恶化、经营风险上升时，信息不对称现象也随之加剧。银行等金融中介基于自身资金安全考虑会收紧信贷，提高融资成本，减少融资供给，企业为高风险创新项目获得外部融资的能力显著下降，由此会对企业的研发投资行为及创新能力产生抑制效应（江春等，2021）。贸易政策不确定性带来的谨慎投资偏好将抑制企业过度投资，由于研发创新活动区别于一般投资活动，所以减少的那部分过度投资很可能会转移至回报率更高的研发部门，从而缓解企业的创新融资约束，促进创新。

2.2.2 理论假说

如上文所述，考虑到贸易政策不确定性和创新之间可能不是简单的线性关系，当贸易政策不确定性水平较低时，企业通过增加研发投入增强竞争实力，抵御不确定性风险，此时贸易政策不确定性会促进创新。当贸易政策不确定性升高到一定水平后，企业面临的外部不确定性上升带来企业价值的波动甚至威胁到生存，此时企业的风险厌恶程度升高，创新投入意愿下降，贸易政策不确定性会对企业创新产生抑制效应。

假设1：贸易政策不确定性与企业创新存在非线性的倒“U”形关系。

行业进出口依赖度反映行业参与国际分工和对国际贸易的依赖度。一般而言，进出口依赖度高的行业与外部市场的联系紧密，因而对贸易政策不确定性最为敏感。行业研发强度不同，企业在贸易政策不确定性下的创新行为也会存在差异。在贸易政策不确定性增加的时期，行业研发强度高的企业可能会表现出更谨慎的投资行为，并削减在创新项目上的支出。不同产权性质的企业在经营战略、资源配置和风险承担能力上存在显著差异，因而在贸易政策不确定性下的创新行为也会不同。中美经贸摩擦是中国贸易政策不确定性上升的主要来源。企业对美国进出口贸易的依赖程度越高，贸易政策不确定性对企业创新的影响越不同。

假设 2：贸易政策不确定性对企业创新的影响因行业外贸依存度、行业研发强度、所有制、与美国进出口贸易不同存在异质性。

（2）全球创新网络嵌入的调节效应

在网络嵌入相关研究领域，学者主要采用“结构—功能”分析框架，通过把社会网络理论和分析方法引入技术创新研究领域，考察企业嵌入网络的位置和结构对创新绩效的影响。Freeman 在 1991 年提出创新网络的概念，认为创新网络是应对系统性创新的一种基本制度安排，而网络的基本连接机制是企业间的创新合作关系。创新网络作为网络经济时代创新活动的重要组织形式和政府公共政策目标的实现载体，受到学术界和政策制定者越来越多的关注。在网络化时代，企业的创新网络构建、嵌入和退出行为导致创新网络的生成与演化，而节点的创新网络嵌入导致网络结构的重组、优化，网络结构的重组、优化又对网络中节点企业的创新绩效产生影响。很多研究表明，创新网络嵌入有利于提高组织创新绩效。许冠南等（2011）认为网络关系嵌入的信任、信息共享和共同解决问题特征有助于企业新知识的获取和利用，从而提高企业技术创新绩效；钱锡红等（2010）则发现占据网络中心和富含结构洞的网络位置有利于提升企业创新绩效。位于网络中心的企业要比位于网络边缘的企业从间接联系中获得更少的创新收益。还有部分研究认为网络嵌入对企业创新绩效的影响具有不确定性，范群林（2010）研究发现结构洞特征与企业创新绩效不存在显著的正向关系。考虑到网络嵌入的二重性，很多学者提出了“嵌入悖论”，认为网络嵌入过度会产生路径依赖、网络同质和冗余、网络冲突和机会主义行为等负面影响，Graf 和 Kruger（2011）考察德国典型区域创新网络发现，组织在网络中的“守门人”位置与其创新产出之间呈正“U”形关系；衣长军等（2017）发现海外企业通过兼并重组和吸收异质技术，能够激发创新理念，提高企业创新效率，但随着社会网络中技术多样性的增加，企业从网络中获取新知识、新资源所付出的时间和资源会增加，吸收和整合这些技术的成本也会急剧增加，但海外企业的技术创新绩效反而会下降。

全球创新网络是一种在跨组织边界、跨区域边界上整合分散化的工程应用、产品开发以及研发活动的网络形态（Ernst，2009）。网络经济时代，企业嵌入全球创新联盟网络是整合全球创新资源、提升竞争优势的重要战略途径。Miotti等（2003）和Zhang等（2015）认为跨国外部知识连接对企业创新绩效具有较强的积极效应，但Jaklic等（2014）、Aldieri等（2009）和Wagner等（2019）却得到了相反的结论。Harhoff等（2014）、Singh（2008）讨论了研发联盟伙伴类型、研发网络间联系等将影响企业在创新网络中聚集、整合及配置资源的能力，从而影响企业的技术创新绩效。综合已有文献，本书认为全球创新联盟网络嵌入对贸易政策不确定性与企业创新关系的调节机制主要有以下几个方面：

第一，全球创新联盟网络嵌入会影响企业投资决策调整成本。企业在网络中的结点越多、合作关系越多，意味着企业的决策和行动受到网络合作者和利益相关方的影响越大。为了维持长期信任关系，避免损害合作方的利益，在贸易政策不确定性水平升高时，全球创新网络嵌入程度高的企业不会轻易改变和调整研发投入策略，因此贸易政策不确定性对其研发投资决策的影响较小。

第二，全球创新联盟网络嵌入有效降低贸易政策不确定性引发的信息不对称问题。全球创新网络嵌入程度高的企业具有先行者的信息优势。企业与其网络成员联结的路径越短，汇聚信息与资源的速度越快（孙国强，2016），能够更加准确研判市场变化，提前做好准备，降低创新投资风险，增强投资信心，因此贸易政策不确定性对创新造成的负面影响也会较小。

第三，嵌入全球创新联盟网络可以提高对资源的整合效率，发挥技术协同效应。在面临不确定性挑战时，企业嵌入全球创新网络的程度越高，快速识别、筛选潜在供应商资质的搜索能力、谈判能力越强，因而能够有效应对供应链中断等风险带来的挑战。

第四，嵌入全球创新联盟网络能够为企业提供社会资本，冗余资源可以缓冲贸易政策不确定性带来的冲击。全球创新网络嵌入程度高的企业在与网络中其他成员的长期互动与合作中建立了良好的信任关系，拥有更高的信用度。已有研究表明，创新网络位置越高的企业拥有的动员稀有资源的能力越强，网络嵌入带来的冗余资源提升了企业对风险的容忍度，企业管理者的资源约束减少，能够用更大的杠杆去实施领域内与领域外超前技术搜寻（Huang，2012）。

我们借鉴 Granovetter（1992）将网络"嵌入性"分为结构嵌入与关系嵌入的分析框架，对创新网络嵌入的影响进行深入讨论。其中，结构嵌入主要关注企业所嵌入的关系联结在整个网络中的位置，包括网络中心度、结构洞等指标。关系嵌入主要关注企业所嵌入网络联结的强度与规模，包括网络关系强度、多元化等指标。

①创新网络结构嵌入。网络中心度是指在网络中连接节点的数量。企业参与的创新合作越多，中心度越高。由于不同合作关系的调节作用存在异质性，为了更加准确地反映网络嵌入的位置特征，我们引入了结构洞概念，用于描述没有重复的信息源结点。Burt（1992）认为，当企业处于结构洞"桥梁"位置时会更有利于合作、获取差异化信息和更多的网络机会。为了更加形象地揭示全球创新网络嵌入对贸易政策不确定性与企业创新关系的调节效应，我们以汽车行业为例，从 2016—2020 年 SDC 数据库中筛选出中心度和结构洞排名靠前的企业，根据企业发明专利数量衡量的创新水平和贸易政策不确定性分为四个象限绘制拓扑图。结果显示：横向看，相同不确定性水平下，高创新水平的企业网络中心度和通过计算得到的结构洞位置更高，参与联盟的数量更多、密度更大（见图 2－1）。

基于此提出假设 3：创新网络中心度、结构洞对贸易政策不确定性与企业创新具有正向调节效应。

②创新网络关系嵌入。结构嵌入指标描述了企业在创新网络中的静态特征，为了反映创新合作关系的动态特征，我们进一步引入关系嵌入指标。强联系是企业间通过长期交易和互动建立的基于信任和互惠的合作关系。技术扩散对创新提升很重要。成员间建立的信任有助于隐性知识的转移。由于顾客需求的多变和竞争对手以及外界环境的难以把控，企业技术创新的风险将大大增加。已有研究指出，关系强度对风险分担机制具有重要的作用（杜亚灵、尹航，2015）。强联系有助于合作伙伴主动分担不确定性带来的风险，企业间的合作常规化和惯例化，减少了企

业创新合作的学习成本、交易成本和搜索成本，促进现有资源和未开发资源的优化配置和组合。使企业偏离狭隘的自利动机，减少机会主义行为，推动创新可持续发展。由于技术创新的复杂性、融合性和快速迭代特征，单个企业难以依靠单一的创新联盟提升创新竞争力。越来越多的企业通过建立多元的合作伙伴关系，拓展了知识搜寻范围，提升了知识重组的机会，增加了潜在的创新机会。与更多企业建立创新联盟形成的网络关系多元化体现了成员间组织类型和组织资源等方面的差异。在贸易政策不确定性上升时，多元化联盟关系更有助于获取异质性信息，甄别潜在创新合作伙伴，增强创新活动对外部环境变化的适应性和匹配性。

基于此提出假设4：网络关系强度、网络关系多样性对贸易政策不确定性与创新关系发挥正向调节效应。

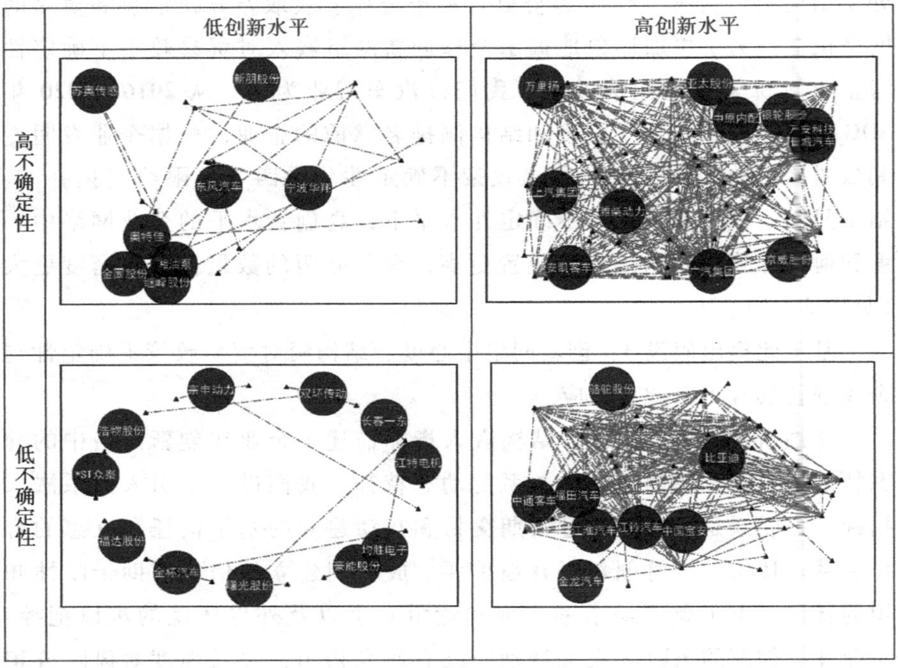

图2-1　以汽车行业为例的网络拓扑图

（3）FTA网络嵌入的调节效应

国际贸易网络是社会网络的重要表现形式，传统的贸易流量指标只能反映国与国之间的双边贸易关系，社会网络分析方法能够运用网络拓扑结构来刻画多个国家相互之间复杂的贸易关系（Albert 等，2002；Fagiolo 等，2009）。Snyder 等（1979）最先在国际贸易的相关研究上运用社会网络分析方法，通过刻画国际贸易网络来进行研究和分析，发现世界经济体系存在着"核心—半边缘—边缘"结构。Mahutga（2006）以及 Zhou 等（2016）同样对国际贸易网络进行刻画和研究，分析得出全球最大贸易伙伴国网络呈现出树状分层结构，且美、德、中三国处于该网络的核心。国内的相关研究聚焦于全球或区域贸易网络的结构及演化进程。陈少炜和 Patrick Qiang（2018）基于网络密度、中心性、强度以及聚类系数等指标对金砖国家贸易网络进行分析。Rauch 和 Trindade（2002）等通过建立理论模型考察了社会网络影响国际贸易的微观机制。他们发现，社会网络不仅可以为跨国贸易提供贸易信息，而且有助于在当地建立销售渠道，从而可以促进国际贸易的发展。进一步地，他们还通过经验研究，证实了社会网络对双边贸易的影响。发现华人的网络对双边贸易有正的影响，而相对于同质性产品贸易，网络对差异产品贸易影响更大。

自由贸易协定通过关税约束承诺、贸易便利化等条款，降低贸易政策不确定性，促进企业投资增加，市场竞争更加充分，最终带来产品种类增加、产品质量提升。具体而言，FTA 网络影响贸易政策不确定性和创新关系的机制主要表现在以下几个方面：

一是自由贸易协定降低地缘风险，限制了贸易政策变化，减少了投资不确定性。自由贸易协定通过经贸合作增强政治互信，缩小外交分歧，降低域外势力介入的地缘风险。Limão 和 Maggi（2015）认为贸易协定可以有效减少贸易政策的不确定性。事实上，世贸组织和许多其他贸易协定都明确表示，它们的目标之一是提高贸易政策环境的可预测性。2008 年全球金融危机没有爆发灾难性的贸易战争，主要原因是各国受到贸易协定的约束，这些协定限制了政策的变化。特别是当面临较高水平的冲击时，政府的风险偏好较低，更愿意维护外部政策环境稳定。他还发现，当经济更加开放，出口供应弹性更低，经济更加专业化时，贸易协定减少不确定性的效果更明显。

二是自由贸易协定通过提升贸易流量，加速区域市场规模潜力释放，促进了企业创新。钱学锋和龚联梅（2017）研究发现中国与TPP（泛太平洋战略经济伙伴关系协定）和RCEP（区域全面经济伙伴关系）成员国之间的贸易协议，不仅降低了中国面临的贸易政策不确定性，还降低了各成员国之间的贸易政策不确定性，对促进制造业出口发挥了积极作用。近年来，缔结自由贸易协定（FTA）已经成为各国政府推进贸易开放的重要途径（林僖和鲍晓华，2018；韩剑等，2019）。与此同时，越来越多的学者也认识到FTA对企业创新的重要作用。已有研究发现，北美自由贸易区、欧盟等的成立以及加入世界贸易组织（WTO）均显著提高了成员国出口企业的创新水平（Aghion等，2005；Baldwin和Gu，2009；Liu和Ma，2020）。

三是自由贸易协定打破贸易壁垒，增加创新要素自由流动，协同创新提升创新资源配置效率。企业通过FTA网络与其他国家的企业和市场产生联系，在与全球资源的对接中丰富了信息和技术来源（刘慧和綦建红，2021）。当贸易政策不确定性水平升高时，自由贸易协定会使价值链合作关系更加紧密，科技创新合作产业链布局更加优化，有利于形成利益共同体，推动产业链稳定，发掘区域创新潜能，打造区域创新策源地，为创新提供良好的外部环境。

假设5：企业嵌入FTA网络对贸易政策不确定性与企业创新的关系具有调节效应。

第3章

中国贸易政策不确定性与企业创新的典型事实

3.1 中国贸易政策不确定性的演变和典型特征

首先，对比研究中国入世前后关税政策不确定性变化的影响效应。中国入世后获得美国授予的永久正常贸易伙伴关系地位，关税政策不确定性大幅度降低。其次，结合入世之后的过渡期，非关税壁垒较为突出的特征，研究非关税壁垒政策不确定性的影响效应。最后，考察2016年中美经贸摩擦全面升级以来中国面临的广义贸易政策不确定性，并研究其影响效应。

我们借鉴已有研究使用两种关税相关的贸易政策不确定性测度标准：①以WTO约束关税和实际最惠国待遇关税（MFN）之间差额测度关税政策的不确定性，即使用 $TPU_i^1 = \tau_i^B - \tau_i^{mfn}$。②根据Handly（2014）和Limão（2015）的研究，理论推导得到关税差额的技术变形，$TPU_i^2 = 1 - \left(\frac{\tau_i^B}{\tau_i^{mfn}}\right)^{-\sigma}$。③使用对数方法即 $TPU_i^3 = 1 - \left(\frac{\tau_i^B}{\tau_i^{mfn}}\right)^{-\sigma}$。区别于以往对工业企业数据库的研究，本书以我国上市企业为样本，研究其贸易政策不确定性。

使用了对中国反倾销调查数量最多的 9 个国家和地区的税率数据来测算。

3.1.1 关税政策不确定性行业分布特征

在综合考虑上市企业所在行业分布后，选取主要分布行业：制造业；信息传输、软件和信息技术服务业；批发和零售业；电力、热力、燃气及水生产和供应业以及交通运输、仓储和邮政业 5 个主要行业。使用对数形式测度的 TPU 结果如下：制造业上市企业普遍受到更高水平贸易政策不确定性。但是 2018 年以来，信息传输、软件和信息技术服务业的不确定性上升较快，2020 年后不确定性水平超过制造业（见图 3－1）。

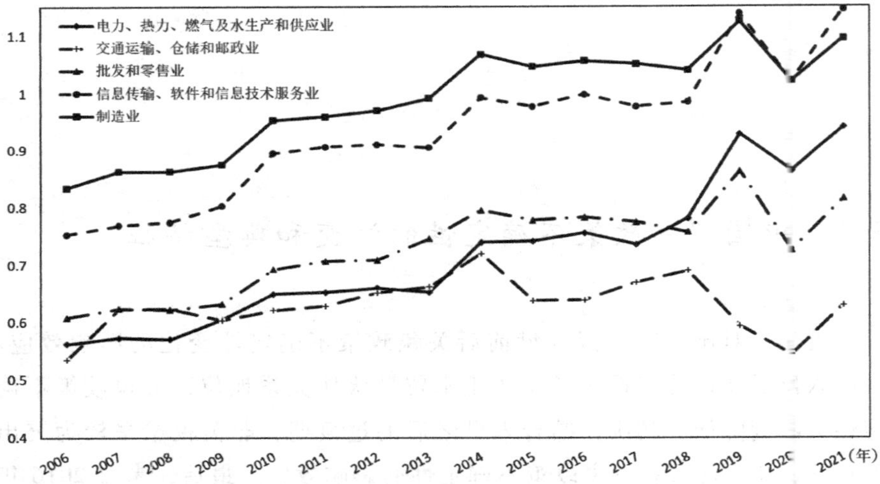

图 3－1 关税政策不确定性行业分布

进一步分析制造业子分类（国民经济二级行业分类），根据上市企业样本分布选择计算机、通信和其他电子设备制造业；化学原料和化学制品制造业；专用设备制造业；电气机械和器材制造业；医药制造业；软件和信息技术服务业；通用设备制造业；汽车制造业八个国民经济二级行业，对数差分测度结果如图 3－2 所示。

根据广义经济分类（BEC）标准将进口产品划分为中间品、资本品和消费品三类，分别对不同类型产品进行 TPU 的测度。结果显示：资本品和中间品的贸易政策不确定性显著高于消费品。箱线图分布显示：资本品和中间品的贸易政策不确定性均值明显高于消费品。这主要是因为当贸易政策不确定性水平上升时，企业的生产投资规模会收缩，中间品（原材料、零部件）和资本品（如企业用于生产的机器设备）会相应减少。由于消费品主要是用于满足日常的生活需要，其对企业正常经营的影响有限，因此消费品贸易政策不确定性水平相对较低（见图 3－3 和图 3－4）。

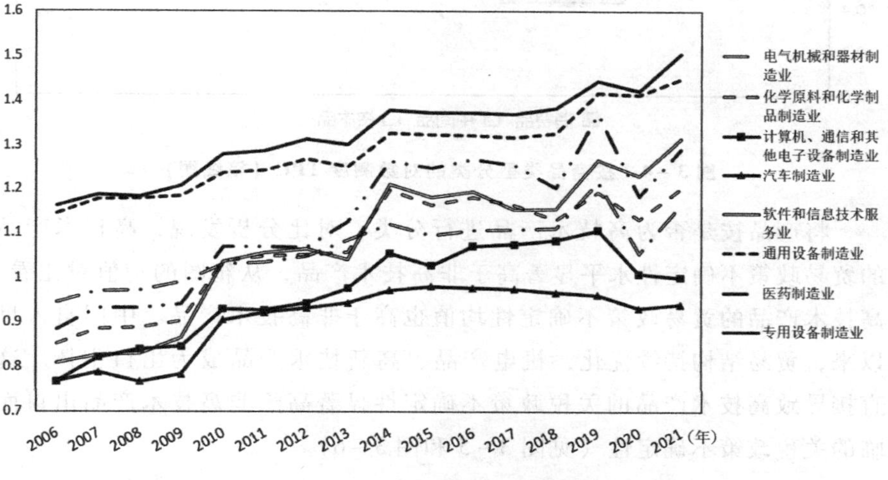

图 3－2　制造业细分行业的表现

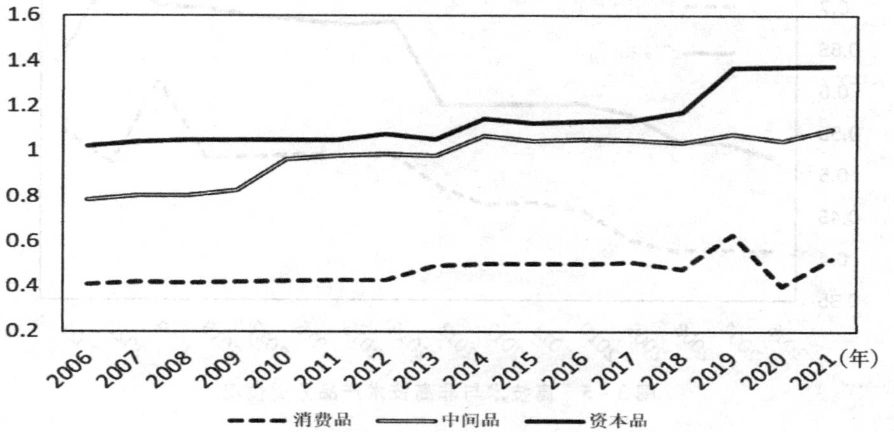

图 3－3　按商品类型分类的对数测度 TPU

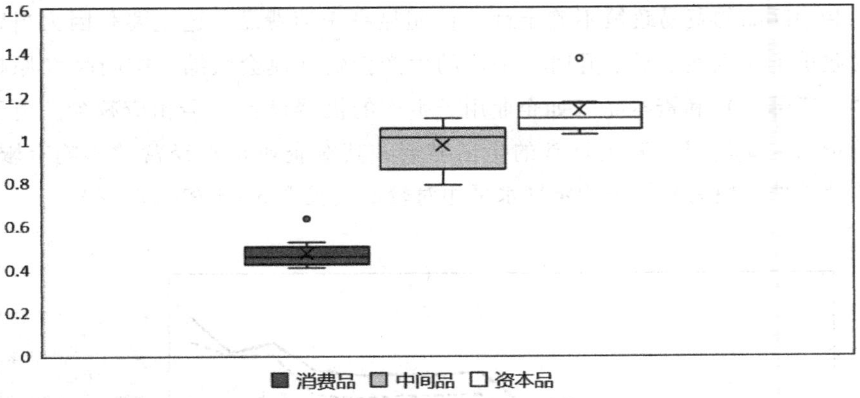

图 3-4 按商品类型分类的对数测度 TPU（箱线图）

将产品按是否为高技术产品进行分类，对比分析发现，高技术产品的贸易政策不确定性水平显著高于非高技术产品，从箱图的均值对比看，高技术产品的贸易政策不确定性均值也高于非高技术产品。中国自入世以来，贸易结构持续优化，机电产品、高新技术产品成为出口主体。这直接导致高技术产品的关税政策不确定性显著高于非高技术产品出口面临的关税政策不确定性（见图 3-5 和图 3-6）。

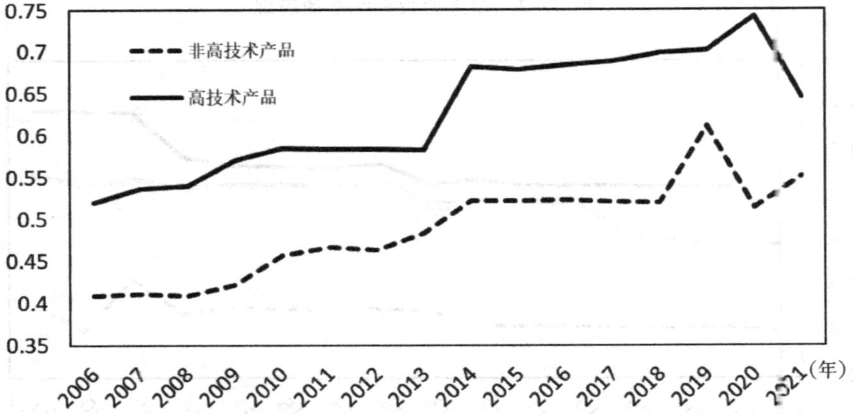

图 3-5 高技术与非高技术产品分类情况

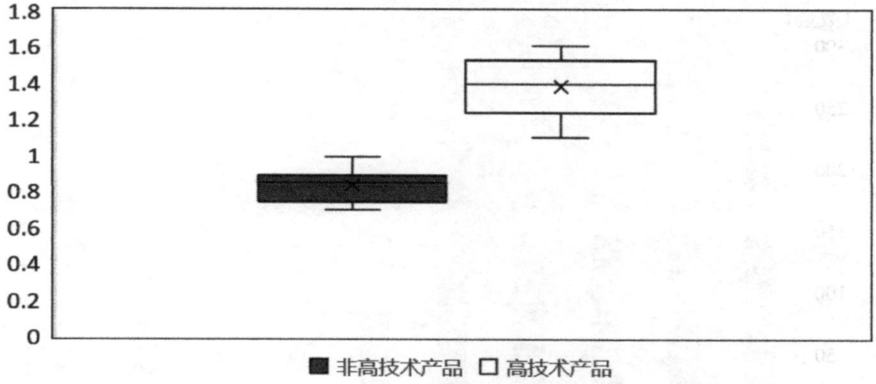

图 3-6　高技术与非高技术产品分类的箱线图

3.1.2　非关税壁垒政策不确定性表现

由非关税壁垒政策变动导致的贸易政策不确定性，也是非常重要的一种贸易政策不确定性。我们使用世界银行的临时关税壁垒数据库（TTBD）子数据库全球反倾销数据库（GAD）中反倾调查和反倾销措施统计数据进行分析，数据显示，在 1995 年 1 月到 2021 年 6 月，世界各国针对中国实施的反倾销调查共计 1 507 起，其中印度和美国是对中国发起反倾销调查等非关税壁垒措施较多的国家，发起了高达 264 起和 186 起反倾销调查。美国、印度和欧盟是对华实施反倾销措施最多的国家（见图 3-7 和图 3-8）。从产品的角度来看：中国受到反倾销调查数量最多的分别是：①贱金属和贱金属制品；②化学或相关工业的产品；③机器和机械设备、电气设备、其零件、录音机和复制机、电视图像、声音录音机和复制机，以及这些物品的零件和附件；④塑料及其制品、橡胶及其制品；⑤纺织品，具体统计如表 3-1 所示。

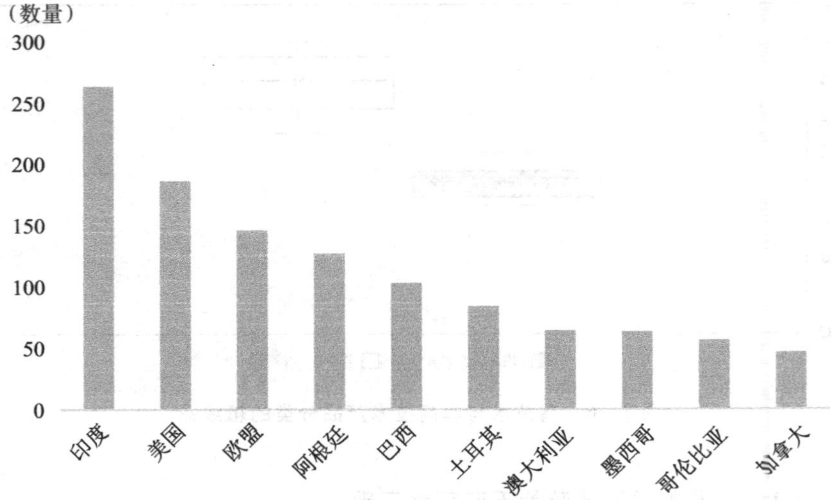

图 3－7　对中国发起反倾销调查的数量（1995 年 1 月—2021 年 6 月）

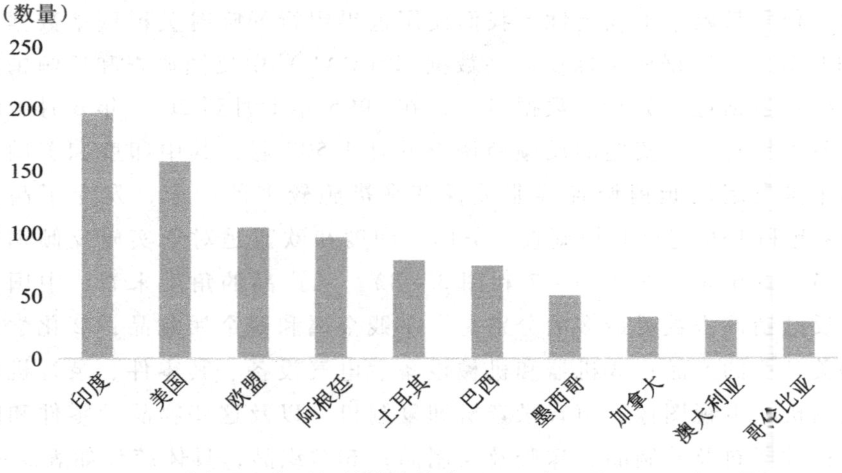

图 3－8　对中国实施反倾销措施统计（1995 年 1 月—2021 年 6 月）

表 3－1　　　　反倾销产品表

反倾销措施数量（起）	具体产品
348	贱金属和贱金属制品

续表

反倾销措施数量（起）	具体产品
215	化学或相关工业的产品
116	机器和机械设备、电气设备、其零件、录音机和复制机、电视图像、声音录音机和复制机，以及这些物品的零件和附件
88	塑料及其制品、橡胶及其制品
85	纺织品

3.1.3　广义贸易政策不确定性测度

广义 TPU 主要采用新闻文本提取法测算，使用文本分析各经济体主流报纸，通过抓取关键词测度关键词频率和测度各主要经济体 TPU。我们选取了中国、美国、日本的数据进行对比分析，结果显示：各经济体的 TPU 变动趋势大体一致。进一步分析历史数据的分布，箱图均值结果显示，与美国和日本相比，中国的贸易政策不确定性处于相对较高的水平，且波动性较大（见图 3－9 和图 3－10）。

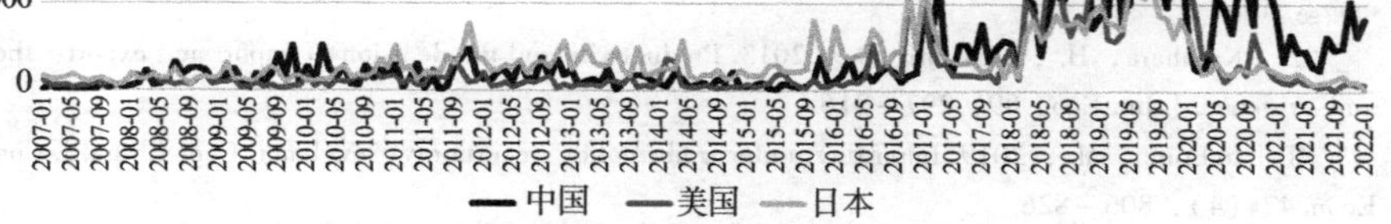

图 3－9　中国、美国、日本 TPU 对比

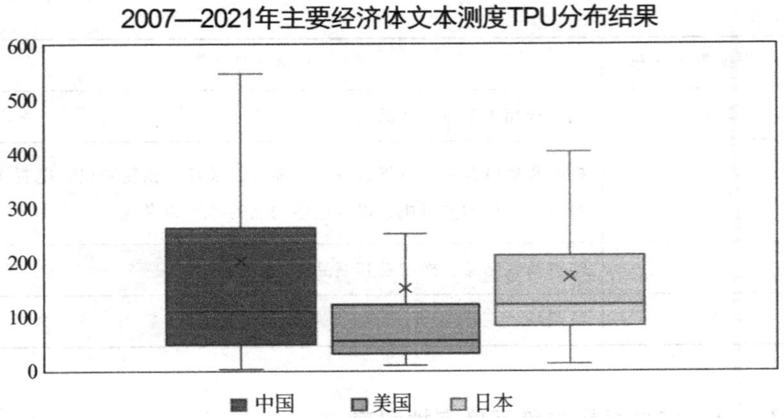

图 3-10 2007—2021 年主要经济体 TPU 箱图均值对比

3.2 中国贸易政策不确定性指标构建

已有大量文献表明，在贸易政策存在高度不确定的情况下，企业需要更大的沉没成本来扩大进口和出口（Li 等，2021；Kasahara 和 Lapham，2013；Imbruno，2019）①②③。考虑到不确定性在全球贸易体系中无处不在，越来越多的研究关注贸易政策不确定性对企业的战略行为的影响（Handley 和 Limao，2015；Liu 等，2020；Shen 等，2020）④⑤⑥。评估贸

① Trade policy uncertainty, political connection and government subsidy: Evidence from Chinese energy firms.

② Kasahara, H., Lapham, B., 2013. Productivity and the decision to import and export: theory and evidence. J. Int. Econ. 89, 297-316.

③ Imbruno, M., 2019. Importing under trade policy uncertainty: evidence from China. J. Comp. Econ. 47 (4), 806-826.

④ Handley, K., Limao, N., 2015. Trade and investment under policy uncertainty: theory and firm evidence. Am. Econ. J. Econ. Polic. 7 (4), 189-222.

⑤ Liu, Q., Pei, F., Wu, H., Zhang, X., 2020. Trade policy uncertainty, firm heterogeneity and export mode. Emerg. Mark. Financ. Trade 1-31.

⑥ Shen, H., Zhang, M., Liu, R., Hou, F., 2020. Economic policy uncertainty and corporate innovation: evidence from China. Asian Econ. Lett. 1 (1), 1-6.

易政策不确定性对企业行为的影响，首先需要测度贸易政策的不确定性。文献中对 TPU 测度的第一个类别是用贸易壁垒的指示变量进行研究，如 Crowley（2018）使用在一个国家是否征收反倾销税来确定在其他国家同一产品的贸易政策不确定性增加①，Imbruno（2019）则用产品是否受最终约束关税影响来判断贸易政策的不确定性②。第二个类别的文献关注关税税率的变化，Feng 等（2017）③ 和 Facchini 等（2019）④ 都使用关税水平的差值来识别不确定性的大小。第三类文献则是构建 TPU 指数，通过对报刊新闻或上市公司财报中涉及贸易政策关键词的词频分析，判断贸易政策不确定性的大小（Baker 等，2016；Caldara 等，2020）⑤⑥。

显然，前两类 TPU 测度关注单一贸易壁垒的大小，而指数法是综合考察一国的贸易政策不确定性。近些年来，除了技术纠纷与市场竞争外，政治因素成为全球产业政策、贸易政策不确定性的重要来源，也是决定贸易政策频繁变动的现实逻辑。考虑到仅从报刊和公司财报文本中提取的贸易政策关键词不足以准确、全面地反映贸易政策不确定性，我们从宏观经济、国际贸易、国际政治、能源依存、媒体报道五个方面选取 36 个指标，根据数据可得性以及数据主要特征，将五类数据整合为国内与国外两个主要分类，其中国内指标涉及资源禀赋、供给、需求、汇率等方面，国外指标涉及政治稳定、主要资源的国际进出口、贸易政策（关税）等内容。在两大类别下，各指标之间存在重复记录主要特征的情况，使用主成分分析相关变量结果显示：人口因素、经济增长因素是国内指标中解释力最强的指标（见表 3－2）。

---

① Tariff scares: Trade policy uncertainty and foreign market entry by Chinese firms.

② Importing under trade policy uncertainty: Evidence from China.

③ Trade policy uncertainty and exports: Evidence from China's WTO accession.

④ China's "Great Migration": The impact of the reduction in trade policy uncertainty.

⑤ Scott R. Baker, Nicholas Bloom, Steven J. Davis, Measuring Economic Policy Uncertainty, The Quarterly Journal of Economics, Volume 131, Issue 4, November 2016, Pages 1593－1636, https://doi.org/10.1093/qje/qjw024.

⑥ The economic effects of trade policy uncertainty.

表 3－2　　中国贸易政策不确定性指数的主成分分析

变量	与 Factor1 相关性
population	0.99
urban_r	0.99
labor	0.96
pop_old	0.92
pop_gr	0.88
Factor 解释能力	0.90

主成分结果显示，第一主成分对人口相关的指标具有 90% 以上的强解释能力，选取相关度最高的 population 指标代表该分组。进一步处理经济产量相关的指标，主成分结果显示第一主成分具有 80% 以上的强解释能力，选取 gdp_gr 指标代表该分组（见表 3－3）。

表 3－3　　国内经济相关指标分析

变量	与 Factor1 相关性
gdp_gr	0.94
gdp_pcap_c_r	0.91
gdp_pcap_p_r	0.93
indu_of_gdp	0.81
Factor 解释能力	0.81

经过对包含重复关键信息的指标进行筛选后，对国内指标进行主成分分析结果如表 3－4 所示。

表 3－4　　筛选后指标

变量	与 Factor1 相关性	与 Factor2 相关性
tfp2017	0.94	0.17
exp_share	0.91	0.17
real_exchrate	0.91	0.35
govstab	0.90	0.02
gdp_gr	0.64	0.65

续表

变量	与 Factor1 相关性	与 Factor2 相关性
umemployrate	0. 54	0. 75
tot_reserves	0. 05	0. 85
population_r	0. 02	0. 53
Factor 解释能力	0. 51	0. 28

结果显示国内指标提取两个主成分，总解释能力接近 80%，选取跟两个主成分相关性最强的前三个指标且要求相关性大于 65%，筛选出 tfp2017、exp_share、real_exchrate、gdp_gr、umemployrate、tot_reserves。

对国际关系指标进行筛选，同样先对包含重复关键信息的指标进行筛选，筛选对外政策相关的指标（税收、政策态度）。结果显示筛选出 tari_appweig_all、CIPA_traderating 是合适的（见表 3 – 5）。

表 3 – 5　　筛选对外政策的指标

变量	与 Factor1 相关性	相关性 2
tari_appweig_all	0. 97	0. 84
tari_favweig_all	0. 97	0. 14
tari_favsim_all	0. 97	0. 18
tari_appsim_all	0. 96	0. 10
wto	0. 75	0. 02
CIPA_traderating	0. 53	0. 06
Factor 解释能力	0. 78	0. 13

对筛选后的国际关系指标进行主成分分析，结果提取了两个主成分，对数据的解释能力接近 80% 选取跟两个主成分相关性最强的前三个指标且要求相关性大于 65%，筛选出 oremetal_ex、KOFGI、fuel_importof、tari_appweig_all、trade_gdp、CIPA_traderating、global_conflicts（见表 3 – 6）。

表 3 – 6　　国际关系相关指标

变量	与 Factor1 相关性	与 Factor2 相关性
oremetal_ex	0. 93	0. 12

续表

变量	与 Factor1 相关性	与 Factor2 相关性
KOFGI	0. 93	0. 31
fuel_importof	0. 86	0. 32
tari_appweig_all	0. 78	0. 44
oremetal_exrate	0. 75	0. 28
TPU_china	0. 62	0. 40
global_conflicts	0. 58	0. 65
trade_gdp	0. 34	0. 88
CIPA_traderating	0. 13	0. 85
Factor 解释能力	0. 50	0. 29

最终筛选出 13 个指标国内经济、国际关系的相关指标如表 3 –7 所示。

表 3 –7　　中国贸易政策不确定性指数指标构建

成分	类别	方向	数据来源
失业率	宏观经济	正	世界银行数据库
国内消费率	宏观经济	负	世界银行数据库
GDP 增速	宏观经济	负	世界银行数据库
全要素生产率	宏观经济	负	宾州大学世界表 10. 0
实际汇率水平	宏观经济	正	世界银行数据库
外汇储备	宏观经济	负	世界银行数据库
加权平均关税税率	国际关系	正	世界银行数据库
贸易占 GDP 比重	国际关系	负	世界银行数据库
KOF 全球化贸易指数	国际关系	负	KOF 全球化指数数据库
全球冲突数	国际关系	正	乌普萨拉冲突数据
燃料占进口商品比重	国际关系	负	世界银行数据库
货物贸易的政策评分	国际关系	负	世界银行数据库
矿产资源禀赋与出口	国际关系	正	世界银行数据库

对各类别成分的方向解释如下：

一是宏观经济方面。国内失业率越低、国内消费率越高、GDP 增速越高、全要素生产率越高，则一国宏观经济运行状况越好，倾向于开放型经济，贸易政策不确定性降低；

二是国际贸易方面。适用加权平均关税税率提高，则企业出口到本国的成本越高，表明一国贸易壁垒的强化，贸易政策不确定性提高。贸易占 GDP 比重和 KOF 全球化贸易指数越高，表明一国对国际贸易的依存度越高，倾向于开展国际贸易，贸易政策不确定性降低；

三是国际政治方面。使用乌普萨拉冲突数据中的“全球冲突数”衡量国际局势的紧张与混乱程度，国际局势的紧张往往伴随着更加艰难的进出口贸易，因此会导致贸易政策不确定性增强；

四是能源依存方面。中国是世界上主要的能源进口国，尤其是燃料能源，如石油和天然气。选用燃料占进口商品比重衡量一国对国际能源的依赖程度，依存度越高则表明中国不会轻易调整有关贸易政策；

五是媒体报道方面。沿用 Baker 等（2016）基于南华早报中出现与政策不确定性相关的关键词的频率计数构建，故方向为正。

最终合成 TPU 指数如图 3－11 所示。中国 TPU 指数在 2000 年、2015 年至 2020 年处于较高水平。2001 年中国加入世界贸易组织后 TPU 指数不断下降，在 2007 年达到历史最低值，2007 年至 2008 年国际金融危机爆发后 TPU 指数出现大幅攀升，2009 年后 TPU 指数波动上升，在 2015 年达到峰值，此段时间后中美贸易关系逐渐紧张，2015 年至 2020 年 TPU 指数都维持在高位水平。

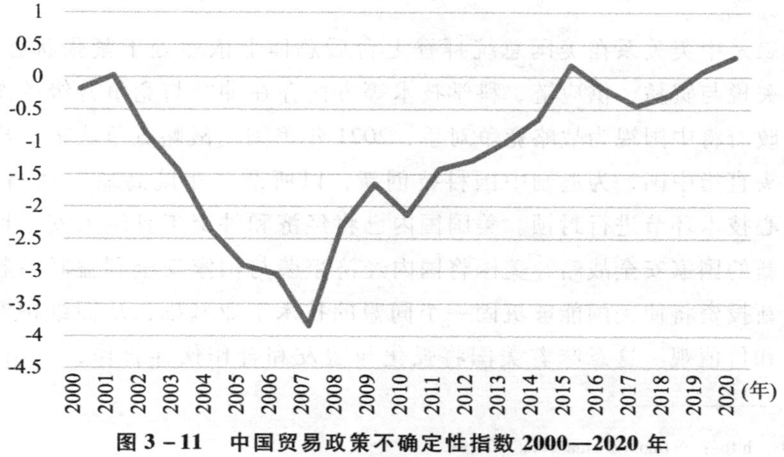

图 3－11　中国贸易政策不确定性指数 2000—2020 年

3.3 中国贸易政策不确定性的发展趋势

未来一段时期，中国贸易政策不确定性指数仍然存在较大可能的高企趋势，其背后是复杂的国际政治经济因素。

一是全球经济面临诸多下行风险。新冠疫情使供应链面临断链风险，通胀高企，经济复苏面临更多不确定性，“硬着陆”风险上升，全球经济增长正进入一个明显放缓的时期，分化与分歧将成为主要特征。2022年2月俄乌冲突爆发，美国及其盟国对俄发起经济、能源、金融、政治等众多领域全方位制裁，试图将俄罗斯孤立于世界经济和国际金融体系之外。与此同时，俄罗斯强有力的反制裁措施加速世界走向分裂，侵蚀全球化进程。短期看，能源价格急剧上涨，全球稀有金属和原材料价格急剧上升，全球粮食供应出现短缺。长期看，石油地缘政治将发生重大变化，欧洲将致力于减少对俄罗斯的能源依赖。美国金融制裁对全球金融体系产生冲击，促使其他国家提出更好的替代美元和周边支付系统的方案，储备货币多元化进程加快。2023年美欧银行业遭遇冲击，美联储发布的报告显示，美国700多家银行因其资产负债表上存在大量浮亏而面临风险①，金融体系脆弱性带来的信心不足或开始向实体经济传导。

二是中美关系在美国总统拜登上台后总体上依然处于紧张状态。双方在关税与贸易、供应链、科学技术等方面存在冲突与竞争升级的态势。拜登政府将中国视为战略竞争对手，2021年美国《战略竞争法案》出台，将矛头直指中国，为遏制中国科技创新，以所谓“小院高墙”战略在关键核心技术环节进行封锁。美国国内已将经济和外交工具纳入安全形势。根据新的国家安全战略，美国将国内经济繁荣与国家安全利益联系起来，认为新投资将使美国能够巩固一个同盟的技术工业基础，从而维护安全、繁荣和价值观。这意味着美国将强化与盟友和合作伙伴合作，利用和规

① https：//finance. sina. com. cn/jjxw.

模新技术，推广21世纪的基础技术，特别是微电子技术、先进计算和量子技术、人工智能、生物技术和生物制造、先进电信和清洁能源。为此，美国积极修复和强化同盟战略体系，在双边和多边层面做出“排华”的特殊安排。如2022年8月，拜登签署《芯片与科学法案》，美国与欧盟于2021年9月成立贸易和技术委员会（TTC），2021年9月美国、日本、印度和澳大利亚的“四方安全对话（QUAD）”，2022年3月美国提出组建由美国、日本、韩国和中国台湾参与的“芯片四方联盟（Chip4）”，2022年5月正式启动涵盖14个国家的“印太经济框架（IPEF）”等，都在供应链议题上针对中国或对中国进行施压。

三是在全球应对气候变化行动加速之际，越来越多的国家已设立和计划设立“碳中和”计划，全球产业转型和能源转型步伐加快。在此背景下，国际经贸谈判推动形成高碳减排标准、高碳产业国际转移减少、全球产业链供应链绿色低碳转型、能源结构及各国竞争力将重塑、绿色贸易投资壁垒增加等，对全球产业链供应链造成深远影响。高碳产业向发展中国家转移的局面可能逐步改变，发展中国家减少承接发达经济体高碳行业，国际产业链条缩短，加剧产业链供应链区域化。发达经济体跨国公司在碳减排约束下，将更愿在碳减排要求高的经济体进行投资。此外，为保护本国产业、实现所谓“公平贸易”“公平竞争”，发达经济体可能会对未达到高标准环保要求的产品、服务和投资设置障碍，包括碳边境调节机制、碳关税、碳配额购买等，例如，欧盟宣布引入碳边境调节机制，向碳减排不力国家的产品征收碳税。绿色贸易投资壁垒增多，国际贸易投资摩擦和争端加剧。

四是数字关税壁垒兴起。随着新一轮科技革命和产业变革加速演进，数据正在成为经济生活中最核心最有价值的生产要素。数字经济蓬勃发展引发数据要素的国际流动，客观上促使各国强化对数据要素流动的监管，形成数字关税壁垒。由于数字经济的国际贸易不依赖关税、通关、检验检疫，因此“数字税”使贸易保护更加隐蔽。数字关税主要针对跨国科技巨头公司，涉及利润重新分配和监管政策转型，必然对现行关税制度造成重大冲击。目前，全球70%以上的国家出台了相关法规来确保数据和隐私的保护。由于各国的态度和政策不尽相同，短期内难以达成数字关税的全球性协议，因此数字关税的兴起将成为影响贸易政策不确定性的重要因素。

3.4 贸易政策不确定性与中国企业创新绩效

（1）创新投入

中国加入 WTO 后，研发投入总额持续上升，从 2002 年的 1 287.64 亿元增长到 2021 年的 27 864 亿元。但增长率变化较大，2008 年到 2014 年一直处于下降趋势。2014 年到 2018 年小幅上升后出现波动（见图3－12）。

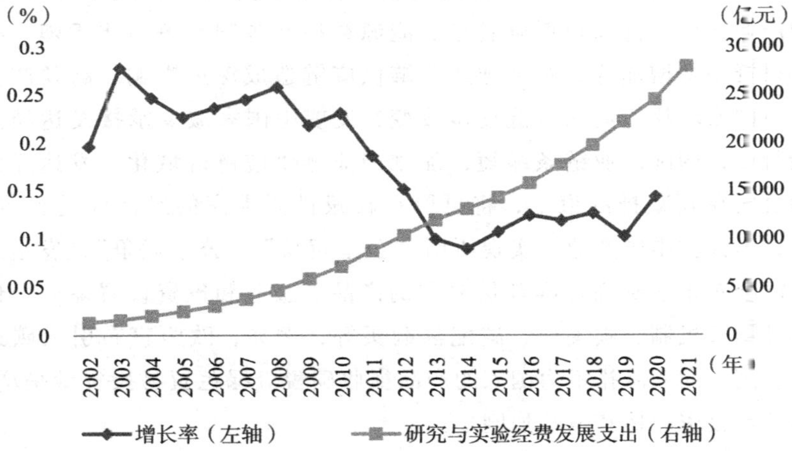

图 3－12 研究与实验经费发展支出及增长率

（2）创新产出

2002 年以来，中国的发明专利申请数量持续攀升，从 80 232 项增加到 1 497 159 项。但增长率的波动较大，2002—2009 年的增长率一直下降，2009 年到 2011 年的增长率大幅提升，之后在波动中下降（见图 3－13）。

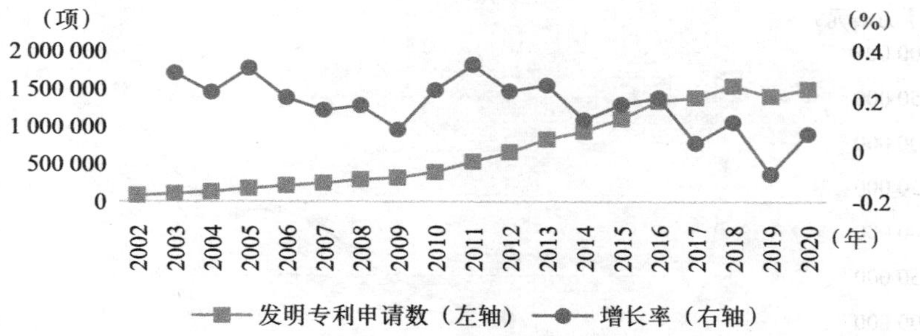

图3－13 发明专利申请数与增长率

（3）创新交易

随着中国的对外开放和制造业转型升级，高技术产品进出口总额呈现同步上升态势，但增长率出现波动下行趋势。具体而言，2009年、2015年、2016年和2019年都出现了负增长（见图3－14）。从知识产权使用费看，2000年以来我国的知识产权使用费总额呈持续上升态势，但增长率波动下行（见图3－15）。

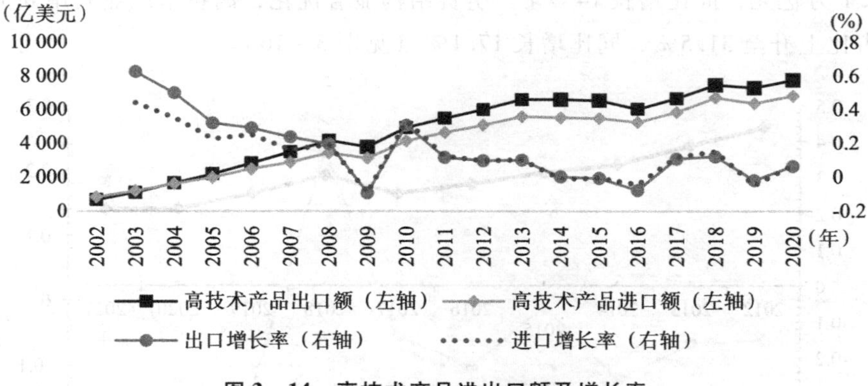

图3－14 高技术产品进出口额及增长率

综上，我们可以看到，贸易政策不确定性水平升高的时期，往往也是创新绩效增长率大幅波动下降的时期。这说明贸易政策不确定性是影响创新的重要变量。

（4）贸易政策不确定性对高技术制造业外资在华创新发展的影响

在贸易政策不确定性持续攀升的外部环境下，我国高技术产业吸引

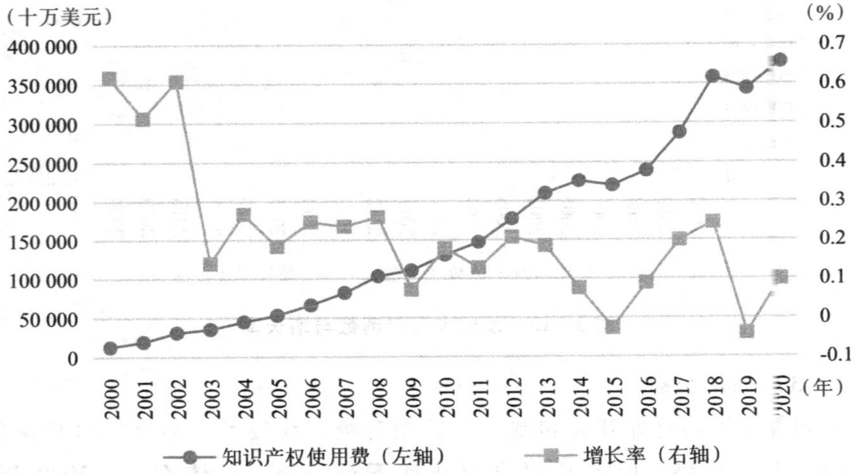

图 3-15 知识产权使用费（付费）及增长率

外资保持强劲增长态势。疫情期间，很多外资企业将中国作为跨国投资的“避风港”，纷纷加码投资。2021 年我国引资规模再创历史新高，达到 1.1 万亿元，同比增长 14.9%。引资结构显著优化，高技术产业利用外资占比上升至 31.5%，同比增长 17.1%（见图 3-16）。

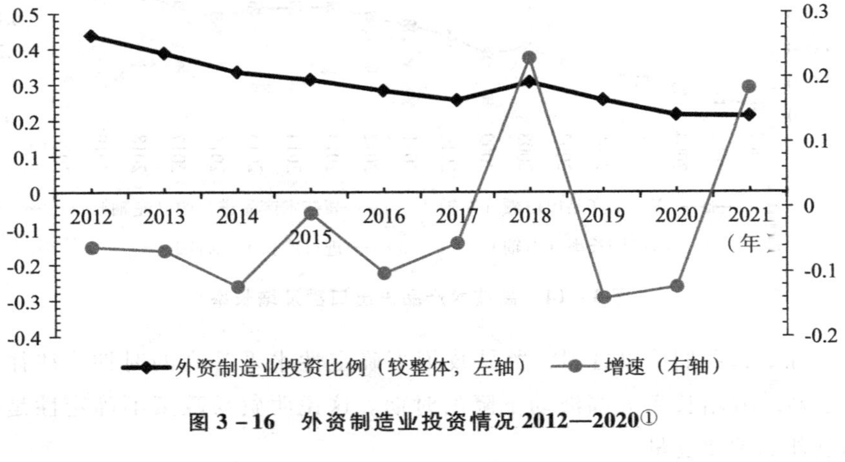

图 3-16 外资制造业投资情况 2012—2020①

① 因部分年份数据统计局未披露，作者根据公开信息进行推算得出。

对 46 家外资企业进行问卷调查，约 2/3 外企愿意扩大在华投资，其中涉及生物和新医药、新能源汽车、新材料产业和芯片等高新技术领域的 30 家外资企业计划在未来 3 年扩大在华投资，8 家企业的投资额将达到数亿美元。在全球疫情反复和地缘政治风险加剧的背景下，中国庞大市场的消费潜力、安全高效稳定的供应链、不断扩大开放的市场和持续改善的营商环境、蓬勃发展的绿色低碳、数字经济、日益优化的创新生态、高素质的人力资源、不断提升的知识产权保护水平成为吸引外资的显著优势。有 82.35% 的企业选择增加研发环节的投资。这与选择增加生产环节投资的企业比重相当。说明外资企业对中国的定位已经从生产制造业向生产与研发并重转变（见图 3－17）。

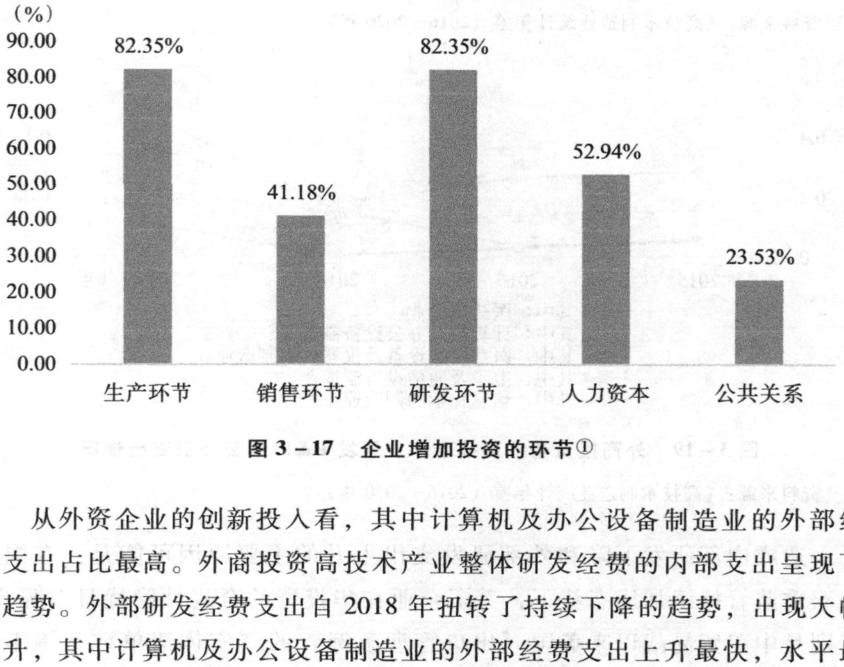

图 3－17　企业增加投资的环节①

从外资企业的创新投入看，其中计算机及办公设备制造业的外部经费支出占比最高。外商投资高技术产业整体研发经费的内部支出呈现下降趋势。外部研发经费支出自 2018 年扭转了持续下降的趋势，出现大幅上升，其中计算机及办公设备制造业的外部经费支出上升最快，水平最高（见图 3－18 和图 3－19）。

①　数据来自《降低政策不确定性，强化高技术制造业吸引外资的竞争优势》课题。

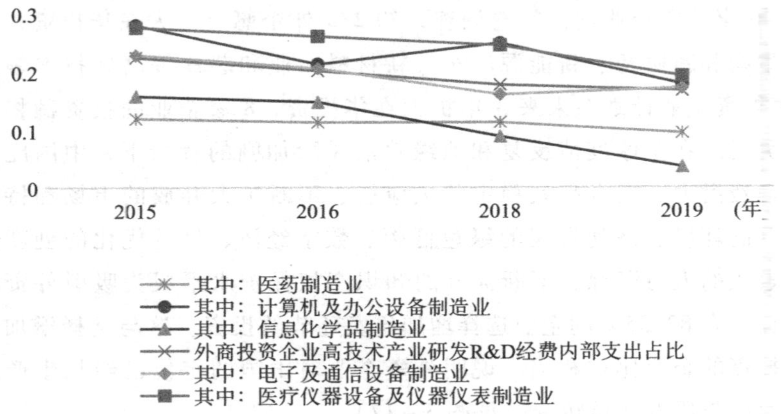

图 3-18　外商投资企业高技术产业研发 R&D 经费内部支出情况

资料来源：《高技术制造业统计年鉴（2016—2020 年）》。

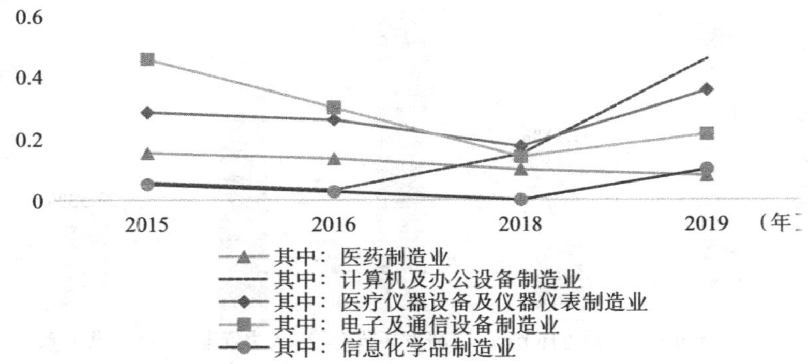

图 3-19　外商投资企业高技术产业研发 R&D 经费外部支出情况

资料来源：《高技术制造业统计年鉴（2016—2020 年）》。

造成内部研发下降和外部研发支出上升的主要原因可能是：在国内外双重监管持续加压态势下，美资企业在华投资的合规性隐忧日益显现。特别是中美贸易战以来美国《出口管理条例》的《实体清单》范围不断扩大，旨在封锁美国商用科技产品流向列管企业，使在华美资企业与清单企业和机构的正常业务被迫终止，蒙受了重大损失。在此背景下，一方面很多企业选择增加与外部合作，降低研发成本，提升研发效率。另一方面，这一现象也反映出我国高技术制造业领域的本土创新链配套体系日趋完善，承接跨国公司的研发外包业务能力逐渐增强。

当前，来华布局研发中心的外资数量增加，投资信心增强，外资纷纷建立开放式创新平台，加强与中国的创新型中小企业合作，创新生态日渐改善。值得注意的是尽管外资在华研发布局不断扩大，但仍游离于本土创新体系之外，导致外资高技术孤岛，国内创新被低端锁定，随着鼓励外资研发中心的政策边际效应递减，部分外资研发中心撤离中国。国家吸引外资研发中心的目的是提升自主创新能力。鼓励外资研发的政策不断出台，内容包括三个方面：吸引研发中心入驻、鼓励增加投入、鼓励合作。

外资研发中心无法融入中国创新体系可能的原因包括：一是外资研发中心的溢出效用没有充分发挥，交流并不充分，合作少。二是自主创新政策对外资研发中心的影响。当前，在自主创新的政策背景下，外资研发中心感到参与度下降，被本土创新体系拒之门外。具体的表现：氛围变化，很多基层的科研机构在与外资研发中心的合作中小心谨慎，担心犯错，合作积极性下降，导致外资在谈论自主创新的话题中外资找不到自己的位置，无法发挥自己的积极作用。三是长期以来，地方政府看重经济效益对研发中心的支持力度有限。很多外资研发中心的优惠政策没有落实到位，税收优惠问题，高科技企业认定问题无法做到国民待遇。四是本土研发体系开放度不高，存在壁垒。高技术企业评定标准、很多研发中心无法参与政府的重大科研项目。国家科技计划（专项、基金等）的开放力度不够。操作层面存在资质障碍，外资没有国家津贴专家，学者头衔，技术人才认定，知识产权不在国内，实际要求无法达到。五是税收优惠政策吸引力下降，外籍高层次人才和急需紧缺人才政策有待完善。六是与国内研发机构的技术水平、制度规制、创新文化等方面所存在的差异。新形势下，网络安全法、数据安全法出台后，数据要出境难度极其大，限制跨境数据传输会给跨国公司带来全球化管理和数据本地储存、监管之间的矛盾，影响外资企业当前和未来的对华投资决策。

（5）创新合作

全球化背景下，中国国际知识产权合作网络不断扩大。自1980年加入《建立世界知识产权组织公约》以来，已经加入了大部分国际多边公约和协定，与全球80多个国家和地区以及国际组织建立知识产权合作关系。中国深入参与国际知识产权合作，在借鉴吸收各国知识产权成功经验的基础上，建立起高效的现代知识产权体制，激励了国内创新，推动了对外开放，为经济社会发展提供了有力支撑。

近年来，国际科研合作在地缘政治担忧下也出现了显著变化。从中美互持专利的总体趋势看，2010—2020年间，中国持有美国的专利数量持续增长，并在2018年后大幅上升。与之相比，美国持有中国的专利数量在2016年之前平稳增长，2016年后显著下降（见图3-20）。

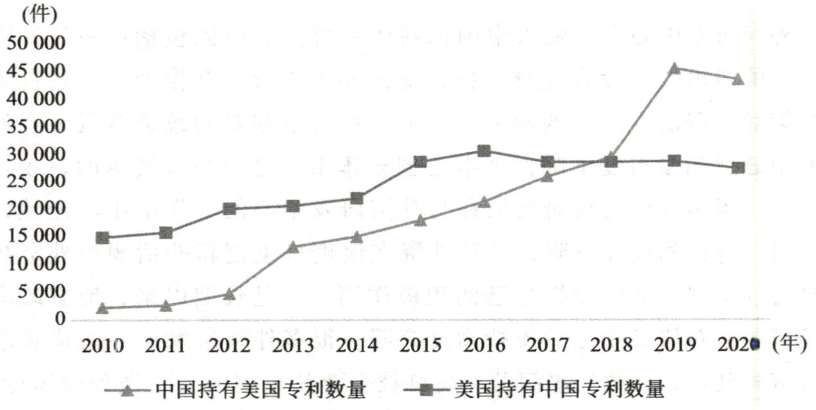

图3-20　中美互持专利数据

资料来源：WIPO（世界知识产权组织）。

中国对高端外籍人才的吸引力下降。过去10年上海和北京的外国人口数量分别减少了20%和40%，国际人才流失问题应当引起高度关注。从2022年1月1日开始，外籍个人将不再享受住房补贴、语言训练费和子女教育费、津贴免税等优惠政策，这将增加跨国公司雇佣外国人才成本，降低中国对国际人才的吸引力。

（6）创新生态

独角兽公司是观察一个国家和地区创新能力、活力和生态的关键指标之一。据美国研究机构CB Insights发布的数据，2021年年底全球独角兽公司的数量已接近1 000家。中美两国及其他各国独角兽公司累计数量及占比如表3-8所示，美国的独角兽数量位居第一，中国位居第二。从新增数量看，2015—2017年，我国每年新增独角兽公司的数量一度超越美国。2018年起被美国反超，并逐渐拉开差距。2021年美国独角兽新增数量237家，中国48家，美国独角兽数量保持了强劲的增长势头，而中国的独角兽新增数量增速放缓。虽然这一现象可能是由于短期疫情多点暴发和经济下行压力造成的，但从中长期来看，独角兽数量锐减揭示了中国产业创新后劲不足的问题。独角兽的孵化成长离不开活跃的市场经济、良好的政策环境和充裕的资金支持。近年来随着科创板的推出、对"专精特新"企业的扶持、普惠金融的倡导、地方产业基金的成立等，创新友好型营商环境提质增效，但与发达国家相比尚存差距。

表3-8　独角兽公司数量分布

国家和地区	2021年		2020年	
	"独角兽"数量	所占百分比（%）	"独角兽"数量	所占百分比（%）
美国	488	50.89	251	48.74
中国	170	17.73	122	23.69
英国	37	3.86	25	4.85
印度	55	5.74	26	5.05
德国	25	2.61	13	2.52
韩国	11	1.15	11	2.14
其他地区	173	18.04	67	13.01
合计	959	100.00	515	100.00

资料来源：CB Insights。

（7）双循环新发展格局下的中国企业创新发展之路

2020年10月，中国共产党十九届五中全会通过的《中共中央关于制定国民经济和社会发展第十四个五年规划和二〇三五年远景目标的建议》指出，要加快构建以国内大循环为主体、国内国际双循环相互促进的新发展格局。这是对"十四五"和未来更长时期中国经济发展战略、路径作出的重大调整和完善，对于中国实现更高质量、更有效率、更加公平、更可持续、更为安全的发展，对于促进世界经济繁荣，都会产生重要而深远的影响。

双循环新发展格局的提出是因应国内外发展挑战的重要选择。改革开放以来，中国积极参与全球价值链分工，以要素低成本、出口导向型战略实现了经济高速发展，但外贸依存度过高、经济安全风险大、关键核心技术受限、产业转型升级压力大等缺陷也逐渐显现。从国内形势看，中国经济已进入从高速增长转向高质量发展的新阶段，加速转变发展模式是大势所趋。从国际形势看，世界正经历百年未有之大变局。新冠疫情全球肆虐，世界经济低迷，一些国家经贸保护主义抬头，全球产业链供应链正在加速重构。

构建双循环新发展格局旨在统筹发展与安全。从产品市场和资源供给的角度，内循环是向国内市场提供产品服务和使用国内生产要素，外循环是向国外市场提供产品服务和使用国外的生产要素。从国内大循环和国内国际双循环的关系看，以国内大循环为主体，绝不是关起门来封闭运行，更不意味着中国对外开放战略的转向。而是通过发挥内需潜力，使国内市场和国际市场更好联通，更好利用国际国内两个市场、两种资源，实现更加强劲可持续的发展。中国早已深度融入经济全球化，以国内大循环为主体的本质是“开放”，各种国外经济主体和要素都可以参与国内经济大循环中，中国将通过强化开放合作，释放国内经济和消费潜力，保护知识产权、改善营商环境、减少准入限制，吸引跨国企业把产业链、供应链、创新链留在中国，分享中国消费市场的机遇。

构建新发展格局既是发展的问题，更是改革的问题。需要用改革思维和改革办法形成充满活力的市场主体，建立有效的激励机制，营造鼓励创新的制度环境，扫除阻碍国内大循环和国内国际双循环畅通的制度。形成高效规范、公平竞争、充分开放的国内统一大市场，形成高标准的市场化、法治化、国际化营商环境，降低全社会交易成本，构建高水平社会主义市场经济体制，实现社会生产力大发展。

双循环新发展格局对企业发展提出新的要求，中国企业正在加速转型适应并引领新的时代潮流。

其一，品质升级、自创品牌的路。在一段时间内，中国的外贸加工行业十分兴盛，它们为国外的品牌生产产品、销往国外，没有形成自己的品牌。随着时间的推移，中国企业的产品生产和研发能力显著提升，开始自创品牌，生产高品质的国货。举例来说，中国长期为美国苹果公司组装电子产品，不过近来诸如华为、小米等中国企业兴起，在国际上打出了自己的品牌，并逐渐改变了国人以往认为国货品质不如进口货的想法。

其二，自主创新的路。在一段时间内，中国奉行以市场换技术的策略，从国外引进先进技术。不过，随着中国国力的增强，美国通过技术禁运等方式阻止中国企业从美国获取技术，美国禁止国内芯片制造商向华为供货，禁止华为参与国内5G建设，并恫吓盟国要求他们也效法就是典型的例证。在此情形下，中国的科技企业开始大量投资科研，以求自主创新。

其三，走出去的路。大致可以分为三种情形：(1)“一带一路”为国内产能过剩的企业提供了机会，这些基建企业到海外投资；(2)随着国内劳动力成本上升，国内一些低附加值行业的企业也逐渐到海外设厂；(3)国内成功的新经济企业（如华为、小米）在海外扩展业务。

其四，创新商业模式的跨界融合之路。通过生产设备和生产方式的自动化、数字化、智能化，驱动传统制造业向创新发展转型升级，集软件、硬件、服务为一体的科技型企业将引领中国的未来。

第4章

贸易政策不确定性对高技术制造业创新的影响

本章我们将研究贸易政策不确定性的产业技术创新效应。包括以下两个方面的研究内容：一是贸易政策不确定性是否对高技术制造业创新造成影响；二是贸易政策不确定性对不同行业的创新影响存在哪些显著的差异。我们的实证研究提供的证据表明，整体来看，贸易政策不确定性与行业创新呈现倒“U”形关系。具体而言，贸易政策不确定性的增加对行业竞争度高、透明度低、外部融资依赖度高的行业的技术创新负面影响较大；三是考察地区制度环境的调节效应，引入了市场化水平、直接融资占比、创新创业指数三个制度变量，分别从市场环境、金融环境、创新创业环境几个角度进行分析，结果发现市场化程度高、直接融资占比高、创新创业环境好的地区，高技术制造业创新能力受到贸易政策不确定性的负面冲击较小。

4.1　理论分析

4.1.1　行业特征的影响

（1）行业竞争度

行业竞争状况会影响贸易政策不确定性下企业的创新投资决策。竞争度高的行业里，企业在面临贸易政策不确定性时会更加敏感，因此投入更多资源在创新项目上，以避免在激烈的竞争中被淘汰。与此同时，由于可替代产品资源丰富，面对贸易政策不确定性的脆弱性放大，高竞争度下的微薄利润使企业的创新投入能力有限，因担心创新投入无法发挥有效作用，会放弃高风险长周期项目。若行业垄断程度高，企业拥有更多资源和能力，对购买者的控制力较高，在不确定性环境下通过加快研发提升生产率的动力更大。然而，也存在另外一种可能，由于行业垄断程度较高，垄断企业对贸易政策不确定性的变化不敏感，战略调整慢，很可能错失发展良机。可见，在行业竞争程度的调节下，贸易政策不确定性变化对企业创新绩效的实际影响不能确定，有待实证检验。

（2）行业外部融资依赖度

鉴于外部融资在技术创新中的重要性（Hsu 等，2014；Kerr 和 Nanda，2015）以及创新对融资来源的依赖性（Brown 和 Martinsson，2019），创新投资可能对金融市场非常敏感，以至于任何外部融资可获得性的下降都会导致创新成果的下降。因此，我们预计高度的贸易政策不确定性将扰乱企业获得外部融资的途径，导致依赖外部融资的企业大幅减少对创新活动的投资。贸易政策不确定性升高时，若企业所处的行业外部融资依赖度较小，则金融中介减少融资供给的行为并不会对企业创新投资带来显著抑制作用。反之，如果企业所处的行业外部融资依赖度较大，贸易政策不确定性上升时企业将面临融资成本升高、金融中介抽贷、限贷等因素制约，加重融资约束问题，进而影响创新投入和产出。因此，贸易政策不确定性对创新的负面影响在依赖外部融资的行业中可能更为明显。

（3）行业透明度

不确定性会加剧信息不对称（Mbanyele，2021a，2021b；Wang 等，2021）。高度的信息不对称可能导致道德风险、逆向选择问题以及对创新项目的资源分配不当。因此，如果贸易政策不确定性上升，在信息摩擦严重的不透明行业，创新绩效将大幅下降。投资者通常在准确评估创新项目等无形资产方面面临挑战，以至于贸易政策不确定性导致的信息不对称可能使投资者更难评估公司的质量。由于逆向选择成本，信息摩擦可能导致从资本市场获得创新投资的外部资金不足（Brown 和 Martinsson，2019）。当贸易政策存在很大的不确定性时，我们预计在不透明产业中的公司的创新会比同行少。本书借鉴 Mbanyele 等（2022）利用公司在无形资产上的支出来识别行业透明度。使用这一衡量标准的动机是：市场更难准确估价无形资产，从而在内部人和外部人之间造成信息隔阂。

4.1.2 制度变量的影响

创新对明晰的产权界定和风险划分标准有更高的要求。当贸易政策不确定性水平升高时，较强的法制观念和良好的法律环境以及政府与市场的有效协同将为企业提供全面支持，激励企业家精神的发挥，使其拥有稳定的预期，将更多的生产要素投入创新项目中，持续提升创新能力。为了验证这一点我们在基准模型中加入地区制度环境变量，考察市场化指数、直接融资占比、创新创业指数对贸易政策不确定性与行业创新关系的调节作用。

（1）市场化指数

改革开放 40 多年来，市场化改革在中国经济增长中扮演了非常关键的角色。当前，在大国博弈、地缘政治动荡的百年变局中如何释放中国经济活力和增长潜力成为普遍关心的话题。市场化指数是由五个方面指数组成的，分别是政府与市场的关系、非国有经济的发展、产品市场的发育程度、要素市场的发育程度、市场中介组织的发育和市场法制环境，反映了中国各地区市场化改革的相对进程和差异。很多研究发现，市场化改革通过提升要素资源配置效率、改善企业激励机制，提升了微观企业主体的生产率。

（2）金融环境

2008—2021 年的十多年里，我国金融资产总量稳步增长，可是直接融资占比不升反降。在中国的社会融资结构中，非金融企业每年新增贷款金额相对于股票融资金额占据绝对优势，尤其是与发达国家股权融资份额相比，直接融资功能在中国并未得到最有效的发挥，中国的直接融资发展空间广阔。大量研究发现，股权融资能够促进行业创新，债务融资则会抑制行业创新，主要原因在于股权融资不用到期偿还，减轻了企业的债务负担，对创新失败的容忍度更高。

（3）区域创新环境

创新活动具有高度集聚的特点。创新活力强的区域往往汇聚更多高技术制造业企业，进而形成完备的产业链、创新链配套体系。区域创新创业指数基于企业家、资本与技术三大核心要素，从五个维度[①]构建中国区域创新创业指数，以反映我国各地区的创新创业活力与绩效（见表 4－1）。

表 4－1　地区制度变量一览表

地区	市场化进程	社会直接融资占比	创新总量指数得分	创新人均得分	创新单位面积得分
上海	7.97	0.36	87.10	96.77	100.00
云南	5.16	0.13	32.26	9.68	22.58
内蒙古	4.29	0.04	29.03	25.81	12.90
北京	6.95	0.51	83.87	100.00	96.77
吉林	4.96	0.08	25.81	12.90	25.81
四川	6.19	0.18	74.19	48.39	41.94
天津	6.60	0.34	61.29	93.55	93.55
宁夏	4.45	0.08	9.68	58.06	29.03
安徽	6.58	0.09	77.42	64.52	74.19
山东	7.07	0.14	90.32	77.42	80.65
山西	4.80	0.14	35.48	35.48	35.48
广东	8.37	0.18	100.00	87.10	87.10
广西	5.34	0.05	41.94	16.13	32.26
新疆	—	0.09	19.35	22.58	9.68
江苏	8.51	0.14	93.55	80.65	83.87
江西	6.59	0.15	64.52	67.74	61.29
河北	5.89	0.08	54.84	45.16	51.61

① 运用 1990—2021 年全国工商企业注册数据库的全量企业信息，从新建企业数量、吸引外来投资、吸引风险投资、专利授权数量和商标注册数量五个维度构建。

续表

地区	市场化进程	社会直接融资占比	创新总量指数得分	创新人均得分	创新单位面积得分
河南	6.39	0.07	70.97	41.94	57.74
浙江	7.95	0.14	96.77	90.32	90.32
海南	4.27	0.03	16.13	74.19	64.52
湖北	6.54	0.14	67.74	51.61	58.06
湖南	6.13	0.11	58.06	19.35	54.84
甘肃	3.95	0.09	12.90	6.45	19.35
福建	7.62	0.11	80.65	83.87	77.42
西藏	1.56	3.22	3.23	70.97	3.23
贵州	4.95	0.07	38.71	29.03	38.71
辽宁	6.37	0.09	45.16	38.71	45.16
重庆	6.87	0.03	48.39	54.84	70.97
陕西	5.72	0.21	51.61	61.29	48.39
青海	3.35	0.01	6.45	32.26	5.45
黑龙江	4.67	0.02	22.58	3.23	16.13

4.2 模型构建

为检验贸易政策不确定性对行业创新的影响，我们使用 OLS 多元回归方法进行检验。

$$\ln PATENT_{i,t} = \alpha_i + \beta \times TPU_{i,t-1} + \beta_1 \times TPU_{i,t-1}{}^2 + X_{i,t}\gamma + \delta_{j,t} + \mu_t + \varepsilon_{i,t} \quad (4-1)$$

$$\ln PATENT_{i,t} = \alpha_i + \beta \times TPU_{i,t-1} \times Institution_{i,t-1} + \beta_1 \times TPU_{i,t-1}{}^2 \times Institution_{i,t-1} + \beta_2 \times TPU_{i,t-1} + \beta_3 \times TPU_{i,t-1}{}^2 + X_{i,t}\gamma + \delta_{j,t} + \mu_t + \varepsilon_{i,t} \quad (4-2)$$

其中，$\ln PATENT_{i,t}$ 表示被解释变量 t 时期行业 i 的创新绩效，主要解释变量 $TPU_{i,t-1}$ 表示贸易政策不确定性；$X_{i,t}$ 表示行业的控制变量，而时间固定效应 μ_t 控制产业共有的时间冲击；$\varepsilon_{i,t}$ 为随机扰动项。

（1）变量定义

创新能力。本书从创新投入和产出角度，使用行业研发支出、行业专利申请数、行业发明专利拥有数几个指标衡量行业创新。

贸易政策不确定性。使用前文构建的贸易政策不确定性综合指数衡量贸易政策不确定性水平，由于贸易政策不确定性对企业创新存在滞后效应，因此我们在回归中对其滞后一期。在稳健性检验中使用日本的贸易政策不确定性作为替代变量。

控制变量。为减小因遗漏变量而造成的估计偏差问题，我们选取可能影响行业创新绩效的控制变量，包括：从业人员年平均人数（人），利润总额（亿元），出口交货值（亿元），主营业务收入（亿元），资产总计（亿元）、营业收入利润率、资产负债率。

行业特征变量。行业竞争度采用国泰安数据库中的行业集中度指标，该指数越小代表行业集中度越低，反之行业集中度越高。行业外部融资依赖度使用国民经济行业二级分类对应的所有上市企业数据进行计算，使用资本支出（购建固定资产、无形资产和其他长期资产支付的现金）和经营活动现金净流入计算得到企业层面的外部融资依赖度，再进一步取均值的得到行业层面的外部融资依赖度。行业透明度用同一行业年内各公司无形资产的平均比例（见表4-2）。

表4-2　描述性统计分析

变量名称	观测值	均值	最小值	最大值	标准差
RD经费内部支出	1 803	93 431.842	5.300	8.07e+06	3.91e+05
RD经费总支出	737	2.02e+05	98.000	9.28e+06	6.35e+05
专利申请数件	1 655	650.471	1.000	54 156.000	2 888.686
发明专利申请	1 561	756.408	1.000	1.50e+05	5 699.362
TPU_自主构建	1 938	-1.472	-3.840	0.180	1.170
从业人员年平均人数	1 938	73 283.092	96.000	3.13e+06	2.27e+05
出口交货值	1 938	240.172	0.000	14 221.493	982.826
高技术制造业资产负债率	1 938	53.422	40.000	67.110	6.472
营业收入利润率	1 938	0.071	-1.652	2.500	0.092

续表

变量名称	观测值	均值	最小值	最大值	标准差
社会直接融资占比	495	0.177	-0.097	0.510	0.094
不透明度	1 938	0.042	0.008	0.073	0.014
地区创新总量指数得分_百分比	1 938	0.593	0.032	1.000	0.261
地区创新_dummy	1 938	0.559	0	1	0.497
市场化进程	1 913	6.396	0.010	11.710	1.841
行业集中度 CR4	1 938	0.420	0.173	0.771	0.146

（2）样本选择与数据来源

本书将2000—2019年《高技术制造业统计年鉴》中的制造业分省份行业数据作为研究对象，缺失值以三年均值插值法替代。包括医药制造业、医疗仪器设备及仪器仪表制造业、电子及通信设备制造业、航空、航天器及设备制造业、计算机及办公设备制造业，信息化学品制造业缺失值太多所以没有纳入研究范围（见表4-3）。

表4-3　　行业特征

行业	外部融资	行业集中度 CR4	行业透明度
电子及通信设备制造业	0.48	0.29	0.60
医药制造业	0.34	0.19	0.27
计算机及办公设备制造业	0.32	0.29	0.66
航空、航天器及设备制造业	0.27	0.58	0.59
医疗仪器设备及仪器仪表制造业	0.26	0.30	0.34

4.3 实证结果和分析

4.3.1 贸易政策不确定性对行业创新的整体影响

贸易政策不确定性对行业RD内部支出、RD总支出、专利申请、发明专利申请都存在显著的倒“U”形关系。即贸易政策不确定性水平较低时，对创新的投入和产出都有促进效应，当贸易政策不确定性升高到一定水平时，对创新投入和产出的抑制效应占主导。使用日本的贸易政策不确定性进行变量替换，发现结果依然稳健（见表 4－4 和表 4－5）。

表 4－4　　贸易政策不确定性对行业创新的基准回归

	(1) RD 内部支出	(2) RD 外部支出	(3) RD 总支出	(4) 专利申请	(5) 发明专利申请
TPU	6.3042***	−1.1991	4.9795***	8.5653***	5.0690***
	(8.5408)	(−0.3863)	(3.2837)	(12.6067)	(3.0954)
TPU^2	−5.5446***	3.4562	−2.2596*	−7.5751***	−2.8402**
	(−7.9370)	(1.3395)	(−1.7463)	(−12.4727)	(−2.0944)
_cons	2.4136	−0.4259	2.0631	−3.4929**	−3.7367**
	(1.5842)	(−0.1936)	(1.2971)	(−2.1588)	(−2.0630)
N	1 589	737	737	1 482	776

注：* $p<0.1$，** $p<0.05$，*** $p<0.01$。

表 4－5　　稳健性检验回归（日本 TPU 替代）

	(1) RD 内部支出	(2) RD 外部支出	(3) RD 总支出	(4) 专利申请	(5) 发明专利申请
TPU	6.1317***	6.0612***	5.3449***	7.6052***	10.1349***
	(9.0997)	(3.6608)	(7.3437)	(10.5428)	(10.2234)
TPU^2	−6.5849***	−8.8617***	−7.3813***	−8.0708***	−11.9723***
	(−7.0458)	(−3.9055)	(−7.3129)	(−7.8575)	(−8.7000)
_cons	3.8471***	−2.7032	1.4146	−1.6153	−1.3075
	(2.6068)	(−1.0915)	(0.7225)	(−0.9728)	(−0.7645)
N	1 700	737	737	1 571	1 486

注：* $p<0.1$，** $p<0.05$，*** $p<0.01$。

4.3.2 行业特征的异质性分析

（1）外部融资依赖度

引入外部融资依赖度与贸易政策不确定性交乘，结果显示贸易政策不确定性对创新的负面影响在外部融资依赖度高的产业中更为明显。外部融资依赖度高的行业对贸易政策不确定性更加敏感，拐点向左移，形态更陡峭。说明贸易政策的不确定性升高时，信贷资源减少，资金成本上升，进而阻碍了创新（见表 4－6）。

表 4－6　　外部融资依赖度的异质性分析

	(1) RD 内部支出	(2) RD 外部支出	(3) RD 总支出	(4) 专利申请	(5) 发明专利申请
TPU	−12.2764*** (−5.2077)	−26.6488 (−1.4491)	3.1168 (0.4500)	−7.8093*** (−2.7496)	−23.1834*** (−5.9560)
*TPU*²	16.6334*** (7.1104)	24.7372 (1.5745)	−0.4042 (−0.0655)	13.5906*** (4.8126)	31.1085*** (9.6698)
TPU #外部融资依赖度	49.0366*** (6.8915)	81.4576 (1.4454)	6.3536 (0.3020)	42.2869*** (4.8393)	87.5252*** (8.5402)
*TPU*² #外部融资依赖度	−59.3919*** (−8.4502)	−68.0588 (−1.4001)	−6.2245 (−0.3282)	−56.3545*** (−6.6183)	−106.5154*** (−11.0223)
_cons	7.7978*** (4.4227)	6.1053 (1.0966)	2.2680 (0.9190)	0.4171 (0.2157)	5.4916*** (2.8150)
N	1 480	737	737	1373	1 306

注：* $p<0.1$，** $p<0.05$，*** $p<0.01$。

（2）行业不透明度

为便于解释，生成反向指标：行业透明度。将行业透明度与贸易政策不确定性交乘，结果显示行业透明度高使得不确定性对研发支出的影响趋于平缓，对发明专利申请数也有显著的正向调节作用，说明当面临贸易政策不确定性时，行业透明度越高的企业信息不对称程度越低，行业透明度有助于减轻高度不确定性对企业创新的负面影响（见表 4－7）。

表 4 – 7　　　　　　行业不透明度的异质性分析

	(1) RD 内部支出	(2) RD 外部支出	(3) RD 总支出	(4) 专利申请	(5) 发明专利申请
TPU	11.5679 ***	9.7234 *	9.8073 ***	9.2978 ***	8.2860 ***
	(7.6620)	(1.7259)	(3.3013)	(7.0752)	(5.1708)
TPU^2	–8.7131 ***	–6.5370	–6.5490 **	–6.0471 ***	–3.7289 **
	(–5.9187)	(–1.3447)	(–2.5511)	(–4.7122)	(–2.2541)
TPU #行业透明度	–13.6256 ***	–30.4047 *	–13.5335 *	–4.6417	–0.5472
	(–4.3879)	(–1.8938)	(–1.6509)	(–1.6156)	(–0.1752)
TPU^2 # c. 行业透明度	9.8807 ***	27.5612 **	11.9083 *	1.0416	–3.7825
	(3.3802)	(1.9903)	(1.6464)	(0.4011)	(–1.2249)
_cons	1.5599	–1.8944	1.2108	–3.2184 **	–1.8895
	(1.0403)	(–0.7051)	(0.7062)	(–2.1618)	(–1.2733)
N	1 589	737	737	1 482	1 411

注：* $p<0.1$，** $p<0.05$，*** $p<0.01$。

（3）行业集中度

引入行业集中度与贸易政策不确定性的交乘项，结果显示，行业集中度高提高了企业在面对贸易政策不确定性时应对风险的能力。行业中有竞争力的龙头企业能够发挥资源再配置的功效，进而提升研发绩效（见表 4 – 8）。

表 4 – 8　　　　　　行业集中度的异质性分析

	RD 内部支出	专利申请数	发明专利申请数
TPU	2.0159	3.5141 **	15.8224 ***
	(0.9620)	(1.9622)	(3.5604)
TPU^2	–0.9622	–3.1513 *	–12.4284 ***
	(–0.5085)	(–1.9590)	(–3.3456)
TPU #CR4	10.0008 *	12.1184 ***	–36.8474 ***
	(1.8691)	(2.9345)	(–3.1102)

续表

	RD 内部支出	专利申请数	发明专利申请数
TPU^2 #CR4	-10.9353**	-11.0124***	33.3525***
	(-2.2114)	(-3.0458)	(3.3461)
_cons	3.5418**	-1.3588	-7.8872***
	(1.9761)	(-0.7720)	(-3.0560)
N	1 589	1 482	776

注：* $p<0.1$，** $p<0.05$，*** $p<0.01$。

从结果可以看出 市场化进程对发明专利的调整使得 TPU 对发明专利的影响越来明显，市场化越高，发明专利情况受到更大的冲击。社会融资只对专利申请数有调节作用，且是加深了倒“U”形的关系。高创新水平的地区贸易政策不确定性对发明专利申请表现出正向促进，而在低创新水平地区，贸易政策不确定性对发明专利申请的影响呈现出倒“U”形关系（见表 4-9 至表 4-11）。

表 4-9　　市场化进程的调节效应

	RD 内部支出	发明专利数
TPU	9.3965***	6.5830**
	(3.9347)	(2.2325)
TPU^2	-8.6017***	-4.7290*
	(-4.0997)	(-1.8667)
TPU #市场化	-5.5234	8.9661*
	(-1.5616)	(1.8658)
TPU^2 #市场化	5.5013*	-7.2004*
	(1.7404)	(-1.6770)
_cons	1.6617	-6.5560***
	(1.0457)	(-3.8903)
N	1 577	1 395

注：* $p<0.1$，** $p<0.05$，*** $p<0.01$。

表 4-10　　社会直接融资占比的调节效应

	(1) RD 内部支出	(4) 专利申请数	(5) 发明专利数
TPU	-24.9455	-87.3929***	-37.5148
	(-0.8428)	(-2.7846)	(-1.2129)
TPU^2	18.8880	61.0723***	28.8557
	(0.9202)	(2.8048)	(1.3559)
TPU #社会直接融资占比	217.8581	326.7793**	278.4186
	(1.2833)	(2.2457)	(1.6116)
TPU^2 #社会直接融资占比	-150.5318	-228.5054**	-192.2718
	(-1.2816)	(-2.2662)	(-1.6166)
_cons	8.3560	29.6249**	11.0696
	(0.6863)	(2.3839)	(0.8863)
N	363	359	361

注：* $p<0.1$，** $p<0.05$，*** $p<0.01$。

表 4-11　　地区创新综合指数的调节效应

	高 RD 经费 内部支出	低 RD 经费 内部支出	高 专利申请 数件	低 专利申请 数件	高 拥有发明 专利数件	低 拥有发明 专利数件
TPU	5.9153***	7.0996***	8.2929***	9.1737***	10.1232***	10.0442***
	(5.4389)	(7.7495)	(9.0624)	(9.2430)	(8.3611)	(7.9949)
TPU^2	-5.1218***	-6.2939***	-7.2268***	-8.1814***	-8.5848***	-8.2513***
	(-4.8557)	(-7.7324)	(-8.9183)	(-9.2075)	(-8.1818)	(-7.6279)
_cons	0.8911	4.7060***	-3.9028*	-1.0296	-4.1880*	2.9329
	(0.4270)	(3.3805)	(-1.7634)	(-0.7683)	(-1.7900)	(1.6031)
N	921	668	881	601	854	557

注：* $p<0.1$，** $p<0.05$，*** $p<0.01$。

第5章

贸易政策不确定性对企业创新的影响分析

本章我们将建立企业层面的面板数据模型对贸易政策不确定性与企业创新绩效之间的非线性关系进行实证检验。讨论贸易政策不确定性对中国企业创新绩效的积极效应和消极效应，并进行了异质性分析。进一步，从投资渠道、技术获取渠道、融资约束几个角度解释了贸易政策不确定性影响企业创新的作用机制，为应对贸易政策不确定性提升企业创新能力和国际竞争力作出有益探索。

5.1 研究设计

（1）模型构建

为检验贸易政策不确定性影响企业创新的因果关系，我们使用 OLS 多元回归方法进行检验。

$$\ln PATENT_{i,j,t} = \alpha_i + \beta \times TPU_{i,j,t-1} + X_{i,j,t}\gamma + \delta_{j,t} + \mu_t + \varepsilon_{i,j,t} \quad (5-1)$$

$$\ln PATENT_{i,j,t} = \alpha_i + \beta \times TPU_{i,j,t-1} + \beta_1 \times TPU_{i,j,t-1}^{\ 2} + X_{i,j,t}\gamma + \delta_{j,t} + \mu_t + \varepsilon_{i,j,t} \quad (5-2)$$

其中，$\ln PATENT_{i,j,t}$表示被解释变量t时期行业i企业j的创新绩效，主要解释变量$TPU_{i,j,t-1}$表示贸易政策不确定性；$X_{i,j,t}$表示企业的控制变量。行业固定效应$\delta_{j,t}$控制制造业各子行业不随时间变化的特征；时间固定效应μ_t控制产业共有的时间冲击；$\varepsilon_{i,j,t}$为随机扰动项。

（2）变量定义

创新能力。广义来讲，创新是产品从生产到走向市场的过程。狭义来讲，创新包括发明、技术以及创新三方面的绩效。在发明、实用新型和外观设计三种专利类型中，发明专利的研发难度更大，原创性更强，因此我们用发明专利申请数量作为创新的衡量指标。

贸易政策不确定性。本书使用贸易政策不确定性综合指数衡量贸易政策不确定性水平，在稳健性检验中使用新闻报刊关键词衡量的贸易政策不确定性作为替代变量。

控制变量。为减小因遗漏变量而造成的估计偏差问题，本书参考既有文献做法，引入一组可能影响企业创新绩效的控制变量，包括：公司规模、公司年龄、每股收益、资产负债率、托宾Q值。

（3）样本选择与数据来源

本研究以国泰安数据库2000—2020年深沪市A股上市公司为样本，剔除2019年及以后上市的企业；剔除所有被PT、ST、*ST、SST及S*ST的企业；剔除其他数据不齐全的企业。基于以上标准，最终选择有效年度样本数据共23 299条。其他相关数据是对巨潮资讯网上发布的上市公司的年报、临时报告以及证券时报网上发布的企业新闻等文本信息进行整理得出（见表5-1）。

表5-1　　描述性统计分析

变量符号	变量定义
因变量	
$RDEXP_{i,j,t}$	上市企业研发投入（创新投资）
$INVENTION_{i,j,t}$	上市企业年发明专利数量（创新绩效）
自变量	
$TPU_{i,j,t-1}$	企业层面贸易政策不确定指数

续表

变量符号	变量定义
控制变量	
$Income_{i,j,t}$	企业年收入
$ASSLIARatio_{i,j,t}$	上市企业资产负债率
$AGE_{i,j}$	上市企业年龄
$EPS_{i,j,t}$	上市企业每股收益
$TobinsQ_{i,j,t}$	上市企业托宾Q值

5.2 基准回归

Hausman 检验结果显示，P 值通过了1%的显著性检验，即拒绝随机效应模型，因此本书使用固定效应回归检验贸易政策不确定性对企业创新的影响，采取逐步加入控制变量的方法对模型进行了固定效应估计。

表5-2报告了关于贸易政策不确定性影响企业创新的基本估计结果。结果显示，发明专利数量与贸易政策不确定性之间存在倒“U”形关系。使用企业全要素生产率作为创新的替代变量，结果仍然一致。控制变量显示，企业规模与创新正相关，企业年龄与研发支出和发明专利数量的系数为负，每股收益率与创新显著正相关，资产负债率与发明专利正相关，与研发支出占比负相关，托宾Q值与发明专利负相关，与研发支出占比正相关（见表5-2）。

表5-2　　基准回归 贸易政策不确定性对创新的影响

	(1)	(2)
	发明专利数量	TFP
贸易政策不确定	22.1381***	30.8518***
	(4.1512)	(5.6374)
贸易政策不确定^2	-18.7296***	-18.1449***
	(-4.7222)	(-4.7056)

续表

	(1) 发明专利数量	(2) TFP
企业规模	0.0019***	0.0033***
	(6.8660)	(14.1543)
企业年龄	-0.0001	-0.1996***
	(-0.0432)	(-36.0975)
每股收益	0.1964***	1.1549***
	(5.0593)	(12.7619)
资产负债率	0.0116***	0.0044***
	(13.7197)	(3.1935)
托宾 Q	-0.0618***	0.0806***
	(-5.2546)	(4.0820)
常数项	-3.7907**	0.5055
	(-2.1387)	(0.2653)
观测数	8 821	16 453

注：$^{*}p<0.1$，$^{**}p<0.05$，$^{***}p<0.01$。

对样本数据进行断点效应检验，以基准回归结果计算出的极值点作为断点，将贸易政策不确定性划分为高不确定性水平和低不确定性水平后与创新指标进行回归。表 5－3 结果显示两个变量在断点回归中系数符号相反且均显著，说明低贸易政策不确定性对企业创新发挥促进作用，高贸易政策不确定性对企业创新发挥抑制作用，验证了倒“U”形关系的存在（见图 5－1）。

表 5－3　　断点检验

	(1) 发明专利数	(2) 发明专利数
贸易政策不确定	10.0302***	
	(4.4195)	

续表

	(1) 发明专利数	(2) 发明专利数
贸易政策不确定^2	-8.4738^{***} (-4.8937)	
低贸易政策不确定水平		1.4617^{***} (4.5562)
高贸易政策不确定水平		-4.1031^{**} (-5.2149
常数项	-1.9742^{***} (-2.7264)	0.4928^{***} (8.9433)
观测数	8 821	9 285

注：* $p<0.1$，** $p<0.05$，*** $p<0.01$。

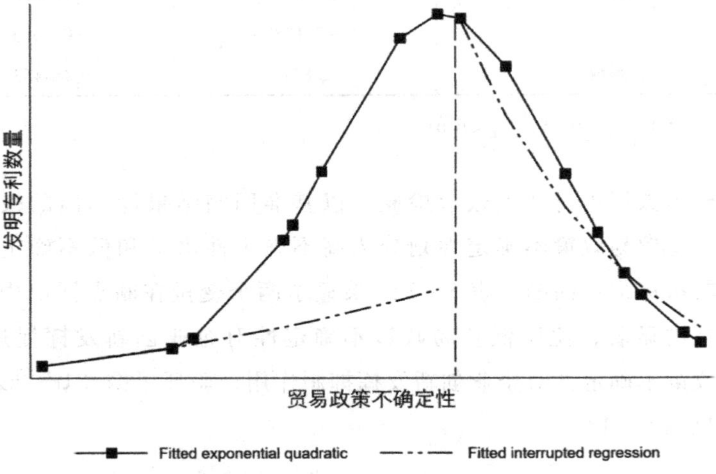

图 5-1　断点回归图

5.3　稳健性检验

本书可能存在的内生性问题是贸易政策不确定性与企业创新存在自

选择问题，随着全球科技竞争日趋激烈，贸易政策不确定性逐渐从贸易领域向科技领域拓展，所以高技术行业的企业创新更容易受到贸易政策不确定性的影响。为了避免自选择问题，我们在稳健性检验中使用同一省份其他城市所有企业的贸易政策不确定性均值作为工具变量。同一省份其他城市所有企业贸易政策不确定性均值与个体企业面临的贸易政策不确定性高度相关，但与企业是否属于高技术行业没有关系，从而排除了工具变量可能会通过行业属性等渠道直接影响企业创新绩效，因此满足排他性原则。第一阶段回归结果（见表 5－4）显示，工具变量与贸易政策不确定性存在显著的正相关性，且 F 检验值大于经验法则检验建议的 10，表明选取的工具变量是有效的；第二阶段的结果表明，采用工具变量后，贸易政策不确定性指标依然显著为倒“U”形，与前文结果一致。进一步使用关键变量替换，使用中国报纸 TPU 指数[①]对 TPU 进行变量替换，使用关键变量替换后贸易政策不确定性与发明专利依然存在倒“U”形关系，表明变量构建是稳健的。

表 5－4　稳健性检验

	2SLS			变量替换
	阶段一	阶段一	阶段二	
工具变量	0.0028***	0.0032***		
	(105.1157)	(132.7578)		
工具变量^2	－0.0000***	－0.0000***		
	(－89.8502)	(－108.2007)		
贸易政策不确定			18.5626***	
			(3.6329)	
贸易政策不确定^2			－14.3085***	
			(－3.3374)	

① 数据来源：Economic Policy Uncertainty. http://www.policyuncertainty.com/trade_uncertainty.html。本书选取贸易政策不确定性月度指数（TPU），根据顾夏铭等（2018）的方法，利用一年内月度数据的算数平均数作为贸易政策不确定性的年度衡量指标。

续表

	2SLS			变量替换
	阶段一	阶段一	阶段二	
中国报纸 TPU				3.9396 ***
				(14.6251)
中国报纸 TPU^2				-4.3950 ***
				(-11.9626)
常数项	0.3106 ***	0.1011 ***	-3.9546 ***	0.4909 ***
	(39.3223)	(12.4116)	(-3.0626)	(4.9745)
观测数	16 732	16 732	8 821	8 821

注：* p<0.1，** p<0.05，*** p<0.01。

5.4 异质性讨论

（1）是否与美国存在进出口关系

中美贸易摩擦是近几年中国贸易政策不确定性的重要来源。因此，有必要考虑是否与美国存在进出口关系带来的异质性影响。首先，通过对上市企业的公告分析提取进出口贸易的关键词判断企业是否存在同美国的进出口贸易，再结合2000—2016年上市企业与海关数据库匹配筛选出进出口及产效果等关键信息判断上市企业与美国的进出口关系，以此来进行分组回归。该分类标准下，样本企业与美国存在进出口业务较为统一，大部分同时存在进口和出口贸易关系。结果显示。贸易政策不确定与发明专利存在显著倒“U”形关系。相比而言，与美国有进口关系的企业发明专利水平受到贸易政策不确定性的影响更大，显著存在倒“U”形关系，形态稍陡峭（见表5-5）。

表5-5 异质性分析是否与美国存在进出口关系

	(1) 美国进口 =0	(2) 美国进口 =1	(3) 出口美国 =0	(4) 出口美国 =1	(5) 与美进出口 =0	(6) 与美进出口 =1
贸易政策不确定	-8.4783**	33.3747***	-7.3193*	32.8498***	-5.6431	35.9704***
	(-2.4499)	(5.8678)	(-1.8150)	(6.6648)	(-1.6004)	(8.4680)
贸易政策不确定^2	5.4095***	-25.4510***	4.7179**	-25.1254***	3.7888*	-26.9665***
	(2.6166)	(-6.1515)	(1.9761)	(-6.6481)	(1.8090)	(-7.7722)
常数项	4.7609***	-8.4895***	4.2658**	-8.2547***	3.4865**	-9.4909***
	(3.3031)	(-4.3291)	(2.5264)	(-5.3065)	(2.3638)	(-8.2254)
观测数	4 301	4 520	4 361	4 460	4 933	3 888

注：* $p<0.1$，** $p<0.05$，*** $p<0.01$。

（2）上市企业所在地区

我国长期存在区域不平衡问题，东部、中部、西部、东北部地区的资源禀赋、市场环境存在较大差异，因此我们将企业所在的省份分成东部、中部和西部、东北部四大区域①。异质性分析结果显示，东部和西部地区受到贸易政策不确定性的影响显著，从倒“U”形趋势的拐点看，东部地区会早于西部地区（见表5-6）。

表5-6 所在地区异质性分析

	(1) 东北	(2) 东部	(3) 中部	(4) 西部
贸易政策不确定	16.2144	23.0530***	17.9268*	31.9746***
	(0.9404)	(3.8557)	(1.6762)	(2.8499)

① 按照国家统计局分类标准，将地区划分为东部、中部、西部、东北部四个区域。东部地区：北京、天津、河北、上海、江苏、浙江、福建、山东、广东和海南10个省市；中部地区：山西、安徽、江西、河南、湖北和湖南6个省市；西部地区：内蒙古、广西、重庆、四川、贵州、云南、西藏、陕西、甘肃、青海、宁夏和新疆12个省区市；东北地区：辽宁、吉林和黑龙江3个省。

续表

	(1) 东北	(2) 东部	(3) 中部	(4) 西部
贸易政策不确定^2	-12.1504	-20.5004***	-12.4983	-23.5396**
	(-0.8558)	(-4.5348)	(-1.4075)	(-2.5162)
常数项	-3.3709	-3.2229*	-3.8528	-8.2771***
	(-0.7492)	(-1.6690)	(-1.3981)	(-2.9156)
观测数	396	6 159	1 262	1 004

注：* $p<0.1$，** $p<0.05$，*** $p<0.01$。

（3）是否为高新技术企业

高新技术企业①是持续进行研究开发与技术成果转化，形成企业核心自主知识产权的企业。由于高新技术企业在税收和经营中享受优惠政策，因此是否为高新技术企业将影响其在贸易政策不确定性下的创新表现。本书参考相关文献，使用企业所得税率15%作为判断标准。分样本回归结果显示，与非高新技术企业相比，高新技术企业创新绩效受到贸易政策不确定性的影响较小，表现出较强的创新韧性（见表5-7）。

表5-7　高新技术企业异质性分析

	发明专利 高新技术企业	发明专利 非高新技术企业
贸易政策不确定	19.7822**	22.8921***
	(1.9763)	(3.4191)
贸易政策不确定^2	-17.4636**	-19.0441**
	(-2.5527)	(-3.6401)
常数项	-2.7561	-4.2257**
	(-0.7384)	(-2.0870)
观测数	4 281	4 520

注：* $p<0.1$，** $p<0.05$，*** $p<0.01$。

① 2008年1月1日实施的《企业所得税法》规定，国家需要重点扶持的高新技术企业，按15%的税率征收企业所得税，也就是企业所得税税率将从25%减少到15%。

（4）企业所有制异质性分析

在企业所有制异质性分析中，民营企业的发明专利与贸易政策不确定性之间的倒“U”形关系显著存在。民营企业普遍规模较小，对外部环境变化更加敏感，因此贸易政策不确定性升高带给小企业的创新倒逼效应和压力也会更大。国有企业的研发支出与贸易政策不确定性的关系为正，发明专利的系数不显著。这主要是因为国有企业规模较大，在贸易政策不确定性升高时，抵御风险的能力更强。因此，在贸易政策不确定性提升时率先增加创新投入的动力更强（见表5－8）。

表5－8　企业性质异质性分析

	(1)	(2)	(3)	(4)
	国有企业	非国有企业	民营企业	非民营企业
贸易政策不确定	29.4085***	7.6188	17.6586***	24.3523***
	(3.7824)	(0.7083)	(5.3150)	(3.2103)
贸易政策不确定^2	－23.5713***	－9.6738	－15.6478***	－20.2517***
	(－3.7970)	(－1.3856)	(－4.8952)	(－3.3890)
常数项	－5.8031***	1.9576	－2.5534***	－4.1887*
	(－2.5925)	(0.4636)	(－4.5594)	(－1.8540)
观测数	3 787	5 034	4 194	4 627

注：* $p<0.1$，** $p<0.05$，*** $p<0.01$。

5.5 机制检验

（1）投资渠道

我们引入中介效应模型，发现贸易政策不确定性通过影响内部研发支出，影响企业研发创新水平。即在贸易政策不确定性水平较低时，企业的研发支出增加，促进创新绩效。当贸易政策不确定性升高到一定水平后，企业的研发支出开始下降，进而产生抑制创新的效应（见表5－9）。

表 5－9　　　　　　　　　　机制分析—内部研发支出

	发明专利数量 M1	内部研发支出 M2	发明专利数量 M3
贸易政策不确定	22.1381***	4.6449***	8.4612**
	(4.1512)	(3.3374)	(2.4712)
贸易政策不确定^2	－18.7296***	－2.1471**	－13.5805***
	(－4.7222)	(－2.0630)	(－5.0066)
内部研发支出			0.305[illegible]***
			(7.1267)
内部研发支出# 贸易政策不确定			0.1812*** (3.0195)
常数项	－3.7907**	15.3684***	－4.1155***
	(－2.1387)	(32.6259)	(－3.3560)
观测数	8 821	12 480	7 918

注：$^{*}p<0.1$，$^{**}p<0.05$，$^{***}p<0.01$。

（2）技术渠道

①股权结构中外资的进入和退出。改革开放以来，我国通过扩大开放政策积极吸引外资，取得了显著成效。这得益于庞大的市场消费潜力、门类齐全的产业分工体系、持续改善的营商环境、日益优化的科技创新生态以及蓬勃发展的绿色低碳、数字经济产业等积极因素，中国吸引外资的综合竞争优势不断增强，外商在华投资进入高质量发展新阶段。外资进入中国市场发挥了技术溢出效应和技术扩散效应，带动了相关产业的技术进步，提升了产业竞争力。中介效应结果显示，外资股权进入对于贸易政策不确定与企业创新关系的中介效应显著，而外资股权的退出的中介效应不显著。说明贸易政策不确定性阻碍了外资的进入，抑制了技术溢出效应和干中学效应的发挥，进而影响企业的发明专利（见表5－10）。

表 5-10　　机制分析—外资进入退出

	(1) 基准回归	(2) 外资股权进入	(3) 发明专利	(4) 外资股权退出	(5) 发明专利
贸易政策不确定	22.1381***	0.6861**	22.4023***	0.0407***	21.9612***
	(4.1512)	(2.3631)	(4.2093)	(5.0571)	(4.1222)
贸易政策不确定^2	-18.7296***	-0.4096*	-19.0017***		-18.6029***
	(-4.7222)	(-1.7909)	(-4.8029)		(-4.6923)
外资股权进入			0.2612***		
			(3.9457)		
外资股权退出					0.1148
					(1.3195)
常数项	-3.7907**	-0.2046***	-3.8415**	0.0020	-3.7035**
	(-2.1387)	(-2.6982)	(-2.1702)	(0.2077)	(-2.0935)
观测数	8 821	16 690	8 801	16 702	8 543

注：* $p<0.1$，** $p<0.05$，*** $p<0.01$。

②联合申请专利中的外方参与。贸易政策不确定性与企业联合申请专利数量呈负相关。联合申请专利数量与企业发明专利数量显著正相关。贸易政策不确定性与企业境外联合研发的依赖度呈倒"U"形关系。说明不确定性下企业与外方研发合作和交流活动受到影响，抑制了技术扩散，降低了创新绩效（见表 5-11）。

表 5-11　　机制分析—联合申请专利中的外方参与

	(1) 联合申请	(2) 发明专利数量	(3) 联合申请专利中是否具有境外参与	(4) 发明专利数量
贸易政策不确定	-0.2061*	-0.5585	0.2686***	-0.6279
	(-1.6980)	(-0.5860)	(2.7629)	(-0.6517)
贸易政策不确定^2			-0.1849**	
			(-2.4677)	
联合申请		0.2030***		
		(6.2108)		

续表

	(1) 联合申请	(2) 发明专利数量	(3) 联合申请专利中是否具有境外参与	4) 发明专利数量
联合申请专利中是否具有境外参与				0.3574 ***
				(3.2708)
常数项	0.0212	1.9362 **	-0.0628 **	1.9305 **
	(0.2095)	(2.3657)	(-2.3755)	(2.3333)
观测数	13 027	8 821	16 732	8 821

注：* p<0.1，** p<0.05，*** p<0.01。

③出口贸易额减少的机制。贸易政策不确定性与企业出口额占总销售收入之比负相关。加入出口贸易占比的渠道变量后，系数显著变小。说明贸易政策不确定性通过降低企业的出口贸易额，降低了出口的规模效应，减少了企业利润，进而抑制了企业创新投入，影响了创新绩效（见表5-12）。

表5-12　　　　机制分析—出口贸易额

	(1) 出口额占比	(2) 发明专利
贸易政策不确定	-2.0836 **	2.0292 ***
	(-2.0854)	(2.6831)
出口贸易额占比		0.0219 **
		(2.2274)
常数项	15.3936 ***	-0.5129
	(16.8298)	(-0.7380)
观测数	3 825	3 034

注：* p<0.1，** p<0.05，*** p<0.01。

④海外并购。选取存在海外并购的样本进行回归，结果显示：贸易政策不确定性会对海外并购产生倒“U”形关系，再进一步传导到上市企业发明专利水平上（见表5-13）。

表5-13　　机制分析—海外并购

	(1) 海外并购	(2) 发明专利
贸易政策不确定	0.2943*	23.7024***
	(1.7373)	(3.5386)
贸易政策不确定^2	-0.2299*	-21.0709***
	(-1.7429)	(-4.0983)
海外并购		0.2785*
		(1.6977)
常数项	-0.0758	-2.4032
	(-1.6338)	(-1.1434)
观测数	8 041	4 646

注：* p<0.1，** p<0.05，*** p<0.01。

（3）融资渠道

①企业内部融资约束。贸易政策不确定性与企业融资约束正相关。说明不确定性下企业的经营状况受到影响，资产负债表恶化会使银行等金融中介抽贷、惜贷，进一步增加现金流压力，企业的内源融资和外部融资难度加大，融资成本上升，企业融资约束增加会减少创新等高风险项目的投资，进一步抑制上市企业的创新绩效（见表5-14）。

表5-14　　机制分析—内部融资约束

	(1) 融资约束	(2) 发明专利
贸易政策不确定	0.0494***	-0.7121
	(8.0843)	(-0.7466)
融资约束		-0.8659***
		(-5.7291)
常数项	3.2179***	4.8498***
	(395.4395)	(5.0159)
观测数	16 731	8 821

注：* p<0.1，** p<0.05，*** p<0.01。

②税收减免。贸易政策不确定性水平升高时，政府为了支持企业继续创新会采取税收减免等政策，我们以企业获得的税收返还减免衡量税收优惠政策的效果，结果显示，贸易政策不确定性增加时企业会得到更多的税收优惠，但是税收减免的激励对企业创新绩效的影响并不显著（见表5－15）。

表5－15　　　　机制分析—税收减免

	(1) 税收返还减免	(2) 发明专利
贸易政策不确定	0.0423***	－0.8667
	(3.3626)	(－0.8236)
税收返还减免		－0.2732**
		(－2.2372)
常数项	－0.0180	3.3623***
	(－1.2734)	(3.7017)
观测数	7 406	4 189

注：* $p<0.1$，** $p<0.05$，*** $p<0.01$。

③政府补贴。政府补贴对企业创新的影响既可能存在正的"溢出效应"，也可能存在负的"挤出效应"。那么政府补贴这种手段在贸易政策不确定性的影响下有何作用？我们的研究发现，贸易政策不确定性升高时，政府会通过各种补贴方式扶持企业创新行为。受到政府补贴资助的企业创新绩效会更好。说明政府补贴有助于抵消贸易政策不确定性对企业创新的负面影响（见表5－16）。

表5－16　　　　机制分析—政府补助

	(1) 政府补助	(2) 发明专利
贸易政策不确定	2.6521***	0.4008***
	(22.5518)	(2.7909)
政府补助		0.3151***
		(25.5334)

续表

	(1) 政府补助	(2) 发明专利
常数项	13.8554***	-3.9848***
	(84.0934)	(-17.8668)
观测数	15 654	8 586

注：* $p<0.1$，** $p<0.05$，*** $p<0.01$。

第6章

网络嵌入的调节效应分析

6.1 全球创新网络嵌入的调节效应

6.1.1 企业嵌入全球创新网络的动机

信息化时代，经济全球化不断扩大创新资源（如知识、人才和信息）流动的广度和深度，创新不再局限于企业、地区和国家的边界。我们将创新网络嵌入动机概括为以下两类：一是市场寻求型。市场寻求型企业通过输出本国的技术，实施研发本土化策略，满足东道国消费市场需求，进而提升在当地的市场份额和竞争力。此外，通过与当地建立研发网络，也可以利用当地的研发人才和基础设施，降低研发成本，促进创新成果转化，提升整体生产率。二是技术寻求型。企业嵌入全球创新网络的主要目的是为获取前沿技术，借助网络推进全球生产创新布局。

6.1.2 企业嵌入全球创新网络的方式

目前，我国企业嵌入全球创新网络最常见的形式包括与海外企业建立全球创新联盟、建立海外研发中心以及跨国兼并与收购等形式。

一是建立全球创新联盟。建立全球创新联盟是企业提高自身竞争力的重要渠道。目前，我国企业与其他跨国企业组建的创新联盟主要包括：通过合作开发研究，共同破解企业遇到的技术瓶颈问题；整合供应链上下游企业资源，深化产业链技术协同；共同制定产业相关技术标准的合作。

二是建立海外研发中心。海外研发中心能有效避免技术合作中存在的文化冲突，而且能够利用海外先进的人才，提升研发质量和效率。

三是跨国兼并与收购。企业跨国技术兼并和收购主要包括直接购买海外高新技术企业，服务母公司发展战略；并购高新技术企业的技术研发部门，帮助企业嵌入当地的创新体系和创新集群中，吸收和学习当地的专有技术，达到快速占领市场的目的。

6.1.3　全球创新网络嵌入的调节效应分析

当面临外部不确定性冲击时，企业行为会受到网络中其他成员行为模式的影响，同时由于企业在全球创新联盟网络中的位置和嵌入程度不同，获取、整合、利用外界资源的能力不同，其对不确定性的反应也会出现较大差异。这种来自外部生产和研发网络的协同效应如何影响贸易政策不确定性下的企业创新行为有待进一步探讨。本书主要考察企业通过全球创新联盟嵌入全球创新网络对贸易政策不确定性与创新关系的调节效应，并进一步对区分关系嵌入和结构嵌入两个维度展开讨论。

（1）关系嵌入的调节作用

根据嵌入性理论，关系嵌入是影响企业经济行为与绩效的重要因素，一方面企业通过吸引国际投资者与全球创新网络建立起股权联系，能够有效提升企业与技术前沿的交流机会。另一方面，企业以建立海外创新联盟的契约式嵌入参与全球创新生态建设，可以有效提升企业在全球配置创新资源的能力。

（2）结构嵌入的调节作用

贸易政策不确定性对企业创新绩效的作用不仅受到关系嵌入的影响，同时受结构嵌入的调节。结构嵌入主要关注企业所嵌入的关系联结在整个网络中的位置。中心度越强的企业占据着网络枢纽位置，更容易获得互补性知识和异质性资源，有更强的资源配置能力和议价能力，其创新成果更容易被网络中的其他成员发现和利用，因此有助于增强企业的创新激励。根据结构洞理论，占据相互隔离主体间非冗余桥连接的企业有更多机会获取异质性资源，享有信息利益与控制利益。网络异质性能够帮助企业掌握先机、规避风险、整合资源。

为考察全球创新网络嵌入对企业创新的调控效应，我们将创新网络嵌入引入模型，构造并引入贸易政策不确定性与全球创新网络嵌入交互项，以检验创新网络嵌入对贸易政策不确定性与企业创新的影响。构建的调节效应模型可表示为：

$$\ln PATENT_{i,j,t} = \alpha_i + \beta_1 \times TPU_{i,j,t-1} + \beta_2 \times INC_{i,j,t-1} + \beta_3 \times TPU_{i,j,t-1}{}^2 + \beta_4 \times TPU_{i,j,t-1} \times INC_{i,j,t-1} + \beta_5 \times TPU_{i,j,t-1}{}^2 \times INC_{i,j,t-1} + X_{i,j,t}\gamma + \delta_{j,t} + \mu_t + \varepsilon_{i,j,t} \tag{6-1}$$

$INC_{i,j,t-1}$表示企业嵌入全球创新网络相关指标；$TPU_{i,j,t-1} \times INC_{i,j,t-1}$表示全球创新网络嵌入与贸易政策不确定性的交互项。

全球创新网络，是指面向全球的以企业间的创新合作关系为基础的网络架构的一种制度安排。首先，使用 SDC 数据库获得企业参与海外创新联盟的关系数据，构建全球企业创新联盟网络；分别设置哑变量嵌入网络为 1，否则为 0。其次，通过 UCINET 数据库对网络的中心度和结构洞进行分析获得两个主要网络结构指标：中心度（Degree）指在网络中连接节点的数量。结构洞位置（StructureHole）是指社会网络中某些个体与部分个体发生直接联系，但与其他个体没有联系，网络中无联系或关系中断的现象称为结构洞，本书按照以下公式计算相关网络指标：

$$Degree\ Centrality_{N_i} = \sum_{j=1}^{g} x_{ij}, (i \neq j) \tag{6-2}$$

在无向图中，*Degree Centrality* 测量网络中一个节点与所有其他节点直接相连的程度。对于一个拥有 g 个节点的无向图，节点 i 的度中心性是 i 与其他 $g-1$ 个节点的直接联系总数；Burt 在 1992 年提出了网络约束系数，该系数越高，结构洞越少，网络闭合性越高。最终采用 $1 - Constraint_{N_{ij}}$ 来计算结构洞大小。

$$Constraint_{N_{ij}} = \left(p_{ij} + \sum p_{ik}p_{kj}\right)^2, (k \neq i,j) \qquad (6-3)$$

首先，使用是否嵌入全球企业创新联盟（SDC 数据库）对样本数据进行调节效应分析。结果显示，对比而言，嵌入海外创新联盟的企业的拐点更靠右，倒“U”形形态更平缓。

创新联盟成立时间越长，表示合作越稳定持续的关系越强。反之，则表示关系是相对松散的弱关系。在基准回归中加入网络关系强度、网络中心度、结构洞变量后，贸易政策不确定性对企业创新的影响原来系数发生显著变化，嵌入全球创新网络对贸易政策不确定性与企业创新关系发挥了正向调节作用。

表 6－1　　全球创新网络嵌入的调节效应分析

	(1) 嵌入 SDC 企业联盟网络	(2) 未嵌入 SDC 企业联盟网络	(3) 网络关系强度	(4) 网络中心度	(5) 结构洞
TPU	0.4761***	0.6571***	0.4153***	0.7386***	0.5753***
	(6.1849)	(10.9144)	(4.6862)	(6.3858)	(6.5956)
TPU^2	−0.1903***	−0.2514***	−0.1351***	−0.2825***	−0.2302***
	(−5.2987)	(−8.7123)	(−3.2158)	(−5.2229)	(−5.5913)
TPU #网络中心度				−0.1581***	
				(−2.8857)	
TPU^2 #网络中心度				0.0513**	
				(2.0608)	
TPU #结构洞					−0.8377***
					(−3.2359)
TPU^2 #结构洞					0.2857**
					(2.4077)
TPU#企业创新联盟强关系			0.2107*		
			(1.6490)		
TPU^2 #企业创新联盟强关系			−0.1211*		
			(−1.7874)		

续表

	(1) 嵌入 SDC 企业联盟网络	(2) 未嵌入 SDC 企业联盟网络	(3) 网络关系强度	(4) 网络中心度	(5) 结构洞
常数项	17.5530***	16.7386***	17.5343***	17.2263***	17.4164***
	(167.9510)	(278.3853)	(166.2098)	(160.4756)	(167.2444)
观测数	4 268	8 223	4 268	4 268	4 268

注：* $p<0.1$，** $p<0.05$，*** $p<0.01$。

6.2 FTA 网络嵌入的调节效应分析

FTA 协定意味着一国对外开放力度的扩大，不仅会影响从事进出口贸易的国际化企业，也会对国内其他企业产生影响。本报告基于上市公司数据库和进出口海关数据库，借鉴刘慧和綦建红（2021）的思路从企业依托国家、出口和进口空间布局嵌入 FTA 网络的角度，参考吕越和尉亚宁（2020）对企业层面指标的构建方法，测算中国企业在 FTA 网络的中心度和结构洞指标，检验 FTA 网络嵌入对贸易政策不确定性与企业创新关系的调节效应。

FTA 网络中心度和结构洞。贸易政策不确定性水平升高时，企业可以接触到的全球市场资源越多、信息技术资源越丰富，越有可能应对不确定性带来的挑战，避免受到市场竞争和信息匮乏的负面影响，实现创新水平的较大提升。

本书使用全球贸易协定数据，若两国签订自由贸易协定，则存在网络连接，关系矩阵记为 1，没有协定则记为不存在网络连接记为 0。由此形成 2004—2020 年全球 FTA 网络的 N 阶对称矩阵。通过模型测算得出全球主要经济体 FTA 的网络关系密度水平，以及使用计算出每个节点在网络中中心度和结构洞位置。进一步从国家嵌入、企业出口空间布局嵌入和企业出口空间布局嵌入三个角度用以下公式计算企业嵌入 FTA 网络的中心度和结构洞：

$$Cde_{ft} = \omega_{fet} \sum_{i \neq c} \frac{e_{fit}}{\sum_i e_{fit}} Cde_{it} + \omega_{fmt} \sum_{i \neq c} \frac{m_{fit}}{\sum_i m_{fit}} Cde_{it} + \omega_{fct} Cde_{ct} \tag{6-4}$$

$$Sth_{ft} = \omega_{fet} \sum_{i \neq c} \frac{e_{fit}}{\sum_i e_{fit}} Sth_{it} + \omega_{fmt} \sum_{i \neq c} \frac{m_{fit}}{\sum_i m_{fit}} Sth_{it} + \omega_{fct} Sth_{ct} \tag{6-5}$$

其中，下表 f 表示企业；t 表示时间；c 表示中国；i 代表除中国以外的国家；Cde_{it} 、Cde_{ct} 和 Sth_{it} 、Sth_{ct} 代表 t 时期 i 国（中国）嵌入 FTA 网络的中心度和结构洞；e_{fit} 和 m_{fit} 为 t 时期企业对 i 国的进、出口额；$\sum_{i \neq c} \frac{e_{fit}}{\sum_i e_{fit}} Cde_{it}$ 表示通过计算 t 时期企业 f 对各国 i 的进口额占企业总进口额的比为权重，乘以对应出口国在 FTA 节点中的中心度再加总，得到企业通过出口嵌入全球 FTA 网络的中心度（结构洞同理）。根据计算公式对上市企业的嵌入 FTA 网络程度进行测算结果显示如下：上市企业嵌入全球 FTA 网络的中介中心度相对变动不明显，结构洞和程度中心度、接近中心度则呈现稳步上升的趋势（见图 6－1 和图 6－2）。

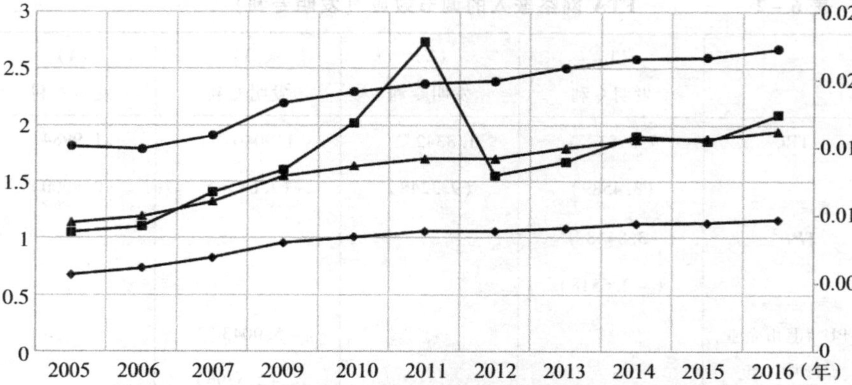

图 6－1　样本企业嵌入 FTA 整体均值

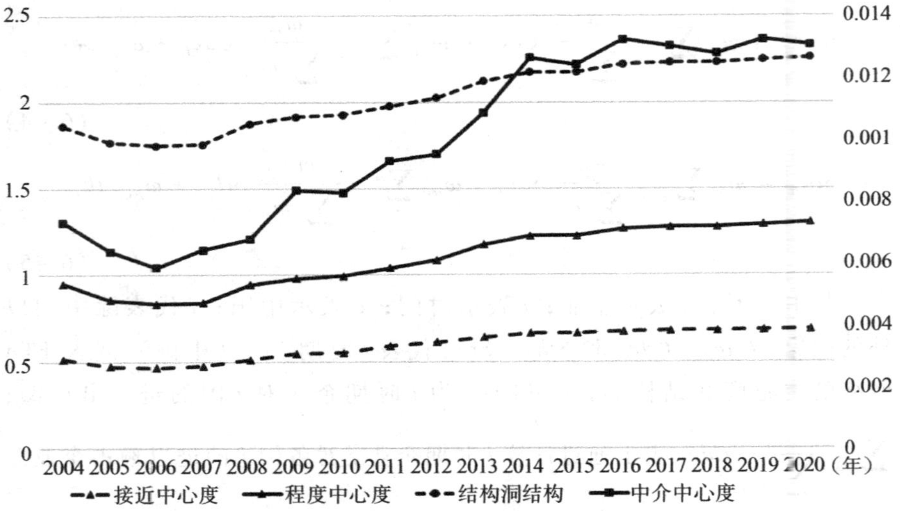

图 6－2　中国嵌入全球 FTA 网络分析

回归结果显示，FTA 网络嵌入中心度正向调节了贸易政策不确定性与企业创新的关系，结构洞指标的调节效应并不显著。用 TFP、研发支出、发明专利作为创新的代理变量，结果稳健（见表 6－2 和表 6－3）。

表 6－2　　　FTA 网络嵌入的调节效应（发明专利）

	(1) 发明专利	(2) 发明专利	(3) 发明专利	(4) 发明专利
TPU	7. 5983 *** (3. 4589)	1. 8342 *** (9. 3248)	1. 9040 *** (7. 6156)	1. 9984 (0. 8900)
TPU^2	－3. 8448 *** (－2. 6518)			
TPU #上市企业程度中心度			－5. 0043 *** (－2. 6796)	
上市企业程度中心度_			4. 3115 *** (3. 4084)	

续表

	(1) 发明专利	(2) 发明专利	(3) 发明专利	(4) 发明专利
TPU #上市企业结构洞				−0.7847 (−0.2665)
上市企业结构洞				−0.5575 (−0.2883)
常数项	−2.0741 *** (−2.5935)	−0.1019 (−0.4806)	−0.1599 (−0.7528)	0.7014 (0.4752)
观测数	3 639	3 639	4 260	4 260

注：* p < 0.1，** p < 0.05，*** p < 0.01。

表 6－3　FTA 网络嵌入的调节效应（研发支出）

	(1) 研发支出占总资产	(2) 研发支出占总资产	(3) 研发支出占总资产	(4) 研发支出占总资产
TPU	0.0316 *** (2.7703)	0.0116 *** (3.9439)	0.0182 *** (4.9424)	0.0419 *** (3.6998)
TPU^2	−0.0167 ** (−2.0794)			
TPU #上市企业程度中心度			0.0024 (0.1384)	
上市企业程度中心度			0.0179 (1.4883)	
TPU #上市企业结构洞				−0.0295 ** (−2.0534)
上市企业结构洞				−0.0016 (−0.1997)
常数项	0.0037 (0.8795)	0.0074 ** (2.4211)	0.0044 (1.3842)	0.0069 (1.0502)
观测数	5 090	5 090	5 873	5 873

注：* p < 0.1，** p < 0.05，*** p < 0.01。

第7章

美国对华出口管制对企业创新影响的典型案例分析

在新发展格局下，企业技术创新日益成为推动我国经济高质量发展的决定性因素。在美国对华出口管制不断加码的现实背景下，实体清单中的中国企业进口、技术引进等模仿创新的路径被限制，不仅可能对实体清单内企业创新产生冲击，还可能会通过国内、国际生产网络的传导，波及更多国内企业。面对日益紧张的国际政治经济局势，充分分析美国出口管制对国内微观企业创新发展的影响以及应对策略，对中国经济稳中求进等具有重要战略意义。

7.1 美国对华出口管制分析

新中国成立初期，美国建立出口管制政策的目的是通过限制战略物资出口，维护国家安全。随着时代的变化，出口管制政策的政治导向日益明显，成为美国制裁其他国家的重要工具。常见的出口管制途径包括出口配额、许可证、关税等。如今，美国的出口管制的权力在国会，国会把其中一部分权力授权给行政机关，包括商务部、财政部、国土安全局、国防部等机构。商务部主要负责民用产品（包括军民两用产品）管制，财政部主要负责经济制裁。依据的法律是《出口管理法》（EAA）以及《出口管理条例》（EAR，为 EAA 的实施条例）。“实体清单”管制是在 EAR 中列出的一份包含多个最终用户的名单。美国最终用户审查委员会（ERC）负责对清单进行审查和修改，但标准并不明确，有很大的自由裁量权。企业申请从实体清单中移除的可能性非常低，这意味着一旦被列入清单，那么大部分企业将面临漫长的制裁。

美国最早在 1997 年将中国某物理研究院列入了实体清单。2000 年前，我国被列入实体清单的实体全部为政府下属研究机构，涉及领域多为航空航天、物理学等。2001—2009 年，被列入实体清单的实体仍然大都为政府下属研究机构，少数企业被列入实体清单，所涉领域多为航空航天、电子技术等。2010 年后，实体清单数增长加快，实体中企业占据了大多数，管制领域也更为广泛。2018 年后，被列入实体清单主要涉及生物技术，人工智能机器学习，量子信息，高级芯片等新兴技术。这反映了美国对华出口管制的广泛性和对高科技领域的靶向性。

（1）实体清单管制对企业创新的影响

对美国实体清单中的上市企业进行匹配，获取其 ISIN 代码。使用 BvD 系列上市企业数据库及知识产权数据库对样本企业一一匹配 BvD ID Numer，最终通过自动及手动匹配获得 67 家有效的上市企业，以 2015 年 1 月 1 日至 2022 年 6 月 30 日为研究区间，该区间内该企业共申请的有效专利约 177 000 件，通过专利公告号进行划分专利类别，得到发明专利约 118 000件。通过向前（Forward）和向后（Backward）引用的具体专利，进一步匹配向后引用专利 474 000 项明细，获取向后专利引用的 CPC 分类数据分别构建专利引用（Average_Cited）指标和专利原创性（Originality）指标，根据专利自身的分类构建专利应用广泛性（CPC_coverage）指标，以及对专利数据进行趋势描述。考虑到时间越近可能存在专利未披露的情况，故描述性区间最新使用到 2021 年 9 月 30 日。

从图 7－1 可以看到 2018 年年末发明专利数量开始下降，增速开始放缓，说明实体清单管制对企业创新的影响较为明显。从图 7－2 和图 7－3 可以看出，发明专利的前向引用和后向引用数量大幅下降。图 7－4 结果显示发明专利的原创性指标在2019年受到了较大的负向冲击。图7－5显示，专利应用广泛性保持相对平稳的趋势，受到实体清单管制的影响较小。

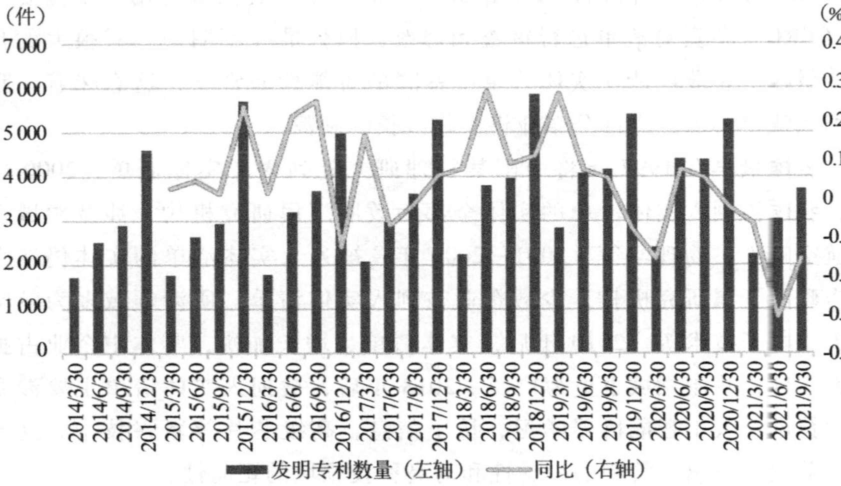

图7－1　发明专利数量及增长率

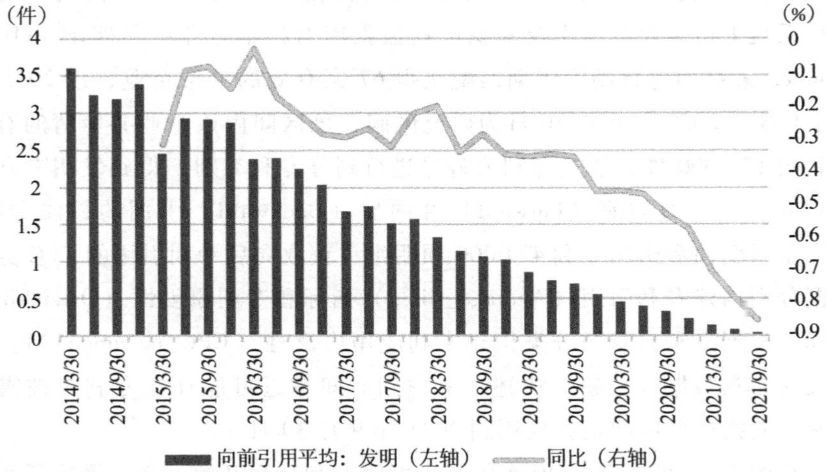

图7－2　发明专利向前引用趋势

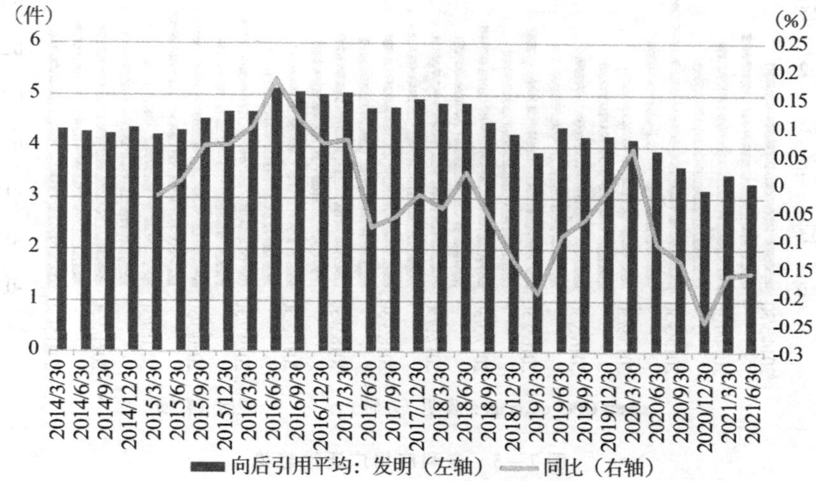

图 7－3　发明专利向后引用趋势

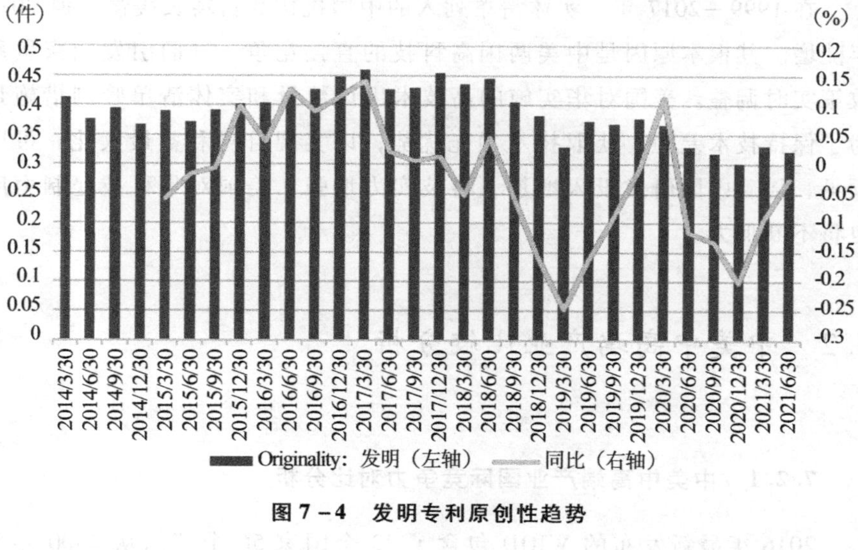

图 7－4　发明专利原创性趋势

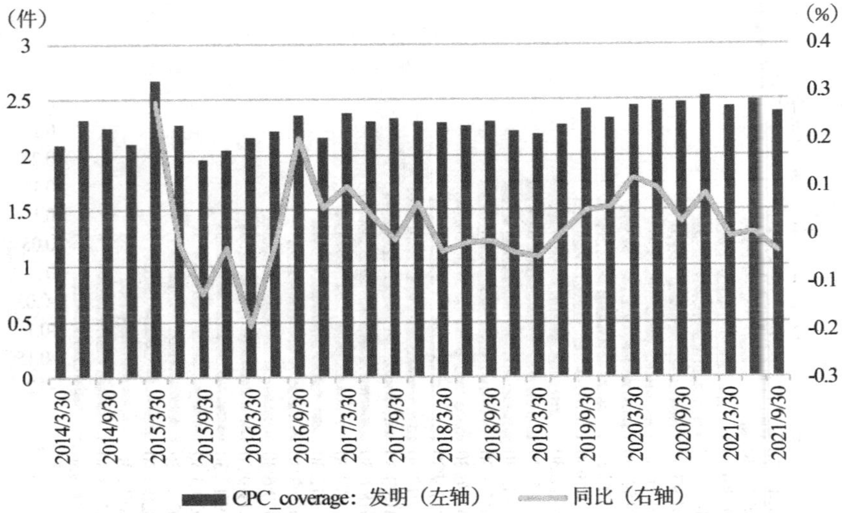

图 7－5　专利应用广泛性趋势

（2）美国对华高技术贸易限制的原因

在 1999—2017 年，实体清单列入的中国机构数目增长缓慢，但 2018 年陡增。其根本原因是中美两国高科技的直接竞争，进而引发国家贸易政策实时调整。美国对华实施的高技术出口数量和实体清单管制措施是为了保持技术差距，获取技术领先优势，以实现自身利益最大化。可以预见，随着中国研发投入增加，科技实力增强，美国对华科技遏制力度也将不断加大。

7.2　中美中高端产业比较分析

7.2.1　中美中高端产业国际竞争力对比分析

2016 年最新发布的 WIOD 包含了 43 个国家 56 个部门从 2000 年到 2014 年的投入产出数据，我们采用了国际行业分类标准（ISIC，Rev4）并参照经济合作与发展组织（OECD），按照《欧盟经济活动分类统计标准第一版》（NACE1）统计分类将制造业划分为高技术制造业、中高技术制造业、中低技术制造业和低技术制造业四大类，为了便于分析，本书将高技术制造和中高技术制造业统称为中高技术制造业（见表7－1）。

表7－1　　　　WIOD制造业产业代码、名称及分类

产业代码	NACE代码	产业名称	技术类别
c3	15t16	食品、饮料制造及烟草	低技术制造业
c4	17t18	纺织业	低技术制造业
c5	19	皮革及鞋类制品业	低技术制造业
c6	20	木材加工及木、竹、藤、棕草制造业	低技术制造业
c7	21t22	造纸及纸制品业、印刷和记录媒介的复制业	低技术制造业
c8	23	石油加工、炼焦及核燃料加工业	中低技术制造业
c9	24	化学原料及化学制品制造业、化学纤维制造业	中高技术制造业
c10	25	橡胶及塑料制品业	中低技术制造业
c11	26	非金属矿物制品业	中低技术制造业
c12	27t28	金属制品业	中低技术制造业
c13	29	通用专用设备制造业	中高技术制造业
c14	30t33	电气和光学设备制造业	高技术制造业
c15	34t35	交通运输设备制造业	中高技术制造业
c16	36t37	其他制造业及废弃资源和旧材料回收加工	低技术制造业

（1）出口增加值视角

UIBE数据库测算出了2000—2019年隐含在中国制造业出口贸易中的增加值及所占比例。我们选取衡量企业出口到国外并被国外吸收的国内增加值率DVA，返回并最终被本国吸收的国内增加值率RDV，国外增加值率FVA几个指标对中美中高技术制造业国际竞争力进行对比分析。结果显示，2000—2019年以来，中国中高技术制造业的复进口增加值RDV呈显著下降趋势，与之相比美国的RDV保持稳定水平。从国内增加值DVA数值看，2000—2019年中国的DVA经历了先下降后上升的趋势，与美国的水平相当并于2019年超过美国，体现出我国中高技术制造业附加值不断提升的事实。从国外增加值FVA看，2000—2019年以来国外增加值率经历了先上升后下降的趋势，美国的国外增加值率则保持了稳定的增长态势（见表7－2）。

表7－2　　中美中高技术制造业出口增加值比

		RDV		DVA		FVA	
	年份	中国	美国	中国	美国	中国	美国
中高技术制造业	2000	10.36%	8.68%	80.87%	86.33%	19.13%	13.67%
	2007	10.59%	9.46%	72.94%	83.79%	27.06%	16.21%
	2011	10.50%	9.28%	77.32%	83.57%	22.68%	16.43%
	2015	7.49%	8.80%	85.07%	85.33%	14.93%	14.67%
	2019	6.99%	8.67%	85.68%	83.94%	14.32%	16.06%

资料来源：UIBE 数据库。

分行业看，化学原料和化学制品行业的RDV低于美国，DVA高于美国，FVA低于美国，说明中美化学原料和化工制品行业竞争力相当。电气和光学设备行业的RDV略高于美国，DVA显著低于美国，FVA大幅高于美国，说明我国的电气和光学设备还处于进口关键零部件组装后出口的阶段，竞争力有待提升。机械设备制造和运输设备行业的RDV低于美国，DVA略高于美国，FVA显著低于美国，说明我国在机械制造和运输设备的质量和性能上与国外产品比较接近，但核心零部件等环节的进口依赖度高，与美国仍然存在一定差距（见表7－3）。

表7－3　　中高技术制造业分行业出口增加值对比

		RDV		DVA		FVA	
行业名称	年份	中国	美国	中国	美国	中国	美国
化学原料和化工制品	2019	7.56%	9.83%	86.83%	84.05%	13.17%	15.95%
电气和光学设备	2019	4.74%	4.45%	81.44%	90.72%	18.56%	9.28%
机械设备制造	2019	7.42%	8.91%	86.75%	83.10%	13.25%	16.90%
运输设备	2019	8.24%	11.50%	87.70%	77.87%	12.30%	22.13%

资料来源：UIBF 数据库。

（2）显性比较优势视角

显性比较优势是一个国家某种出口商品占其出口总值的比重与世界

该类商品占世界出口总值的比重两者之间的比率。RCA >1，表示该国此种商品具有显性比较优势；RCA <1，则说明该国商品没有显性比较优势。通过对比中美中高技术制造业的显性比较优势我们发现，2000 年以来中国的显性比较优势大幅上升，并于 2011 年开始与美国并行，但 2015 年后出现明显下降，整体水平低于美国。从细分行业看，中国在电气和光学设备制造业、通用专用设备制造业的比较优势高于美国，在化学原料和化学制品制造业以及交通运输设备制造业美国的比较优势高于中国（见图 7 –6、表 6 –4 和图 7 –7）。

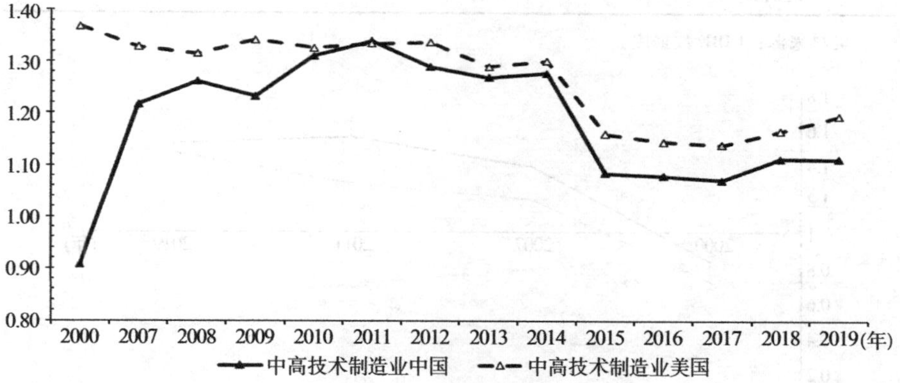

图 7 –6　中美中高技术制造业显性比较优势

资料来源：UIBE 数据库。

表 7 –4　中美显性比较优势对比

年份	中高技术制造业	
	中国	美国
2000	0.91	1.37
2007	1.22	1.33
2008	1.26	1.32
2009	1.23	1.34
2010	1.31	1.33
2011	1.34	1.34
2012	1.29	1.34

续表

年份	中高技术制造业	
	中国	美国
2013	1.27	1.29
2014	1.28	1.30
2015	1.08	1.16
2016	1.08	1.15
2017	1.07	1.14
2018	1.11	1.17
2019	1.11	1.19

资料来源：UIBE 数据库。

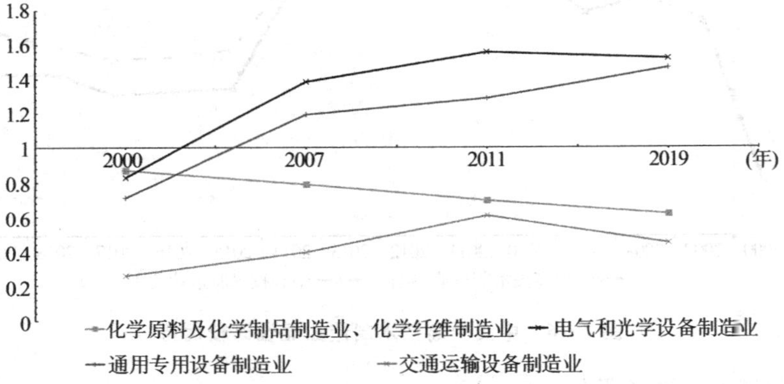

图 7-7 中美中高技术制造业分行业比较优势之比（中国比美国）

资料来源：UIBE 数据库。

（3）全球价值链嵌入视角

全球价值链嵌入的前向参与度用来衡量通过出口中间品参与全球分工的程度。后向参与度用来衡量通过进口中间品参与全球分工的程度。主要是为了研究一国在多大程度上参与全球分工。且在全球分工中，是处于下游位置还是上游位置。一国处于上游位置，要么通过出口原材料，如原油或者矿产品。要么出口技术，如电子芯片中的设计环节。一国处于下游位置，则主要是通过进口中间品，组装成终端消费品。一般认为，一国依靠技术出口处于上游位置的国家，其制造业中技术含量较高。对比中美中高技术制造业的前向参与度，可以发现在2000—2008年间，中国中高技术制造业的全球价值链前向参与度大幅提升，金融危机后大幅回落，之后缓慢增长。与之相比，美国的全球价值链前向参与度一直高于中国并保持持续攀升态势。从全球价值链后向参与度看，2015年前中国中高技术制造业的后向参与度一直高于美国，但呈现缓慢下降趋势，与之相比美国中高技术制造业后向参与度自2008年金融危机后不断提升，并于2018年超过中国（见图7－8和图7－9）。

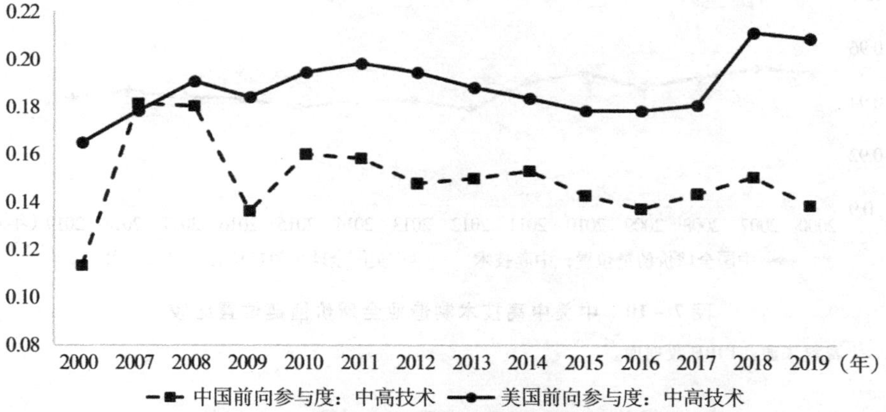

图 7－8　中高技术制造业中美前向嵌入度对比

资料来源：UIBE 数据库。

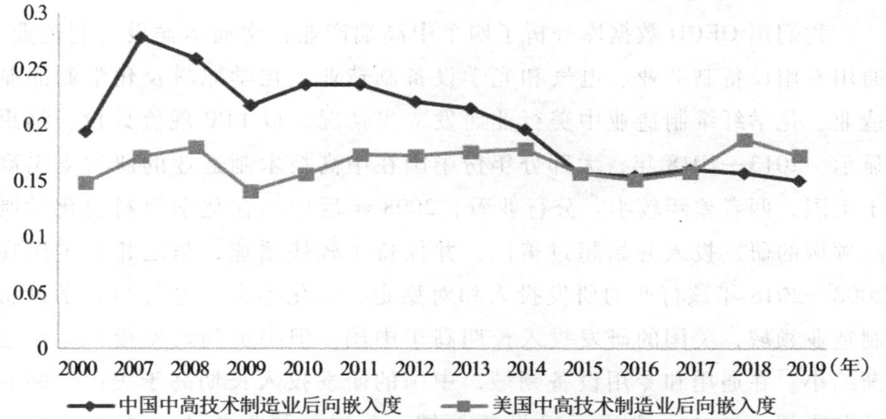

图 7－9　中高技术制造业中美后向嵌入度对比

资料来源：UIBE 数据库。

从全球价值链位置指数看，美国的中高技术制造业全球价值链位置长期高于中国，2000—2019 年两者的差距并没有显著缩小。这说明中美在中高技术制造业领域的竞争非常激烈，中国要想实现赶超难度很大（见图 7-10）。

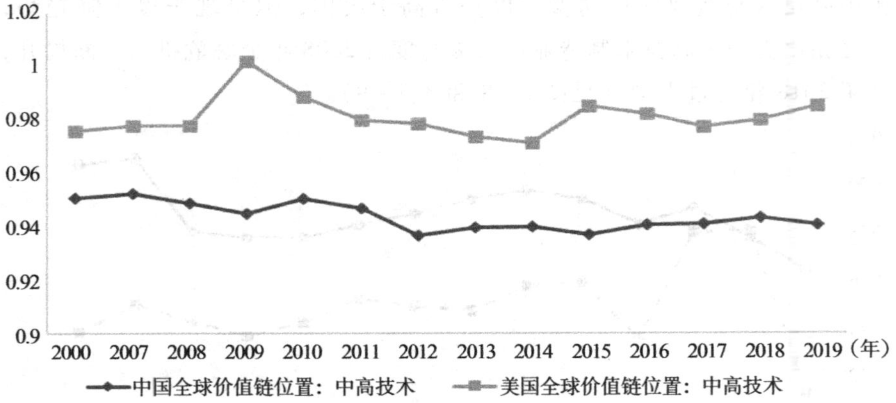

图 7-10 中美中高技术制造业全球价值链位置比较

资料来源：UIBE 数据库。

7.2.2 中美中高端产业科技竞争力对比分析

（1）中高端产业研发投入对比

我们用 OECD 数据库分析了四个中高端产业：交通运输设备制造业、通用专用设备制造业、电气和光学设备制造业、化学原料及化学制品制造业、化学纤维制造业中美行业研发支出情况，以 PPP 现价计价。结果显示，2013—2018 年，大部分年份中国在中高技术制造业的研发支出高于美国，两者差距较小。分行业看，2008 年后中国在化学原料及化学制品领域的研发投入开始超过美国，并保持了较快增速，与之相比美国在 2008—2018 年该行业的研发投入相对稳定，变化不大。电气和光学设备制造业领域，美国的研发投入长期高于中国，但中美的研发投入差距逐渐缩小。在通用和专用设备领域，中国的研发投入长期高于美国，两者的差距逐渐扩大。交通运输设备领域，美国的研发投入一直高于中国（见图 7-11 至图 7-15）。

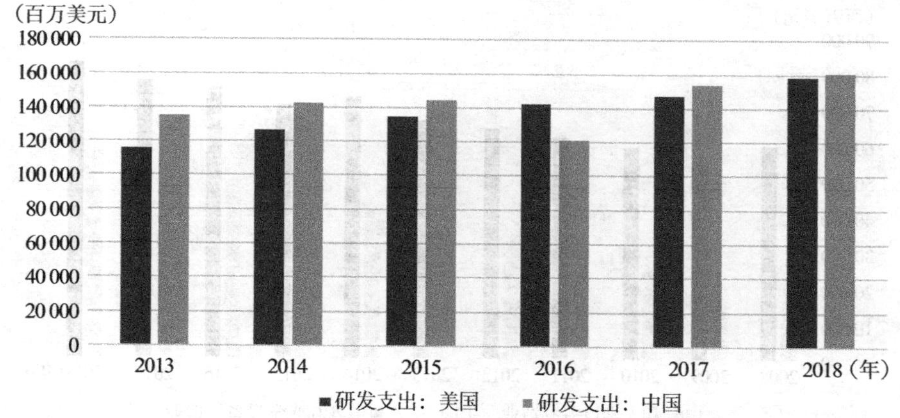

图 7－11　中高技术制造业中美研发支出对比

资料来源：OECD 数据库。

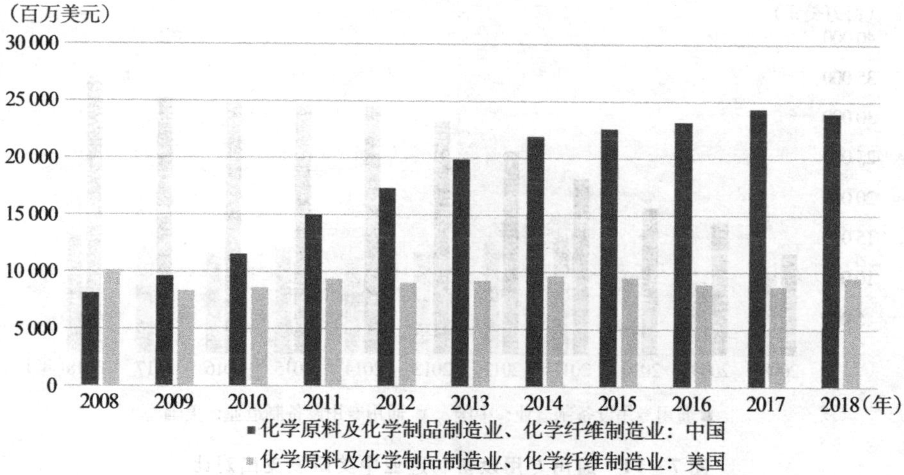

图 7－12　化学原料及化学制品制造业、化学纤维制造业中美研发支出对比

资料来源：OECD 数据库。

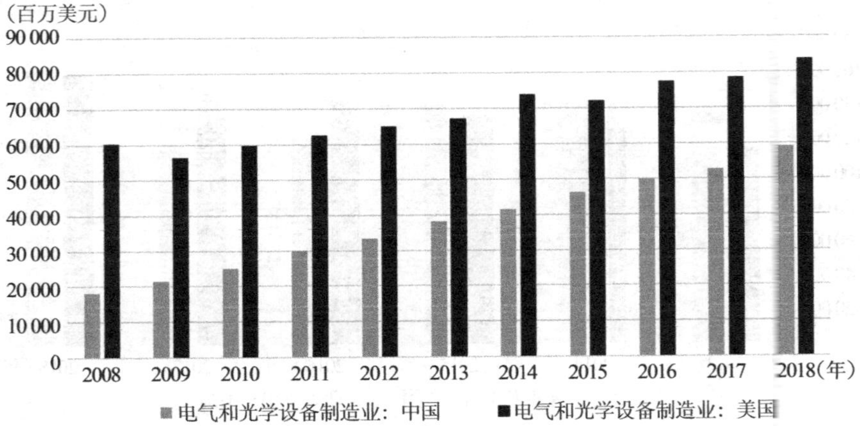

图 7－13 电气和光学设备制造业中美研发支出对比

资料来源：OECD 数据库。

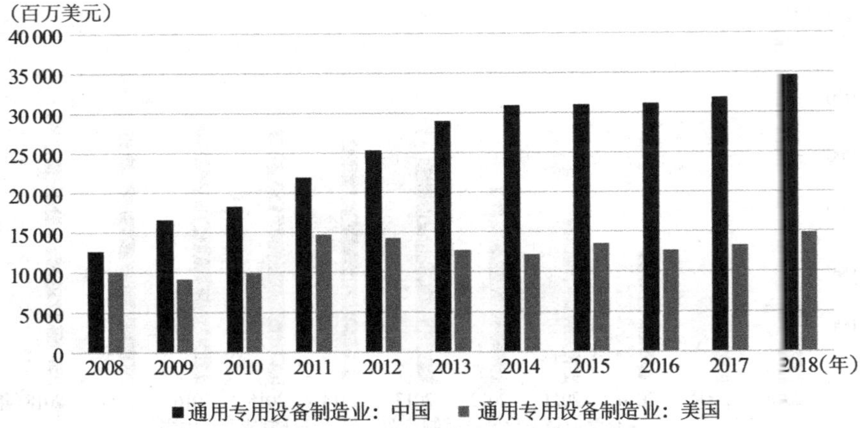

图 7－14 通用专用设备制造业中美研发支出对比

资料来源：OECD 数据库。

（2）中高端产业研发产出对比

使用 OECD 中美细分专利申请数与我国《国际专利分类与国民经济行业分类参照关系表》匹配，获取 4 个中高技术制造业行业所对应的 IPC 专利号，再进一步加总行业对应的专利申请数量。

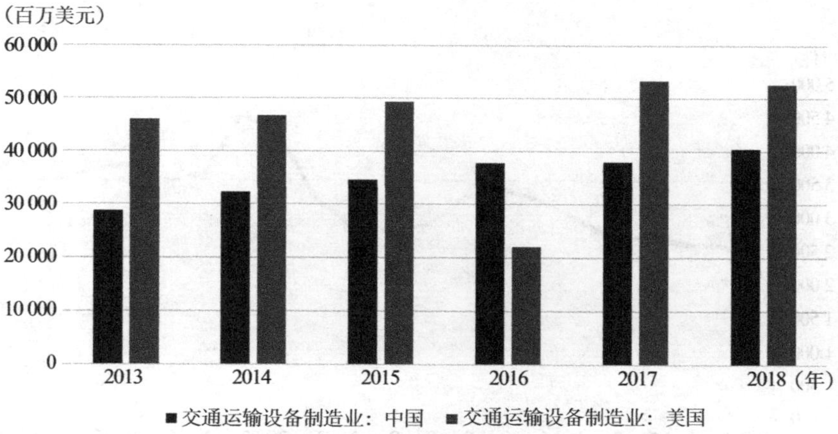

图 7－15　交通运输设备制造业中美研发支出对比

资料来源：OECD 数据库。

结果显示，总体而言，美国在中高技术制造业领域的专利申请长期保持领先地位，2010 年后中国中高技术制造业专利申请数量增速较快，并于 2018 年实现赶超。分行业看，中国在交通设备制造业、电气和光学设备制造业的专利产出已实现反超。但在化学原料及化学制品制造业、化学纤维制造业、通用设备制造业的专利产出仍远低于美国（见图 7－16 至图 7－20）。

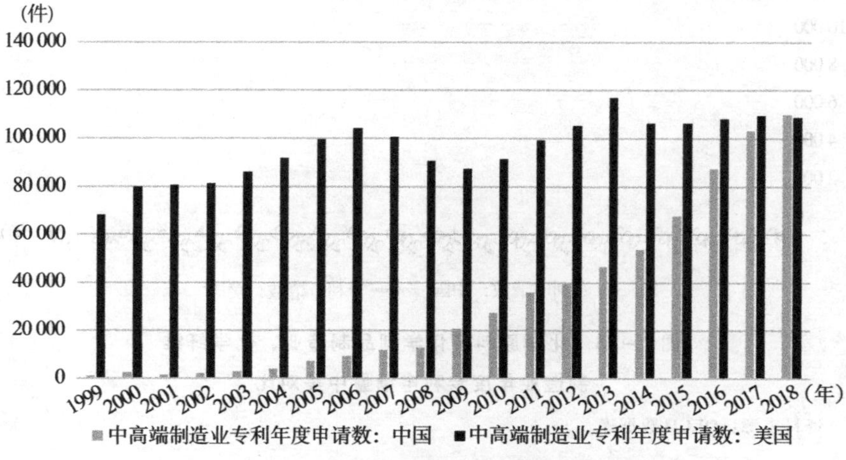

图 7－16　中高技术制造业年度专利申请量中美对比

资料来源：OECD 数据库。

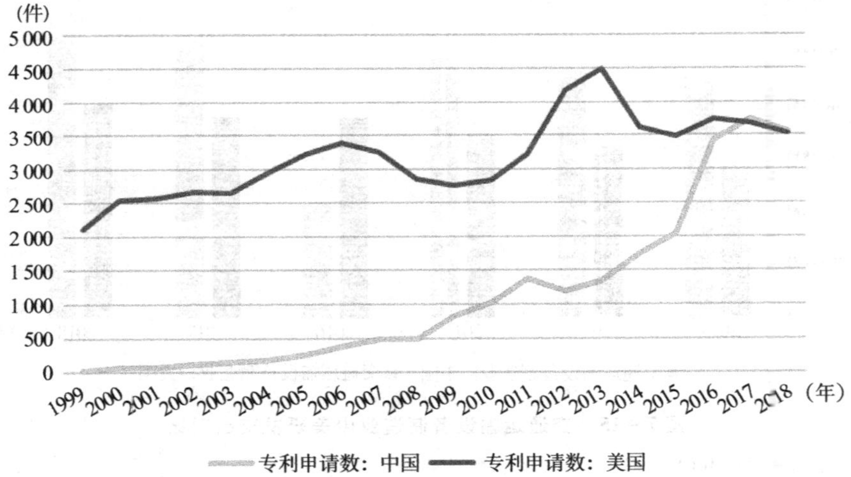

图 7－17　交通运输设备制造业年度专利申请量中美对比

资料来源：OECD 数据库。

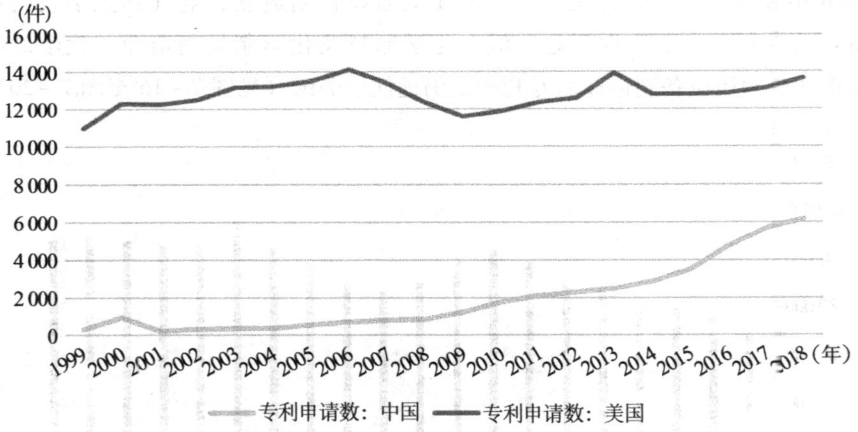

图 7－18　化学原料及化学制品制造业、化学纤维制造业年度专利申请量中美对比

资料来源：OECD 数据库。

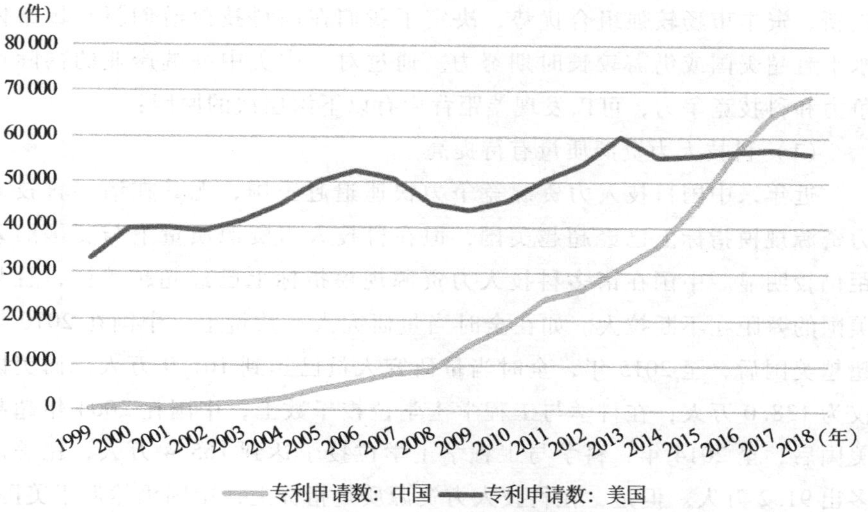

图 7－19　电气和光学设备制造业年度专利申请量中美对比

资料来源：OECD 数据库。

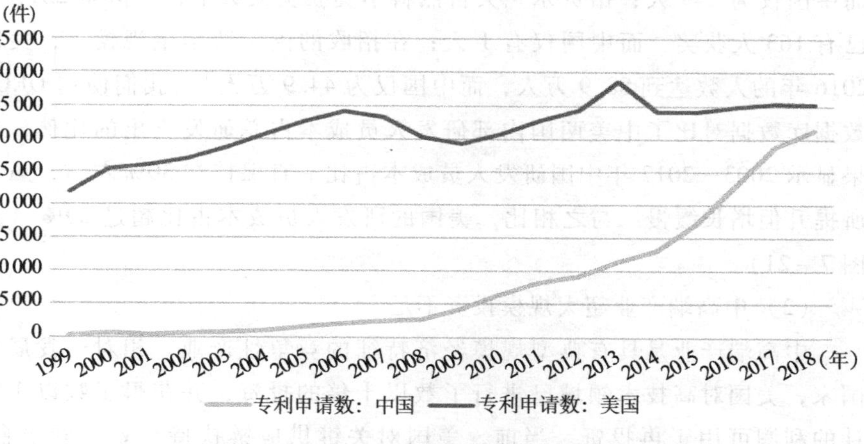

图 7－20　通用设备制造业年度专利申请量中美对比

资料来源：OECD 数据库。

7.2.3　中美中高端产业存在差距的原因

美国前沿科技产业创新历史较长的累积效果，兼有基础科学、前沿创新、资本市场较强组合优势，决定了我们在高科技前沿创新领域整体水平赶超美国或仍需较长时期努力。通过对比中美中高端产业的国际竞争力和科技竞争力，可以发现差距背后有以下深层次的原因：

（1）科技人力资源质量有待提高

近年来中国科技人力资源竞争力快速追赶美国，尤其在诸多科技人力资源规模指标上已经超越美国，但在科技人力资源质量上与美国的差距仍较明显。中国在诸多科技人力资源规模指标上已经超越美国，且与美国的差距在不断拉大。如在全时当量研究人员数量上，中国在2010年超越美国后，至2015年，全时当量研究人员已达到161.9万人，而美国仅为138.0万人；在科学与工程学士学位授予数上，中国在2004年超越美国后，至2014年，科学与工程学士学位授予达到165.4万人，比美国多出91.2万人。但是，在科技人力资源质量指标上，中国仍然低于美国，且差距较为显著，这也是导致中国科技人力资源竞争力仍低于美国的主要原因。如在高被引科学家数量上，美国2016年的人数达到1 644人，而中国仅为249人；诺贝尔三大自然科学奖获奖人数上，美国至2017年已有163人获奖，而中国仅有1人；在招收的国际留学生规模上，美国2016年的人数达到88.9万人，而中国仅为44.9万人①。我们使用OECD数据库数据对比了中美两国内部研发人员成本占总研发支出的比例，结果显示2003—2017年中国研发人员成本占比一直保持在30%左右，虽有所提升但增长缓慢。与之相比，美国的研发人员成本占比超过60%（见图7－21）。

（2）中高端产业超大规模投资不足

中高端产业是具有典型规模经济特征的竞争性产业。相对于发展中国家，美国对高技术领域已进行了数以十倍的投资，并获得了数以千倍计的利润可用于再投资。当前，美国对关键供应链扶持计划不断出台，预计将用巨额补贴高科技产业、干预市场竞争，这将对资金匮乏的发展中国家进一步造成投资碾压。

① 华东师范大学全球创新与发展研究院．中美科技竞争力报告［J］．2018年5月。

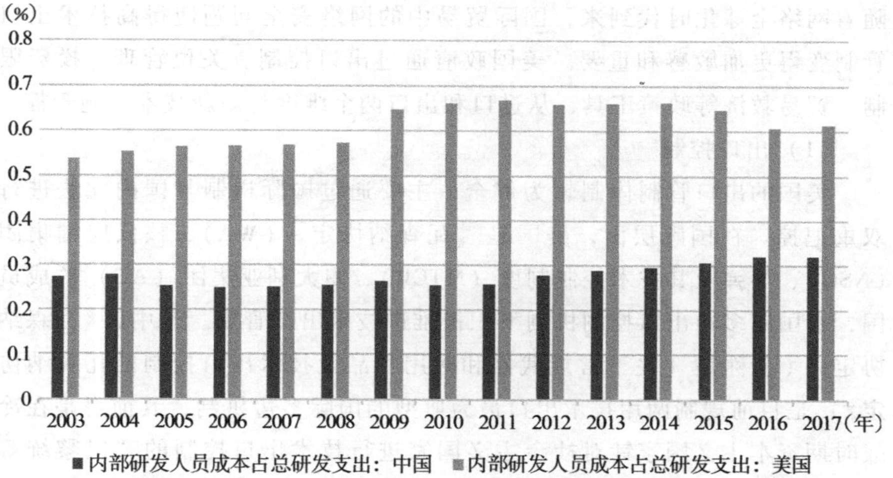

图7-21　内部研发人员占研发总支出中美对比

（3）产业生态和工业体系有待完善

美国通过出口管制等方式对中国的高科技产业筑起了壁垒，看似特定产业遏制背后是对整个国家工业体系的挑战。相关国家只能在美国封锁的不平等、有限全球化条件下提升整个工业体系的竞争力，应对领先国家的产业生态竞争，任重道远。

（4）国家创新及营商环境有待优化

国家工业能力的发展，归根结底是利用更好的创新环境和营商环境吸引高端人才和创新企业，实现国家比较优势的长期迭代升级。中国的知识产权保护与美国还有很大差距，开放性合作创新的营商环境还有待进一步完善，成为全球创新策源地才能在全球化时代推进高质量的创新和互利共赢。

7.3　美国实施高技术出口管制的主要机制

历史上，美国及其盟国通过巴黎统筹委员会、《瓦森纳协定》等机制实施高技术出口管制一直是西方控制核心技术、维护霸权的重要手段。

随着网络全球化时代到来，国际贸易中的网络安全问题使得高技术出口管制变得更加敏感和重要。美国政府通过出口控制、关税管理、投资限制、贸易救济等政策工具，从进口和出口两个维度对高新技术实施管控。

（1）出口控制

美国的出口管制体制较为健全，主要通过国际机制与国内立法进行双重把控。在国际层面，美国是《瓦森纳协定》（WA）、核供应国集团（NSG）、导弹及其技术控制制度（MTCR）、澳大利亚集团（AG）的成员国，在国际多边出口控制机制下积极推进技术出口管制。其中，《瓦森纳协定》（全称是《关于常规武器和两用物品及技术出口控制的瓦森纳协定》）是目前规制两用技术出口最为典型的国际多边机制，其前身是在冷战时期资本主义国家针对社会主义国家进行技术出口控制的“巴黎统筹委员会”（简称“巴统”）。《瓦森纳协定》主要加强对常规武器和两用物品及相关技术转让的监督和控制，其中两用技术主要包括电子设备、计算机、电信与信息安全等九大类。协定虽然允许成员国在自愿的基础上对各自的技术出口实施控制，但实际上成员国在重要的技术出口决策上受到美国很大的影响。在国内层面，美国已形成以国会立法为基础，以总统为首的行政部门为政策实施部门的技术出口管理体系，主要法律依据有《武器出口控制法》（AECA）、《国际突发事件经济权力法》（IEEPA）、《出口管理法》（EAA）及其实施细则《出口管理条例》（EAR）等。在两用技术方面，主要由美国商务部产业和安全局（BIS）根据《出口管理条例》制定的《商业管制清单》（CCL）进行管制，管制内容在《瓦森纳协定》的基础上增加了“核材料、设施和设备”物项；定义的“出口范围”也较为宽泛，不仅限于传统的以跨境转移为标准的出口，还包括“转运出口”“视同出口”（指美国人在美国境内向外国人泄露受管制技术或软件的行为）、“过境出口”等，力图实现“全流程”的管制。

（2）关税管理

关税一直是国际贸易管控的重要工具，也是最为典型的贸易政策。在贸易自由化时代，通过谈判降低关税促进贸易便利化逐渐成为全球共识，美国利用其战后形成的雄厚经济实力引领着全球互惠关税税率的谈判，主导建立了 GATT（关税暨贸易总协定）以及后来的 WTO，并一直把控对 WTO 贸易规则和其他美国贸易协定的监督和执行。在国内，美国主要依据《1930 年关税法》《1988 年综合贸易和竞争法》以及《协调关税表》对进口产品和数量进行管理和调节。出于国家安全、国际收支平衡等原因，美国会同时通过《1962 年贸易扩展法》第 232 条款（国家安全）、《1974 年贸易法》第 122 条款（国际收支平衡）等国内立法，授权总统、商务部等为维护国家安全征收关税的权力，因此加征关税往往成为贸易战中的“排头兵”。

（3）投资限制

在外国直接投资领域，美国主要依据《埃克森—佛罗里奥修正案》进行管理，该法案赋予总统基于国家安全理由对外资并购行为采取行动的权利，并确立了以外国投资审查委员会（CFIUS）为中心的国家安全审查制度。2007 年，美国颁布《外国投资法和国家安全法》扩大了外国投资审查委员会的审查范围，主要增加了该委员会在评估交易时对“关键基础设施”“外国政府控制程度”等因素的考量，以加强对海外投资的国家安全审查。2008 年颁布的《关于外国人收购、兼并和接管的条例》细化了 2007 年《外国投资法和国家安全法》（FINSA），对“外国法人”“控制”“关键技术”“外国实体”“母公司”等术语进行了定义。外国投资审查委员会关键术语的范围界定较为模糊，审查存在较大主观性，在涉及“关键技术”的并购上又存在多部门的协调，综合考虑企业的性质、并购动机、治理结构、与政府的关联度等因素，程序复杂。

（4）贸易救济

贸易救济措施是为了保护本国贸易安全而制定的减轻乃至消减负面影响的措施。美国针对进口产品的贸易救济制度包括反倾销、反补贴、保障措施、对不正当贸易行为（主要是侵犯美国知识产权）所采取的贸易救济措施，最常见的有：

①“301 调查”，即美国贸易代表办公室（USTR）根据《1974 年贸易法》第 301 节“维护美国公司权益，为美国产品和服务扩大海外市场准入，反对外国侵犯知识产权等行为”，对美国贸易伙伴违反双边或多边贸易协议、不正当、不合理、歧视性或给美国商贸造成负担或限制的法律、政策、措施进行调查。

②“337调查”，是指美国国际贸易委员会（ITC）根据《1930年关税法》第337节对进口贸易中侵犯知识产权的行为和其他不公平贸易行为发起调查。

③“332调查”，指美国国际贸易委员会（ITC）按照美《1930年关税法》第332节对包括美国与他国产业竞争态势在内的涉及关税和贸易的事项，进行常规性事实调查并出具报告。

④“201调查”，指美国国际贸易委员会（ITC）根据《1974年贸易法》的第201节启动的“全球保障措施调查”，并允许总统实施关税、配额等措施来限制进口，保护本国产业。近年来，美国频频采取贸易救济措施，遏制具有技术含量的中国产品的竞争，具有浓厚的单边色彩。

7.4 美国对华技术出口管制的新特点及影响

综合来看，近年来美国对华技术出口管制措施变动频繁，这些工具包括投资筛选机制和国内创新政策等。如果这些控制措施过于宽松，美国的对手就能获得他们可以针对美国使用的技术；如果控制措施过于严格，美国可能会无意中让高科技公司无法获得开发下一代产品所需的收入。如果实施得当，出口管制政策既可以限制技术流向外国对手，从而降低其军事能力，又可以促进最终增强美国技术领导力的产业利益。综合来看，美国对华出口管制主要呈现为以下几个特点：

一是限制中国特定行业特别是战略高科技产业发展。近年来美国政府对华实体清单更新频繁、技术出口管制政策持续收紧的直接目的在于扰乱“中国制造2025”战略部署，延迟甚至破坏其中关键时点的发生。

二是以头部企业及其关联实体作为出口管制对象，但是对于没有挑战其技术霸权的第二梯队的企业是放开的。例如，对华为的制裁就包括旗下分支机构、海外分支机构和的133家机构纳入出口管制实体清单，覆盖了华为公司在全球的几乎全部主干业务机构，如通信、电子、信息技术、5G、网络与安全、云计算等。但是小米、OPPO、VIVO仍然可以进口，华为的市场就会被三星、苹果、小米、OPPO、VIVO等瓜分，中国企业开始分流。

三是深化技术出口管制方式，实现对关键技术的闭环保护。加大长臂管辖力度，进一步扩大技术出口管制范围，全面推进关键产品、核心技术与知识断供。根据“域外效应”防止受限物项由第三方对华再出口；严控对外方投资，禁止中方通过收购或投资美国公司来获得美方的领先技术及知识产权；提高中国进口商品关税，降低中方国际贸易收入和外汇储备，进而打击中方对外收购和投资实力。

四是率先制定新兴技术标准。美国试图通过升级或率先制定新技术领域的国际标准，增大中国领先科技企业“走出去”的难度，延缓甚至阻断其科技高速进步的势头。继续加强对中国重点企业的贸易和投融资限制，在科技创新投资、全球数据治理等领域推动“局部脱钩”，从而谋求最终将中国继续“锁定”在技术链的中低端。

五是以维护供应链安全为由，推进国家安全概念的泛化。加大人员往来于技术交流限制，以“学术阻断”关键技术转移和扩散，使“科技脱钩”的覆盖面从创新链的下游扩展到上游。着重在部分高科技产业打压中国在全球供应链中的地位，鼓励关键高技术产业链回迁。

六是在出口管制和限制高技术并购方面加强与盟友协调。拜登政府上台以来，通过更多嵌入多边机构、发展培育非传统安全关系、密切各圈层盟友的战略绑定、利用其他国家或地区科技能力、建立愿意采用和执行共同规则和惯例的国家联盟等，以更加正式的合作方式抵制中国经济“威胁”、维护美国的利益，实现国家安全的目标。

综上，我们可以发现美国政府加强对华技术出口管制，重视与盟友协同联手对华，已经迫使欧盟等地区的态度出现转向，在很大程度上挤压了我国与第三方国家与地区的互动空间。与此同时，跨国企业、系统重要性国家、许多发展中国家面临选边站队的困境，这将导致全球统一市场的分裂、经贸规则和技术标准体系分化，最终阻碍全球创新进程。

一是阻碍中国前沿技术的研发。美国通过拉拢盟友的办法，从深度和广度上对中国设置技术壁垒、提高技术门槛限制中国的科技发展，利用军民用技术出口管制、控制清单、制裁清单等禁止多领域的技术转让、人员交流以及市场准入，阻碍了中国通过技术交流合作加快创新发展的路径，抑制了中国的高科技产业的发展，新兴技术领域的发展面临更大的国际压力。

二是影响中国科技产品向世界市场以及科技企业的投资。美国政府与盟友联手通过既有的技术优势持续打压中国，试图重新垄断全球的技术市场，以美日为主的联盟参与国对中国科技产业联合打压，极大地影响了中国科技公司的生产成本，挤压了科技行业的经济利润，更影响了中国科技产品在全球的销售。

三是导致中美科技脱钩，直接影响经济领域脱钩。美国联合部分所谓“民主”国家塑造技术权力规则和新的全球治理体系，实际针对的是中国逐渐增强的科技实力。中国可能会被排挤出全球创新体系以及新兴技术治理体系，在面对技术封锁的同时要独自面对一个以美国为首的更加庞大和系统的技术霸权体系。总的来说，中国面临的政治、经济、军事形势可能更加复杂。

四是科技联盟将影响全球科技生态。民主科技同盟带来最直接的影响就是对全球半导体生态系统的冲击，同时，半导体是整个数字技术生态的根基，半导体供应链体系的调整直接影响到全球数字技术生态和产业体系的格局。美国利用科技霸权施压后发国家的技术进步，加强技术封锁，可能迫使一些关键的技术产业链回流美国，在一定程度上加剧了全球产业链的不稳定，影响全球创新研发活动的正常开展。

7.5 出口管制影响企业创新的机制分析

通过分析出口管制对实体清单企业创新影响的案例，我们总结出出口管制影响企业创新的几个主要机制：

一是影响技术创新模式的选择。技术创新模式可以分为自主研发和技术引进。出口管制是否能够影响到技术创新能力，取决于技术的种类和创新效率的权衡。如果是成熟的技术，那么通过模仿和技术引进的创新模式成本更低，效率更高。如果美国用出口管制阻断成熟技术出口到中国，迫使中国采取自主研发的创新模式，将会带来创新效率的损失。而对于前沿技术而言，美国出口管制迫使企业选择内部研发，则会倒逼相关产业提升技术创新能力。

二是调整技术引进渠道增加交易成本。美国通过制裁手段阻断中国高科技企业引进技术和设备，将导致中国企业重新调整供应链布局，技术引进的规模和载体发生变化。在出口管制制裁下，企业技术引进的单项合同规模下降，产品引进替代纯技术引进，技术合作开发替代技术贸易，技术载体在形式上变得更加复杂，单项技术引进所耗时间更长，技术引进的时间成本大幅增加。

三是限制企业全球范围配置技术创新资源的能力，降低创新效率。由于出口管制引发的不确定性增加，国际技术合作受限。企业不能按照效率最大化原则，自由地在国内和国外进行科研合作与资源配置，这将极大地限制中国境内相关产业的创新资源配置的方式和方向，特别是对于技术前沿差距较大的行业，最终会抑制相关产业的技术创新能力的提升，并导致较大的创新效率损失。

7.6　典型行业和企业案例分析

7.6.1　典型行业案例分析

（1）半导体行业

随着平板电脑、移动手机、汽车电子、智能家庭等电子设备产业的迅速发展，世界市场对各种IC器件的需求和要求也变得越来越高。我国是全球最大的半导体消费市场之一。根据美国半导体工业联合会（SIA）公布的数据，全球芯片销量在2021年创下了5 559亿美元的纪录，同比增长26.2%，其中我国半导体总销售额为1 925亿美元，占据了世界40%的份额（见图7－22）。

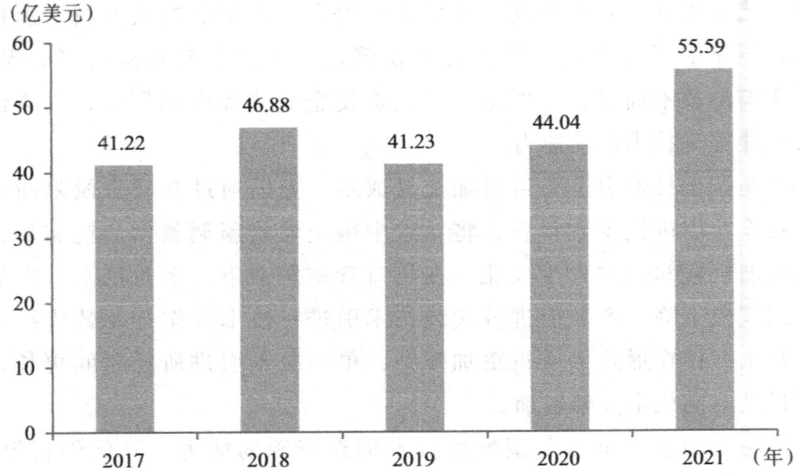

图7-22　全球半导体市场规模

资料来源：WSTS。

中国的芯片工业在经历了数十年的快速发展后，已经逐步建立起从设计、生产、封装测试到设备材料生产的全产业链，为国内和海外的优质公司培养和并购创造了适宜的条件。尤其是最近几年，国内涌现出一大批知名的半导体生产厂商，如中芯国际、华虹、华为、海思、紫光、长电、华天、通富等。

在设计界，国内的一些特殊的芯片产业也在不断追赶，并已经开始朝着世界上的第一阶梯前进，特别是在消费电子和通信设备的芯片领域。根据 IC Insights 数据统计，2021 年，中国的华为海思和紫光展讯公司分别位列世界芯片设计厂商的第七位和第十位。在品牌增长上，华为、海思分别以 21% 的增长率位列全球三甲[①]。

从生产角度看，世界各地的芯片代工行业都在逐步转向国内发展，各大芯片公司纷纷在国内建厂，扩张自身的芯片生产基地。中芯是国内芯片行业的第一龙头，其在芯片工艺上占据领先地位，目前已形成了以常规工艺为主的技术实力，并逐步迈向高端工艺领域。

---

① 姜心宓．中国半导体企业品牌国际地位探析与借鉴［D］．江西财经大学，2019.

在专业封装测试代工领域，我国的封测产业已具备了一定的规模优势和客户群体，技术水平已处于国际前沿，与国外领先品牌的技术差距显著缩小，正积极地向着世界上最领先的先进封装技术挺进，各大品牌的订单金额均达到了亿元以上。

在装备与材料领域，加工与包装行业的发展对装备与材料行业的发展起到了很大的推动作用。当前，已经有很多产品在没有任何技术支持的情况下完成了从无到有的突破，其中一些产品已经跟下游客户签署了合同，进入了流水线批量生产的阶段，还有一些已经在半导体晶圆制造及封测生产线上投入了实际应用。

①美在中国实施的对半导体产业的贸易管制。美国政府对涉及半导体技术或者产品的中国企业使用“实体清单”“安全法案”“黑名单”等手段，来限制乃至禁止其对美国的出口和技术合作。

一是对来自中国的与半导体有关的商品及仪器征收关税。美国在 2018 年 6 月 15 日时宣布，将对中国出口的半导体二极管、控制器、处理器、存储器等总计 500 亿元的半导体相关产品课以高达 25% 的关税。同年 8 月 23 日公布的有关制裁措施中，半导体、电子元器件等产品也同样被列入关税清单。

二是对中国半导体相关的企业及机构实行封锁。2019 年 5 月至 8 月，美国商务部工业与安全局（BIS）逐步把中国华为公司及其关联企业和 46 个子公司列入了实体制裁清单，也就是说华为从美国购买商品将会受到一定约束[①]。2020 年 8 月，BIS 对华为发出了一项禁止令，以限制其购买美国技术及软件制造产品，此外还将华为的云计算业务、海外实验室等 38 家机构纳入黑名单。2021 年 6 月 17 日，美国联邦通信委员会（FCC）全体表决通过，以“危害国家安全”为由，禁止 5 个中国企业的产品进入美国通信网，其中包括华为、中兴、海能达、海康威视以及大华[②]。2021 年 11 月 11 日，美国总统拜登颁布了一项《安全设备法》，旨在阻止

---

① 美国商务部将华为及其附属公司列入实体名单：https//www. commerce. gov/news/press - releases/2019/05/department - commerce - announces - addition - huawei - technologies - co - ltd.

② 美国联邦通信委员会（FCC）的通知：https：//docs. fcc. gov/public/attachments/DOC - 373363A1. pdf.

中国半导体设备企业对美国通信系统造成的安全威胁①。FCC 将停止对中国公司如华为和中兴公司的审核和发放新产品的许可②。同月，BIS 宣布在实体清单上增加了 27 个企业和个人，其中就包括了 12 家中国芯片和量子公司③。

三是美国对于来自中国半导体领域投资进行了限制。美国商务部《外国投资风险评估现代化法案》（FDIC）于 2018 年 8 月开始实施，为中国的投资提供了新的评价标准④。同年 10 月，美国财政部推出了《美国外国投资委员会试点暂行规定》，其目的在于管制在关键技术领域取得美国公司控制权的外国公司，该规定包括美国对中国出口额最大的半导体制造业及相关设备和机器制造业等 27 个行业。

四是美国对中国企业在美国的半导体企业采取了限制措施。美国商务部于 2018 年 8 月开始实施《外国投资风险评估现代化法案》，为来自中国的投资提供了新的评价标准。同年 10 月，美国财政部发布了《美国外国投资委员会试点暂行规定》，对外国投资者获取美国企业与关键技术有关的产业进行监管，其中涵盖了 27 个产业，包括了美国对中国的出口占全球首位的半导体产业以及与之配套的设备与机械制造业。

五是从游说到结盟。美国在半导体产业的小“圈子”里一直在进行着双边和多边协议的磋商。《瓦森纳协定》主要针对中国半导体产业对“两用物项和技术清单”进行了修订，其中，2019 版电子设备软件清单取代了 2018 版中的“物理仿真软件”相关术语，这直接影响到半导体光刻工艺的研究与开发。此外 2019 年版本中还新增了“12 英寸硅晶圆切割研磨工艺”，然而现有的 12 英寸硅片生产工艺、切磨和研磨设备以及下游高纯多晶硅大都被日本、德国和美国控制。因此，这一新规的出台将会

① 陈静慧．美国政府监管对中国先进制造业的影响及对策［J］．经济论坛，2022（02）：11－17.

② 安全设备法案：https：//www. congress. gov/bill/117th－congress/house－bill/3919.

③ 美国 BIS 新增实体清单的通知：https//www. federalregister. gov/documents/2021/11/26/2021－25808/addition－of－entities－and－revision－of－entries－on－the－entity－list－and－addition－of－entity－to－the.

④ 杨水清．中美半导体产业链重构及其影响［J］．海外投资与出口信贷，2020（06）：27－29.

对我国大尺寸硅片的技术发展产生负面影响。此外，在 2021 年 5 月，美国、日本、韩国等 64 个国家和地区联合发起了一项名为“美国芯片工业联盟”的倡议，包括的工业企业从微软，到谷歌，再到苹果，再到英特尔，再到三星，几乎囊括了整个半导体产业的链条。

②制裁影响。我国的芯片产业严重依赖于美国的仪器与原料，目前我国半导体产业的发展同样也离不开关键制造设备和原材料的进口供应，因此中美贸易争端对我国半导体设备和材料的进口影响较大。

材料半导体原料可分两大类：晶圆加工原料与封装原料。其中，硅晶圆、气体、光掩膜和光刻胶四种主要原料占了 67% 以上，硅晶圆和硅基底则占了约 32% 的比重。美国公司垄断了个别领域，如美国的陶氏化学公司垄断了近 90% 的加工用磨料原料，美国的科锐公司高度垄断了碳化硅、氮化镓等 3 种主要的半导体原料。国内半导体材料生产企业数量不多，尤其是 12 英寸以上的大型集成电路芯片仍严重依赖进口。

专栏：台积电与中美科技博弈

中国台湾地区生产了全世界 90% 的最先进芯片和 50% 的普通芯片。在牵涉多个国家并横跨几大洲的半导体供应链上，台湾地区是关键环节，这种主导地位使台湾地区具有某种“战略”价值。

美国和中国大陆都是台积电的重要合作伙伴。在全球芯片代工市场上，台积电一家公司占到的市场份额常年在 50% 以上。台积电创办人张忠谋曾说，台积电是“地缘政治必争之地”，现在更被卷入中美全面战略竞争中的“科技战”，被拉上中美博弈的最前线。对于美国而言，其制造智能手机、笔记本电脑和弹道导弹所需的先进芯片有 92% 都是台积电制造的。同时，大陆与台积电也是重要合作伙伴。据半导体行业数据统计，近年来，中国大陆市场对于芯片的需求量呈现几何式增长态势，台湾地区对大陆的出口占到了整体出口的 40%。

台积电搬迁美国背后的动因。2022 年台积电斥资 400 亿美元在美国亚利桑那州新建一个芯片制造厂，这一项目计划量产目前最先进的3纳米制程芯片。美国总统拜登、美国商务部长雷蒙多、苹果公司首席执行官、英伟达首席执行官等共约900名政商界人士参加了这一项目工厂的“迁机仪式”。有美国官员表示，这可以“在与中国的竞争升温之际，为美国军事和经济带来决定性优势”。亚利桑那州是著名的“摇摆州”，拜登把台积电放在亚利桑那州，就是要借助台积电这个“政绩”来拉选票，为两年后的总统选举助力。中国某知名教授曾表示：他们在美国制造芯片的成本比在台湾地区贵50%，台积电在美国俄勒冈州有一家运行25年的芯片厂，但台积电在一部分到美国，不是他们自愿的，而是“在美国政府的敦促下这样做的”。台积电此举可能是出于地缘政治考虑，而非单纯的商业理性决策。

（2）设备

在半导体制造领域，市场呈现高度垄断的现象，其中光刻机、刻蚀机、薄膜沉积设备，分别占整个晶圆生产过程的30%、25%和25%。国内半导体设备公司的发展迅速，但与美国和日本相比还存在着很大差距。美国仪器在世界上占有56%的市场份额，而中国只占3%。当前，国内半导体设备产业存在严重的国内市场短缺和国内市场供给不足等问题。虽然在低端制造方面已经基本完成了进口替代，但在高端制造方面仍然存在一定的技术瓶颈。

中国半导体公司的上游供应链主要依赖美国，受美国制裁影响产量下降，市场占有率降低，营业收入也受到一定影响，资金支持不足对中国半导体公司的长期发展不利。此外，美国与盟国合作，试图推动国际半导体产业链的“去中国化”，这将增加中国在半导体领域投资的不确定性。阻止半导体供应商对中国相关公司的供应，同样也会阻碍中国和世界半导体工业之间的技术交流和合作。短期内供应链可能发生转移，这将对我国制造业投资造成消极影响；从长远来看，这一变化对就业和上下游行业投资的影响也将逐渐加大。

7.6.2 人工智能行业

近年来，中国人工智能技术和产业的发展迅速。2020年中国人工智能企业数量占全球总量的 24.66%，居世界第二位。普华永道公司预计，2030 年人工智能将为世界经济贡献共计 15.7 万美元，其中中国贡献 7 万亿美元，位居世界首位。美国国防理事会（National Security Commission）一项研究显示，中国在人工智能的研发、商业竞争、军事现代化以及国际影响力等领域，与美国进行着一场日益激烈的战略性竞争。在硬件方面，全球前 15 大半导体销售公司中有一半以上在美国，而在 AI 芯片设计公司数量上美国却远远落后于中国和欧盟[①]。

（1）美国对华人工智能行业的制裁

目前，中国人工智能在资金投入、人力资源、研发应用等方面均处于世界领先地位，这引发了美国的“危机意识”。美国政府正在动员政府和全社会力量，联合世界“盟友”，提出一系列措施阻碍中国 AI 产业发展：对内成立专门管理机构加强人工智能战略规划，同时发布一系列出口管制政策；对外以“人权，民主，自由”的价值理念，与印度、欧洲等国家和地区结成联盟。

一是设立专门的政府机构。美国国防部在 2016 年和 2018 年分别设立了国防创新委员会（DIB）和国家人工智能安全委员会（NSCAI）两个机构。其中，DIB 包括行业领袖、技术行业和公关精英，为美国政府制定对华相关制裁措施，提供精准打击，包括华为技术有限公司在内的中国半导体公司。NSCAI 汇集了政府、工业界、学术界和美军的 AI 精英，其董事长施密特主张美国加强与中国在人工智能领域的竞争。

二是对技术和商品进行严格的控制。美国商业部在 2018 年度公布了《关键技术及相关产品出口管制框架》，这份文件包含了神经网络与深度学习、进化与基因计算、强化学习等 11 个主要的 AI 技术。BIS 于 2020 年 1 月3 日发布了一项新的出口管制措施，要求美国公司从 1 月 6 日开始向国外（除加拿大）出口部分地理空间图像软件，并对其应用于智能传感器、无人驾驶飞机、卫星等自动控制设备的目标探测软件实施相应的限制。在 2020 年，美国对华为公司颁布了“515 禁令”，即禁止使用美国

---

① 孙璇．美国人工智能发展策略与大国科技竞争格局［J］．中国科技论，2022（06）：172－178.

电子设计自动化软件、半导体制造设备和半导体材料的相关芯片制造商与华为合作。2021 年，美国财政部将包括科大讯飞、海康威视、商汤科技、大华科技等在内的 8 家中国企业列入了“制裁清单”。

三是以“价值观”结盟。2020 年 6 月，以美国为首的七国集团（G7）和其他发达经济体盟友组成了“全球人工智能合作伙伴”（GPAI），在人工智能领域成立 G15，制定 AI 标准和规则与中国抗衡。2020 年 12 月初，GPAI 首次在加拿大举行峰会，探讨“知识管理”“人工智能应用指南”“人工智能与就业”“创新与产业化”等议题并提出初步解决方案。在此基础上还提出了构建全球医疗信息治理框架、基于人工智能、医疗大数据的新药研发等策略，以期为后疫情时代提供有效的解决方法①。

鉴于当前的不确定性水平，我们评估了两种可能的情况：

情形 1：维持现状。在这种情况下，中国将不再对美国半导体征收任何关税，但在可预见的将来，华为和美国商务部实体名单中包括的其他几家中国公司在美国获得美国开发技术的广泛限制仍将继续。不在实体名单上的中国公司将被允许从美国供应商那里采购半导体，但由于军事应用已受到出口管制的特定组件除外。

可能的影响包括以下四个方面：一是全球科技公司可能会将部分供应链从中国转移出去，这样它们就可以继续服务于美国市场，而不会受到从中国发货的产品的关税和其他潜在限制。二是出于对美国限制会损害其功能和质量的担忧，中国境外的消费者和企业将不愿购买中国的技术产品。导致中国科技公司在美国以及其他发达市场的市场份额将受到侵蚀。三是由于买家因关税、监管行动、消费者情绪或者仅是面对来自海外市场的不利因素而受到国内品牌竞争压力的增加而避开了美国产品，美国科技公司将在中国失去市场份额。四是由于预期美国限制措施可能升级，未被列入实体名单的中国设备制造商将主动将半导体供应商多元化，以减少对美国技术的敞口。这将事实上扭转美国半导体产业创新良

① 袁珩，耿喆，徐峰，高芳，张东．美国人工智能战略布局与对外策略［J］．科技管理研究，2022，42（12）：34－39.

性循环的方向：降低研发投入将降低美国企业保持其在技术和产品方面领先于全球竞争对手的领先能力。

情形2：逐步升级以使美国和中国的技术产业脱钩。在这种情况下，将有效地禁止美国半导体公司向所有中国客户出售产品，而不仅限于目前的实体清单上的客户。该禁令将涵盖所有出售给中国设备制造商或在中国组装产品的非中国制造商的半导体组件。该禁令还将适用于半导体价值链中使用的其他技术和产品，如设计工具和制造设备，而美国公司在这些技术和产品方面处于全球领先地位。

可能的影响：技术脱钩中美贸易紧张局势的升级导致全面的美国技术出口禁令，将事实上导致两国技术产业脱钩。这将使美国半导体公司无法进入庞大的中国市场，并迫使中国设备制造商寻找替代供应来源。从中长期来看，中国可能会寻求完全或部分用国内供应商取代第三国供应商，以实现其宣称的半导体自给自足的愿望。中国将不得不开发一套本土设计工具或从第三国寻找能够设计这些关键替代组件的新供应商。在技术脱钩的情况下，中国的半导体供应链看起来将大不相同。

（2）对中国人工智能行业发展的影响

第一，美国掌握着人工智能的核心技术以及关键部件的制造优势。美国一些高科技企业利用人工智能的核心技术，利用其在信息技术和其他领域的长期优势，在关键零部件的制造上形成了绝对的垄断。例如，智能芯片是决定人工智能发展的核心竞争因素，数家美国科技巨头已经在该领域占据了主导地位：美资英伟达和超微半导体公司在全球的智能芯片市场上双寡头垄断着82%的市场；美资公司Xilinx和Intel合计占据了半定制智能芯片市场近90%的份额；在国际智能传感器领域上，美国公司如恩智浦（Nicholash）和霍尼韦尔（Honnivell）研发的产品极具竞争优势①。

第二，顶尖人工智能人才外流和缺乏。据统计，中国已成为人工智能顶尖研究人员的最大来源国，但大多数中国研究人员最终在美国学习、

---

① 孙璇．美国人工智能发展策略与大国科技竞争格局［J］．中国科技论，2022（06）：172－178.

工作和生活，因此美国机构雇用了近60%的顶尖人工智能研究人员。其原因包括美国禁止中国研究生和博士生进入人工智能领域以及美国的吸引顶尖人才的政策。

第三，人工智能经济受到影响。就像科技创新需要底层技术的支持，产品的进步也同样需要整个产业的规模来支持。从贸易竞争力指数和电子信息及服务制造业比较优势的测算来看，我国的人工智能软硬件处于贸易优势，但由于美国对我国制造业企业的持续压制，该优势地位正逐渐下降①。

第四，更难实现国际技术革新。中美两国是人工智能领域重要的合作伙伴，学术合作的影响力也必定高于单独的影响力。2009年至2019年中美合作的高水平AI论文占比18.53%，中美合作论文数量占比27.16%。但随着美国在中国实行对华对立战略后，以智能芯片为代表的一些学术合作领域遭到了严重的政治阻力。目前，人工智能领域的国际合作组织有OECD全球合作伙伴联盟、OECD人工智能专家网络、欧盟成员国人工智能高级专家小组等，国际电信联盟举办的"人工智能助益人类"峰会，美国国防安全合作机构的"人工智能"联盟"军事合作机构"等，还有美英、德法、印阿、德印等多国人工智能合作机构，几乎都是以欧美为主导。当前，中国只有"中国—东盟人工智能峰会"在基础设施建设、数字经济和创新等领域与东盟进行了合作，国际合作的总体层次还有待提高。中国在国际上处于欧美国家科技合作伙伴之间的"隔离"状态，很难参与共享全球AI领域的创新成果。

第五，中美两国在人工智能问题上的较量，将会对世界的政治和经济形势造成一定的冲击。"大国竞争"成为美国外交与安全策略的主导方针。美国在人工智能领域采取的策略，其目的就是在世界范围内形成"数字霸权"②。基于这一理论，美国通过实施"人工智能"策略，将会对全球经济、军事、政治、文化等领域产生巨大的冲击。

---

① 郭朝先，方澳．全球人工智能创新链竞争态势与中国对策［J］．北京工业大学学报（社会科学版），2022，22（04）：88－99.

② 刘玉书．中美人工智能战略及政策的比较研究［J］．云南行政学院学报，2022，24（01）：101－124.

7.6.3　生物制造和生物技术产业

生物制造的基础源于合成生物学、基因编辑、系统生物学和蛋白质科学等前沿科学，并以生物化学工程和智能生物器件技术为支撑[①]。近年来，工业生物技术在全球范围内持续发展，整体生产成本持续下降，加速了其在工业制造领域的渗透和应用。伴随着我国的科学技术和综合国力的显著提高，生物技术取得了飞速的发展，我国已经步入提高制度能力、抢占战略制高点、构建国家科技核心竞争力的关键阶段。

（1）美对华生物制造和生物技术行业制裁措施

一是加征对生物制品和生物制品的进口关税。美国在 2018 年 4 月 3 日发布了向中国征收关税的商品清单，涉及特殊原料、生物制品、制剂、医疗设备等，总额近 500 亿美元；7 月 6 日开始实施的贸易清单包括 340 亿美元，即对 22 种诸如电子诊断仪、心电图记录仪和心脏起搏器等药品课征 25% 的关税[②]。短期内，中国中高端医用设备对美的出口量或将出现下滑。在美国，中高档的医药设备是最重要的关税税收来源之一，但在中国这类产品主要靠价格优势取胜。若被加征 25% 的关税，该类商品的价格竞争优势将消失，进而沉重地打击对美出口。二是对中国在美国的高技术领域的投资进行限制。例如，对于中国获取来自美国的生物医药及医学设备公司的技术及授权，将采取更为严厉的审查措施。美国一些精英人士提出限制中国留学生的课程选择以及中美在重要科技领域的学术交流与人才流动。一些美国高校更是暂停与中国高校的联合，企图给中国的科研工作带来阻碍。

（2）制裁的影响

一是中国对美出口的中、高端医疗设备有可能会下降。根据中国海关的统计，2017 年中国的医疗设备出口额达到了 217 亿美元。美国是我国最大的贸易伙伴国，向我国出口医疗器材的总值为 58.38 亿美元，占我

---

① 高振，段珺，黄英明等．中国生物制造产业与科技现状及对策建议［J］．科学管理研究，2019，37（05）：68－75.

② 方来英，桑国卫．中美贸易争端对我国生物技术及其相关领域发展的影响及应对［J］．中国卫生政策研究，2019，12（03）：63－66.

国出口医疗器材总额的27%。排在第二位的日本只有14.78亿美元，只占总资产的7%。中国向美出口了39亿美元的原料药，占到了中国全部原料药出口的14%左右；对美生物药品出口额为12亿美元，占我国生物药品出口额的35%。尽管中国高端医疗设备产业在美国市场上遭遇了冲击，但总的来说中美贸易摩擦对中国生物技术及其相关产品的影响并不大，因为这些产品还没有形成规模，且多为低价值、消耗品。

二是不利于我国生物科技产业在全球范围内的发展。中国的生物技术工业已经发展到了一个新的高度，成为经济重要增长点之一。长期来看，随着中美贸易摩擦的加剧，生物技术及相关产业的科技、金融、贸易等国际交流将受到不利影响，从基础理论到产业化转化所需的时间延长。我国生物技术相关的高新技术产业向价值链顶端攀升的难度也越来越大，不利于其在全球市场上发展壮大。

7.6.4 绿色能源行业

中国的绿色能源发展在全球居于领先位置。就水力发电而言，无论是装机容量还是设备数量都列世界第一位。在风电、光伏领域，中国是世界上发电的最大装机国，也是光伏装备生产第一大国。绿色能源技术方面，过去20年美国一直是主要的投资者，但中国在制造部署新技术方面始终处于领先地位，中国掌握着绿色能源技术产业链上的重要资源，如设备制造、材料制造、能源存储等，制造业的优势使中国成为全球最大的太阳能、风能生产国，其中太阳能产量是美国的三倍，风能产量是美国的两倍。

在太阳能电池板、电池箱等绿色技术关键资源中，中国的产量具有绝对优势。虽然我国绿色能源产业发展起步较晚，但在获得财政投入和较大支持力度的情况下，我国绿色能源产业已经形成了完整的产业发展模式。随着绿色能源需求的显著增加，绿色能源正在有效替代传统能源需求，整体市场向绿色能源倾斜。2020年9月，中国宣布将在2030年前实现“碳达峰”，在2060年前实现“碳中和”。“双碳”目标的提出，进一步推动了我国节能减排和能源结构调整的进程。

（1）美对华绿色能源行业制裁措施

一是对贸易进行制裁。美国于 2011 年开始对中国太阳能电池产业进行“反倾销、反补贴”调查，这是欧美国家“双反”的先兆；美国商务部于 2012 年、2014 年两度对来自中国的光伏组件实施了“双反”措施。特朗普于 2018 年 1 月启用了“201”条款，该条款对来自中国的太阳能面板加征 30% 关税；6 月开始对中国主要的工业和技术产品加征关税，这些产品涉及与能源有关的核反应堆、蒸汽锅炉、家用电器、电动机、发电机、部分电池等；9 月还将包括光伏模块、逆变器、接线盒和背板在内的其他产品纳入其中。2019 年 5 月，特朗普政府将“301”条款中规定的税率从 10% 上调至 25%。美国海关与边境保护局（CBP）于 2021 年 6 月对来自“实体清单”上的中合盛硅公司（China Silicon）及其子公司的金属硅、由合盛、太阳材料衍生或制造的商品、太阳产品等发出了扣缴令。

二是利用舆论的发酵来提高公众的关注程度。太阳能产业协会（SEIA）发表一项声明，要求在中国新疆地区运营的太阳能企业改变其供应链，以保证光伏产业链中不存在“强迫劳动”。2021 年 1 月《纽约时报》援引别有用心的报道，称中国公司在光电产业从事“强迫劳动”活动，并开始主导公众的视线。之后，《每日电讯报》《华盛顿邮报》《纽约时报》等主要西方媒体纷纷报道了这一事件，引发了较大的争议。同年 3 月，美国劳工联合会—产业工会联合会（AFL – CIO）负责人自说自话地表示，美国政府和国会将禁止从新疆进口光伏产品，因为有证据表明，当地的太阳能设备制造过程中出现了有组织的强制劳动现象，所以必须要有目标地进行整治。

三是有针对性地推出立法建议。2021 年 3 月，数名美国参议员要求太阳能产业协会（SEIA）澄清对于中国新疆相关的太阳能产品的依赖，后又联合提交了《把中国排除出太阳能法案》。该议案旨在阻止美国政府投资于中国生产或装配的晶硅组合体。如果该议案被批准，必然导致中国相关公司向美出口光伏产品减少。

（2）制裁的影响

一是加速中国新能源行业供应链重构。在中美摩擦的背景下，新能源产业面临的压力越来越大：除了内需萎缩，还面临来自美国、印度等市场的关税制裁。中美之间的贸易摩擦并不会损害所有参与交易的国家的总体权益，而是会在国际供应体系中发生变化，进而实现资源的再配置。为了舒缓经济紧张，有关行业开始开拓新的国际贸易，欧洲和东南亚等地的进口量也明显上升，从而填补了对美国出口的缺口。与此同时，美国对华的经济封锁也迫使中国将其视线从以清洁能源为主的欧洲转移到了东南亚，如越南和泰国等快速增长的新兴市场。长期来看，制裁措施将倒逼行业发展。以光伏产业为例，欧美长达十余年的"双反"制裁，严重影响了中国光伏企业的出口，降低了其国际竞争力。危机下的中国光伏产业加速整合，产业结构得到优化，产能过剩问题有效解决。幸存下来的企业通过开拓国内市场、在海外设厂等措施成功发展壮大，如今，全球光伏产业发展的重心已逐渐从欧洲转移到中国。

二是减缓中国能源产业的转型升级。随着中美两国间不断升级的贸易摩擦，中国的传统能源产业的现代化改造进程也面临挑战，美国方面的限制显著增加，效率与稳定性的实现均困难重重。能源产业转型升级涉及大量先进技术的部署，在中国能源行业的转型升级过程中，美国对其进行了严格的管制，使得中国的能源公司很难获取到相应的高技术，因此也很难实现快速的转型升级。同时，中国在被美国"卡脖子"技术垄断的情况下，科研领域的自主创新动力也会有所削弱。

三是国际政治势力介入给中俄能源合作构成威胁。俄罗斯在中国的能源、原油和天然气进口国中分别居第一、第二和第三位。由于国际政治因素，打压中俄能源合作对美国及其支持者来说将是一个长期过程。近几年来，美国大规模商业化地开发页岩气，使其从一个天然气进口国变成了一个出口国。因此，美国开始不断遏制俄罗斯石油和天然气出口，同时干扰中俄两国在能源领域的合作。在实施技术、货物封锁的同时，美国利用自身的经济优势在中俄能源和贸易领域设置壁垒，进而影响中俄能源供应链的联合发展。

7.6.5 典型企业案例分析

（1）实体清单制裁对大华股份的影响

成立于2001年的浙江大华股份有限公司，抓住了中国安防行业发展的机会窗口，成为以视频为核心的智慧物联解决方案提供商和运营服务商，市场份额在全球安防行业中列第二位，成为国际级最具影响力的品牌。2019 年，美国联邦通信委员会（FCC）将 5 家中国公司列入“对国家安全构成威胁的通信设备和服务清单，大华也在清单之列。鉴于大华股份的技术供应链受海外牵制严重，并且海外市场份额占比较大，实体清单事件对大华股份公司绩效产生了明显的负面冲击。年报数据显示，实体清单事件后，2020 年大华股份实现营业收入 264.66 亿元，与上年相比增长幅度仅为 1.21%，2021 年净利润同比增长 –13.31%（见图 7–23）。

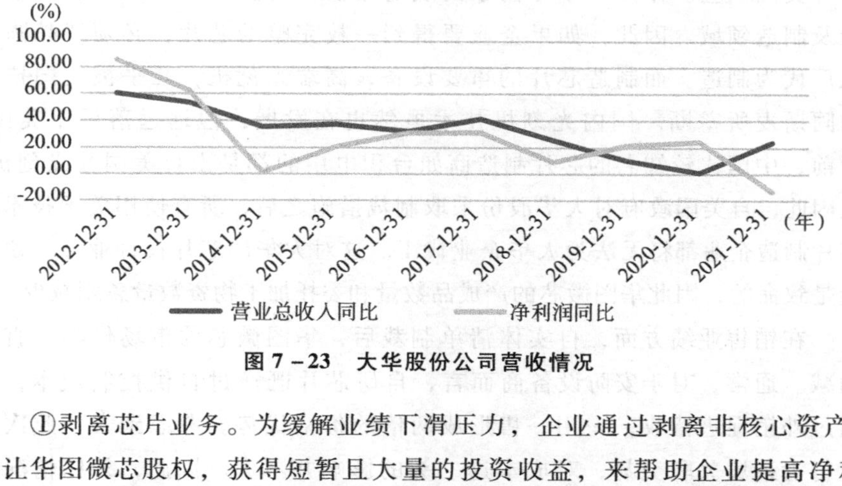

图 7–23　大华股份公司营收情况

①剥离芯片业务。为缓解业绩下滑压力，企业通过剥离非核心资产，转让华图微芯股权，获得短暂且大量的投资收益，来帮助企业提高净利润率。更重要的原因是实体清单从技术上剥夺了被剥离资产的未来价值，导致企业不得不放弃相关市场。2020 年第一季度数据表明，华图微芯成亏损资产，亏损额达 97 万元。自实体清单事件之后，华图微芯的存货成分中委托加工物资和产成品含量急剧下降，2018 年产成品占比 11.76%，2019 年该含量仅为 0.16%，2020 年，由于涉及设立子公司和接收存货，存货在数量上有明显增长，但产成品含量仍只有 2.68%。此外，企业委托加工物资也从 4.82% 下降至 0.38%。与之相对的，则是大量积攒的半成品，在 2020 年第一季度半成品含量达到 86.22%。从数据上看，实体清单事件发生后，大华芯片业务在生产方面出现了重大问题。

在设计阶段，华图微芯业务是基于美国技术实现的。大华股份旗下华图微芯主要从事数字 SOC 芯片以及数模混合芯片的设计，而芯片设计必用软件 EDA 受美国掌控。全球 EDA 的市场份额几乎都掌握在 Synopsys、Cadence 以及西门子旗下的 Mentor Graphics 中。在中国，三巨头的市场占有率高达到95%，几乎覆盖了中国整个 IC 设计行业，且这三家企业均为美国扶持企业，国内 EDA 产业暂无竞争能力。当美国实行技术壁垒，同时客观上也不存在第二个可以替代的软件时，大华的芯片设计业务将失去竞争力。

在制造方面，华图微芯与代工厂合作，而代工厂的重要制造技术离不开美国供应。作为一家专注于集成电路设计的企业，华图微芯几乎不涉及制造领域。因此，如果企业要得到一枚完整的芯片，必须请晶圆代工厂代为制造。而制造芯片的重要设备，高端光刻机，几乎被美国扶持的阿斯麦所垄断。国内光刻机技术虽然也在发展，但远远落后于美国。目前，中国比较知名的芯片制造商如台积电用的都是出自美国的光刻机。正因此，自美国政府对大华股份采取制裁措施之后，所有使用美国技术的芯片制造企业都将无法为大华企业代工。这对大华的芯片设计业务来说无疑是致命的，因此华图微芯的产成品数量和委托加工物资数量急剧减少。

在销售业绩方面，自实体清单制裁后，华图微芯的市场份额一直在缩减。通常，对于安防设备商而言，自研芯片既通过自供控制成本，也通过外销促进营收，一用一售形成两倍的价格优势。考虑到大华此次剥离行为系属关联交易，对成本这一头的影响并不大。因此，外销情况成为衡量该资产效用性的因素之一。2018 年华图微芯的营业收入约 0.21 亿元，2019 年下降至 0.14 亿元，销售增长率为 -33.33%。净利润则由 2018 年的 0.05 亿元跌至 2019 年的 0.02 亿元，净利润增长率为 -60%。2020 年第一季度，华图微芯的净利润已由盈转亏。可见，作为大华股份的子公司，华图微芯的外售效率并不好①。

②关键零部件替代战略。大华股份的供应链呈现出对海外技术的高度依赖性。在安防视频监控领域，上游包括 IPC 芯片、NVR/DVR 芯片、图像传感器以及各类监控镜头的供应商。中游则为摄像机等软硬件产品

① 周慧婷．实体清单背景下大华股份资产剥离行为研究［D］．浙江工商大学，2022.

制造商，下游为渠道商和应用市场。大华在整条产业链中处在中间制造以及运营环节。在大华股份的产业链上游端，芯片供应的核心供应商为华为海思、德州仪器、安霸、迈威尔以及英伟达。芯片制造则主要由台积电代加工，其中制造技术受海外牵制严重。CMOS 图像传感器的主要来源为索尼、三星、海力士以及 OV 集团，中国厂商尚未发展完全。镜头供应则已基本实现国产化。为了应对制裁带来的供应链不确定性，大华股份持续开展相应元器件以及物料的替代性工作，加大自研产品的国产化比例，积极导入国内供应商。

（2）增加研发投入，加快数字化智能化转型

实体清单制裁迫使大华加快战略发展进程，通过提高核心主业的竞争力。同时，大华在核心技术上摆脱国外钳制的愿望更加迫切，技术研发投入显著增加。大华近年在建工程当期投入数据显示，2019 年及以前，大华股份的项目建设金额基本在 3.28 亿元上下波动（4 年平均值），然而，2020 年大华的项目建设投入资金累计超 7.28 亿元，比上年同比增长 107.17%。主要建设项目包括智慧物联解决方案的研发及产业化项目、智能制造基地建设、西安研发中心建设以及城市智能化信息产业建设等，贴合大华的数字化转型升级和人工智能发展战略需求。2021 年，大华股份的研发投入为 34.5 亿元，与去年同比增长 15%，占营业收入的 10.5%。增加部分包括公司对人工智能、云计算、大数据、机器视觉等新兴技术的研究与开发，目标是实现技术自由，降低国际贸易壁垒风险（见图 7－24）。

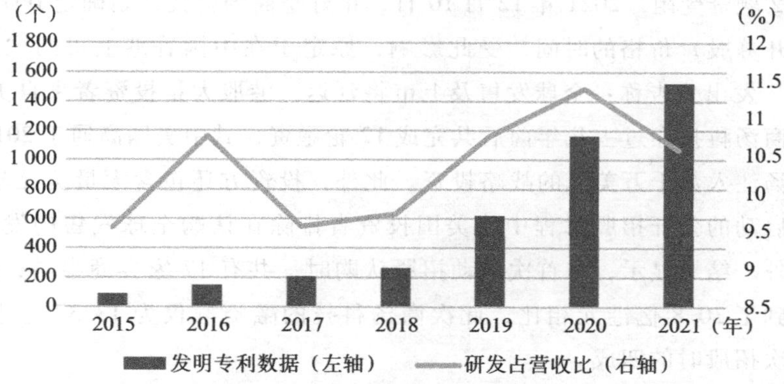

图 7－24　大华股份公司研发情况

（3）实体清单制裁对商汤科技的影响及应对

商汤科技成立于2014年，作为中国早期的AI创业公司，在短短的几年时间里先后完成了12轮融资，已披露的融资总金额接近30亿美元，成为全球领先、总融资额及估值最高的人工智能创新企业。2019年，美国商务部将商汤科技附属公司北京市商汤科技开发有限公司（简称北京商汤）列入实体清单，此举限制了北京商汤购买或以其他方式取得若干美国相关的商品、软件及技术的能力。2021年12月美国财政部又将商汤科技加入所谓“中国军工复合体企业”清单，美国投资者被禁止投资“商汤科技”。

①营收下降。受到实体清单制裁影响，2020年商汤科技营收同比增长率从2019年的63%下降到14%，直到2021年增速才有所回升。与持续增长的营业收入相比，净利润的下降更为明显，2020年一度达到－145%（见表7－5）。

表7－5　商汤科技营收情况

年份	营业总收入	营收同比	净利润	净利润同比
2018	18.53422		－342 777.8	
2019	30.26603	0.632981048	－496 254.8	−40.98
2020	34.51029	0.140231804	－1 215 819.3	－145
2021	47.00263	0.361988844	－1 714 008.6	−44.77

②融资受阻。2021年12月10日，正好是商汤科技计划确定IPO（首次公开募股）价格的时间，受此影响，原定于在中国香港上市的“商汤科技”发出公告称：全球发售及上市将延迟。港股大量投资者来自美国，而且商汤科技在过去几年前后共完成12轮融资，其中美国高通于2017年对商汤注入数千万美元的战略投资。此外，投资方还包含大量美元基金。重新启动的公开招股章程中将美国投资者排除在认购全球发售的发售股份之外。结果显示，与首次启动招股认购时，共有17家券商参与，融资额达到了30.8亿港元相比，此次商汤科技的融资额仅为13.37亿港元，是首次招股时的四成。

③供应链不确定性增加。美国对中国科技公司的打压体现在控制开

源技术控制、打造独立生态体系，垄断国际标准制定，利用贸易规则和投资规则、价值观和意识形态，限制中国企业出海。中美关系不确定性引发地缘政治风险，给企业的上下游合作带来困难，国际业务面临各种风险及不确定性。制裁后商汤科技无法从美国进口芯片，在美联合研发全部停止，曾宣称与商汤科技合作的MIT，表示将重新审视与商汤科技的合作关系。

④增加研发投入。作为高科技企业，为了保住技术领先优势和市场份额，商汤科技在遭受制裁后持续增加研发投入。商汤科技财报显示，过去几年研发费用率不断上升，从2018年的45.8%涨至2021年的76.9%。同期，商汤科技的营收增速分别只有63%、13.8%和36%。由于无法从美国获得芯片，公司加快研发训练国产GPU，自研推理芯片，并启动自研传感器项目（见图7-25）。

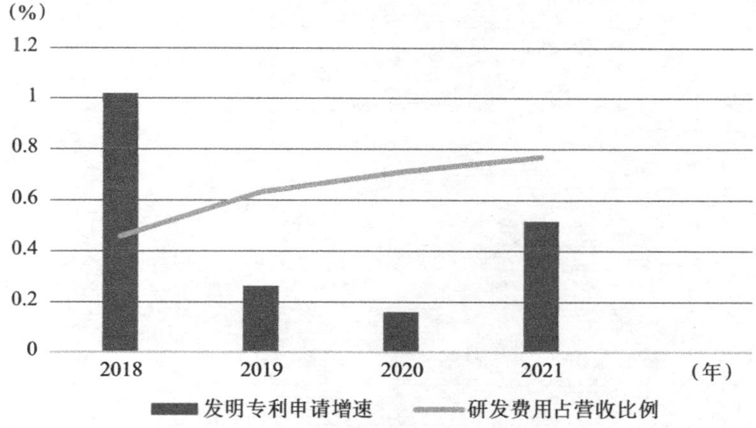

图7-25　商汤科技研发情况

⑤构建开放创新生态。商汤科技在制裁后加强创新合作。一是通过建立SenseCore开源社区，促进协同创新、实现技术快速突破。围绕感知智能、决策智能及高性能推理引擎等方向分别建立了核心开源算法平台，并在这些平台上公开了10个共享代码库及约1 500个人工智能模型，全球超过100个国际和地区的机构参与了构建。二是公司参与发起学术联盟，联动联盟成员单位开展学术交流、多边合作和人才培养。三是发起

产业生态联盟。2021年商汤科技与一批研究机构及芯片公司共同发起了人工智能算力产业生态联盟（简称智算联盟ICPA），旨在搭建人工智能产业上下协同联动发展沟通的平台，让人工智能头部芯片设计企业、服务器企业、高校等企事业单位标准组面对面交流，规范AI芯片企业产品技术升级，打通AI芯片上下游企业生态圈，促进整个行业的健康发展。

第8章

贸易政策不确定性环境下企业创新韧性研究①

当前，复杂严峻的内外部环境给企业发展带来前所未有的冲击，如何提升企业创新韧性成为亟待解决的现实问题。本章明确了企业创新韧性的内涵和特征及度量方法，讨论了影响企业创新韧性的内外部因素，从提供冗余资源、缓解融资约束、优化资源配置几个角度分析了影响企业创新韧性的理论机制。为进一步验证，选取风险投资这一影响企业创新韧性的重要变量进行实证检验。以中国创业板2009—2020年上市公司季度数据为样本，合并了企业的专利数据、风险投资、风险投资机构相关数据。研究发现风险投资支持显著提升了企业创新韧性，这种效应因不同企业特征存在异质性。此外，风险投资的类别、性质、属地对这种效应发挥了显著的调节作用。基于研究结果提出相关政策建议，为企业在动荡环境中生存和发展提供了有益的参考。

创新是引领发展的第一动力，是建设现代化经济体系的战略支撑。当前，在全球地缘政治风险加大、宏观经济增长乏力和新冠疫情蔓延的

① 该内容已发表于《科学学研究》，原文刊发：2023年6月网络收发，网址：https://doi.org/10.16192/j.cnki.1003-2053.20230609.001.

多重冲击下，企业创新能力和动力表现出不同程度的脆弱性，形成普遍性的“创新短缺”问题，数据显示疫情期间我国专利申请量同比出现大幅下降（见图8－1）。由于创新活动具有投入高、周期长等特点，投入过程一旦因某种冲击发生中断，会对创新活动产生持续的负面影响，如果任其发展将使企业走向衰败甚至灭亡①。因此，有效应对外部冲击带来的不利影响，稳定创新系统，提升企业创新韧性，成为亟待解决的现实问题。

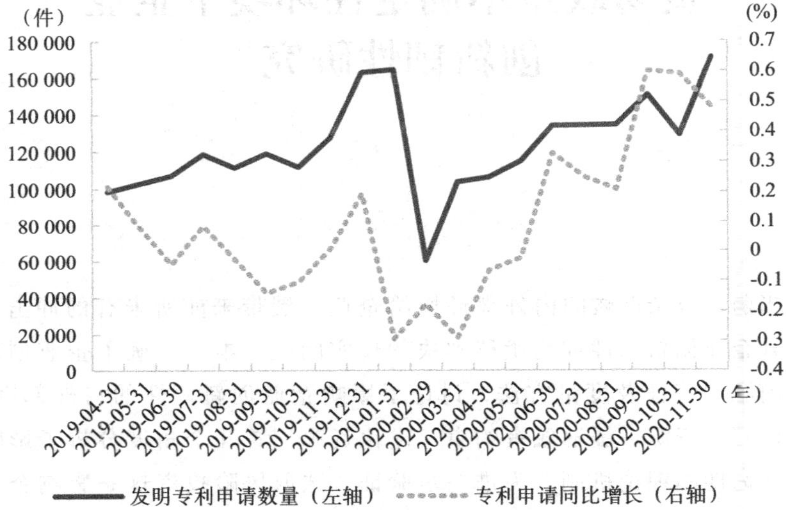

图8－1 疫情下的创新表现

资料来源：国家知识产权局网站。

回顾文献，国内外学者从多方面对组织韧性进行了大量的研究，但对企业创新韧性的研究还鲜有涉及。基于此，我们讨论了企业创新韧性的内涵及特征，分析了影响企业创新韧性的内外部因素和理论机制，深化了对企业创新韧性的认识。使用中国创业板2009—2020年上市公司季

① 根据企查查数据统计，以芯片行业为例，企业注销数量逐年递增，由2019年的1 294家增长到2022年1—8月的3 470家；而社保缴纳人数小于50人，注册资本小于200万元的小型企业仅2022年以来已注销了1 209家。

度数据样本，以风险投资为例，考察其对企业创新韧性的影响效应和作用机制。本书的边际贡献如下：一是首次定义企业创新韧性概念，为知识经济时代提升企业创新发展韧性提供了新的思路。二是揭示了以中小企业为主的创业板企业表现出的创新顺周期特征。为政策制定者提升跨周期调节能力、鼓励中小企业创新发展提供参考。三是丰富了企业创新韧性影响因素及作用机制的实证研究，为政府和企业提升创新韧性决策提供依据。

8.1　关于企业创新韧性的基本理论框架

8.1.1　企业创新韧性的内涵及度量

韧性通常被认为是组织在外部冲击下表现出的抵抗能力、恢复能力。Hillmann 和 Guenther（2020）对现有文献定义进行了统计，发现灵活性、变革性、适应性、缓冲性是组织韧性的基本特征。科技创新是高风险高收益的生产经营活动，近年来学者开始将韧性引入创新研究中[1]。赵伟等（2022）实证探讨了韧性对企业创新风险防御力的影响，认为当面临技术壁垒、资金困境或其他影响因素干扰时，企业会显现出适应、恢复、重生的本能，这种本能即为企业韧性[2]。梁林等（2020）界定了创新生态系统韧性，指受到外部冲击的创新系统通过自学习、自调整，实现创新系统要素优化与结构重构，促进创新投入产出比提高[3]。胡甲滨等（2022）讨论了韧性对高技术产业创新的影响，将创新韧性定义为创新面临外部冲击时抵御冲击保持系统稳定、适应恢复，甚至进化为更高功能状态的能力[4]。范建红等（2022）研究了数字普惠金融对高技术制造业创新韧性的影响，认为创新韧性是一个动态演进和自我调整的过程，需要识别力、应对力、恢复力和更新力作支撑[5]。总体而言，现有文献重点讨论了组织韧性的内涵和特征，虽然部分文献对区域、产业创新韧性进行了深入分析，但鲜有研究从微观层面讨论企业创新韧性的定义。本书认为，对企业创新韧性进行探讨是十分重要的，因为企业是创新的主体，面对外部冲击时，通过自我调节、适应、学习能力有效缓冲风险，对提升创新竞争力至关重要；进而言之，企业的创新韧性构成了创新生态系统，是区域和产业创新系统的关键微观基础。

在已有研究从特征、结果、能力、过程等不同角度对创新韧性进行解释的基础上，本书将企业创新韧性定义为企业在面对外部冲击时减缓或降低负面影响，保持创新系统稳定、可持续发展的能力。对于企业面临的外部冲击，根据其特征可以分为可预测型冲击和不可预测型冲击。企业的创新韧性体现在面对可预测型冲击时的反应，如冲击发生前针对各种可能冲击未雨绸缪的针对性准备工作；企业的创新韧性更体现在经受不可预测型冲击时的反应，对于这类“黑天鹅”事件，因为事前无法预测，更考验企业创新系统与自身治理体系相关的、长期积累的基础性能力。

进一步，可以从灵活性、连续性、创造性三个方面来解构企业创新韧性的具体内涵。灵活性，是指事前预期及事中应对冲击的企业创新战略敏捷调整适应的能力，这一能力能够有效缓冲和减轻不确定性的影响。连续性，是指在冲击下平滑或稳定创新投入及产出的能力。创造性，是指受到冲击后的创新绩效恢复能力，包括能够有效吸收并利用外部风险挑战引发自身变革性活动，不仅是回到以前的“正常”状态，而是有意识地将变化视为一个进化的机会。

在上述针对企业创新韧性分析的基础上，可以建立对企业创新韧性的评估框架，这也是更有针对性地采取干预措施的基础。初步来看，对企业创新韧性的度量至少可以从两个角度展开：一是综合指标法，通过构建指标体系全面衡量企业创新韧性，但这种方法需要说明指标选取的依据、权重设定以及构建方法的合理性。二是核心变量法，选取对外部冲击最敏感的核心变量，如企业创新投入和创新产出，通过对比冲击出现和冲击未出现的表现来衡量企业创新韧性。这种方法将企业所处的情境与个体作出适应性选择和行动应对外部冲击结合起来，能够更准确地识别环境变化与企业创新活动之间的联动关系。

8.1.2 促进企业创新韧性的因素和机制

从宏观经济学与金融学的视角看，我们应该接受波动存在的现实，同时培养恢复的能力。企业创新韧性依赖组织的资源和能力，影响因素可以从企业自身特征、外部环境、融资约束等角度讨论。企业特征因素包括企业工资水平和规模（Aleksic 等，2013）[6]、专业知识以及创新产品种类的多样性等。此外，发展战略、应变能力、组织资源、结构也对企业创新韧性的产生影响[7]。危机中高层管理者的性格特征、风险偏好和风险感知、心理资本、理解和应对不确定性的能力对企业抵御危机也发挥重要作用（Sajko 等，2021[8]；Buyl 等，2017[9]）。Jüttner 和 Maklan（2011）认为灵活性、反应速度、获取即时信息、与供应链成员合作可以避免或减少逆境事件对收入、成本和交货期的影响[10]。创新体制环境和法律法规、政府相关政策支持以及创新主体之间的合作关系、企业研发区域多样性和区域分散性等是影响企业创新韧性的重要外部因素。鞠晓生等（2013）[11]研究发现外部的经济政策的不确定性会增加“金融摩擦”，延缓创新投入活动，因此很多研究从平滑创新投资的视角研究了企业储蓄、营运资本对企业创新韧性的影响。

提升企业创新韧性的关键是控制初始的冲击、限制危机的范围和程度，为复原创造条件。基于企业创新韧性的内涵，可以从以下三个方面分析促进企业创新韧性的作用机制：一是提供冗余资源增强创新战略调整适应能力。市场环境变化增加信息不对称、加重上市公司的代理人问题，导致管理者作出许多非理性的投资决策。当企业面临外部冲击时，管理者容易过度谨慎，减少必要的研发开支，造成投资不足引发创新中断。冗余资源包含可替代性和多样性的内涵，能够通过帮助企业吸收并减小损失，快速启动替代方案，分散风险，增强应对冲击和风险的灵活性。二是缓解融资约束保持创新投入稳定的能力。创新的沉没成本、调整成本较高。在遭受外部冲击时创新活动往往面临更加严重的融资约束问题。若能保持长期稳定的资金投入，则可吸引并留住更多优秀的创新人才和创新资源与企业共克时艰，提升企业风险承担能力，有效提升创新活动的连续性。三是优化资源配置提升创新绩效恢复能力。风险中蕴含着机会，若企业能在不稳定的市场环境中打破技术路径依赖，持续升级技术系统，提升资源配置效率，将有助于尽快恢复正常的研发活动，有效平滑外部冲击对创新绩效的负面影响。基于以上分析，本书构建影响企业创新韧性的机制分析框架，如图 8－2 所示。

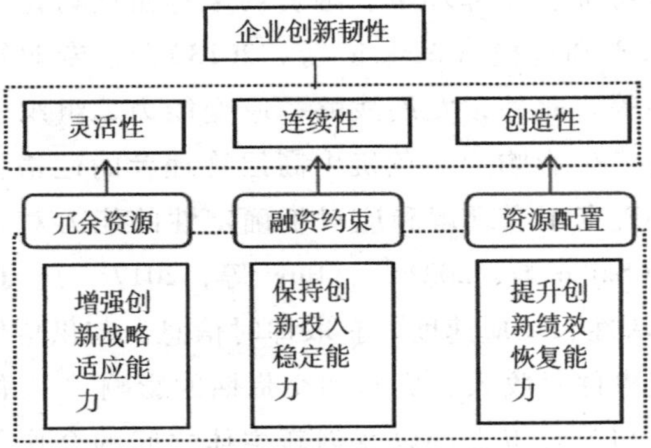

图 8－2　影响企业创新韧性的机制分析框架

8.2　实证研究：企业创新韧性和风险投资

依据上一部分提出的基本理论分析框架，我们以风险投资为例实证检验其对企业创新韧性的影响。之所以选择风险投资进行研究，因为提升企业创新韧性离不开金融支持，风险投资是支持创新型企业的关键性金融措施，也是企业对冲风险、提升创新韧性的有效途径，且相关数据较为丰富可得。从企业是否接受风险投资支持视角研究其对创新韧性的影响，有助于理解企业创新韧性的影响因素及作用机制，为不确定性环境下政府和企业制定增强企业创新韧性的发展战略和相关政策提供了有益探索。

（1）风险投资与企业创新韧性

风险投资影响企业创新韧性的机制主要表现在以下几个方面：一是风险投资为企业生产经营提供背书，增加信息透明度和知名度，通过多元化的网络资源、信息和知识帮助企业提升识别危机和风险承担的能力，使企业未雨绸缪加强风险防范，依据环境变化调整相应的发展策略，更好地应对外部环境变化带来的创新风险。二是风险投资进入会缓解创新融资约束，稳定创新投入。在经济低谷期，较低的估值和投资者更强的议价能力可以创造良好的买入机会，因此风险投资更倾向于在经济低迷时期进入。风险投资退出是逆周期的（Howell 等，2021）[12]。在经济衰退期，市场低迷、企业发展前景不佳，风险投资很难找到愿意接手的买家，退出的机会减少，出于投资收益的考虑，很多风险投资机构不会在衰退期退出。风险投资进入和退出的逆周期性为遭遇冲击的企业提供了稳定的创新资金来源，提升了企业风险承担能力，保障了创新投入的稳定性、可持续性。三是风险投资的专业背景和管理经验通过提升企业把握创新方向和重点的能力、优化创新投资决策流程、完善激励创新的制度安排[13]，帮助企业降低损失、尽快恢复正常的研发活动，增强恢复和自我更新能力。基于以上分析，我们提出以下研究假设：

假设 1：风险投资对企业创新韧性存在正向影响，这种效应因公司特征呈现异质性表现。

（2）风险投资属性的调节效应分析

CVC 与 IVC。随着风险投资行业的演变和发展，与传统独立风险投资不同，公司风险投资逐步发展起来。CVC 是通过母公司直接投资或通过母公司的附属机构进行的间接投资。IVC 和 CVC 的薪酬体系不同，IVC 的管理者薪酬来源于投资项目的分红，而 CVC 的管理者除了追求财务收益还要实现母公司的战略目标。因此，CVC 在促进被投资企业创新稳定性方面更具优势。

风险投资的所有制特征。由于不同所有制企业的管理模式和决策机制不同，在遭受外部冲击时对被投资企业创新绩效的灵活性、创造性也存在较大差异。本书聚焦于风险投资机构的属性，考察国有、民营、外资风险投资机构的不同属性对风险投资与企业创新韧性的调节作用。

风险投资所在地。很多研究分析了我国的风险投资在地域分布上具有明显的集聚特征，对地区创新产业的积极影响。从地域看，我国的风险投资机构大多集中于南方城市和东部沿海地区。不同区域的市场化水平和营商环境不同，间接影响遭受外部冲击后的企业创新恢复能力。本书根据秦岭—淮河地理分界线将风险投资机构所在地划分为南方城市和北方城市，考察其调节作用。基于上面的分析，我们提出以下研究假设：

假设 2：风险投资属性对风险投资与企业创新韧性发挥调节作用。

以 2009—2020 年创业板上市公司季度数据作为样本。合并了企业的专利数据、风险投资、风险投资机构相关数据。参照现有相关文献的做法，我们对初始样本进行了如下筛选以避免异常样本的影响：剔除金融保险业公司样本；剔除样本期间曾被 ST、*ST 的公司样本；剔除年交易周数小于 30 的公司样本；剔除数据缺失的公司样本。共获得 893 家企业样本。创业板上市公司的部分财务数据来自万德数据库、国泰安数据库、私募通数据库。为了剔除极端值的影响，本书对回归模型中的连续变量进行了上下 5% 的缩尾处理，数据处理采用 STATA14 统计软件，变量定义表如表 8－1 所示。

表 8－1　　变量定义表

	变量名	含义	取值
被解释变量	innovation	创新综合指数	
核心解释变量	vc	风险投资	0—1
	cycle	经济周期	全国层面
	pro－cycle	分省经济周期	0—1（衰退期=1）
	vc * cycle		风险投资与经济周期交互项
控制变量	attributes	公司属性	国有企业 外资企业 民营企业
	indu	所属行业	第一产业 第二产业 第三产业
	scale	公司规模	企业主营收入
	life	生命周期	初创期=1 成长期=2 成熟期=3 衰退期=4
	alratio	资产负债率	
	technology	高新技术企业	0—1
	roa	资产收益率	

①被解释变量。创新综合指数（innovation）：现有研究通常用研发投入占比作为企业创新的代理变量，然而研发投入是否能转化为创新产出难以评估。也有人用专利作为创新的代理变量，但由于专利申请内容以及外部法律环境的变化，专利数量与创新之间的关系变得不再稳定，因此使用专利数量衡量创新也缺乏可靠性（Bloom 和 Webb，2020）[14]。本书从企业创新的投入、产出和企业创新效率三个角度，分别选择了企业研发投入占总资产的比重、员工中研究人员数量、专利申请数量标准化指数和用专利申请数量除以研发投入的对数值衡量的企业创新效率标准化构建指数。使用 SPSS 软件进行熵权法分析得到并计算了各指标的熵权重，按此权重生成了创新综合指数进行回归。

②解释变量。风险投资（VC）：本书对于是否有 VC 背景的企业划分，借鉴吴超鹏等（2012）[15]的方法，获取前十大股东信息，对股东名称进行关键词筛选，并进一步将："风险投资""创业资本投资""创业投资""创新投资""高新投资""技术改造投资""高科技股份投资""高科技投资""科技投资""投资公司""科技产业投资""投资有限公司""高新技术产业投资""技术投资""信息产业投资""创投""风投"提取为有 VC 背景的企业。

经济周期（cycle）：实际经济周期理论认为，经济周期是由实际冲击造成的，经济周期指总体经济活动的扩张和收缩交替反复出现的过程，也称经济波动。我们用经济周期来衡量企业面对的外部冲击。本书选择以 2000 年为不变价基础的 GDP 季度指数，首先进行季节性调整略去了季度性因素，之后用 CF 滤波法①计算得到代表经济周期的部分，与 CEIC 数据库提供的宏观经济景气指数一致性指数（consistent）的趋势基本相同（见图 8－3）。我们进一步区分了衰退期和繁荣期。当实际 GDP 与趋势成分的时差相关系数为负，经济处于衰退期；当实际 GDP 与趋势成分的时差相关系数为正，经济处于繁荣期。在稳健性检验中，使用分省季度 GDP 作为经济周期的代理变量。

---

① CF 滤波法最早由 Christiano 和 Fitzgerald（2003）提出，使用 CF 滤波方法先得到周期成分，然后计算周期成分的标准差及其与实际 GDP 的周期性成分之间的时差相关系数。

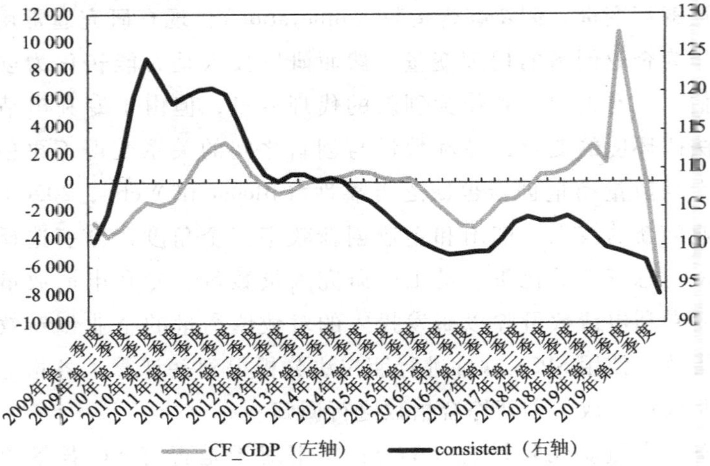

图 8－3　CF 滤波计算的经济周期

③控制变量。考虑到公司本身的特征会影响到该公司的创新水平，本书选择公司性质、企业所属行业、公司规模、企业是否是高新技术企业（参考相关文献，使用企业所得税率 15% 作为判断标准①）、企业资产负债率、资产收益率和企业生命周期②作为控制变量。

④其他变量。风险投资类型：我们根据风险投资公司股东数据将样本进行分类，如果十大股东中存在金融类企业，或者主营业务为创业投资的机构定义为传统风险投资机构（IVC），如果十大股东都是非金融类企业、研发机构则定义为企业风险投资机构（CVC）。

8.3　实证结果分析

（1）实证模型

由于无法获得企业接受风险投资金额的连续数据，本书使用企业是

① 2008 年 1 月 1 日实施的《企业所得税法》规定，国家需要重点扶持的高新技术企业，按 15% 的税率征收企业所得税，也就是企业所得税税率将从 25% 减少到 15%。

② 企业生命周期根据谢佩洪等（2017）现金流组合法得出。

否有风险投资数据检验风险投资背景对经济波动中的企业创新绩效的影响，我们构建了面板回归模型，使用匹配倾向得分方法进行回归：

$$innovation_{i,t} = \beta_0 + \beta_1 vc_{i,t} + \beta_2 cycle_t + \beta_3 vc_{i,t} * cycle_t + \gamma * X_{i,t} + \varepsilon_{i,t} \tag{8-1}$$

模型中 $innovation_{i,t}$ 是创新；$cycle_t$ 代表经济周期；$vc_{i,t} * cycle_t$ 代表风险投资背景与经济周期的交叉项；$X_{i,t}$ 代表控制变量。

（2）回归结果分析

风险投资对企业创新韧性的影响。为减少可能存在的内生性问题，我们对数据进行了匹配倾向得分处理。回归前我们使用了豪斯曼回归，结果显示 p 值为 0.0089，故认为应该使用固定效应。

表 8-2 展示 PSM 面板回归结果，创业板企业创新呈现明显的顺周期特征。这主要是由于创业板企业大多属于中小规模的初创企业，由于抗风险能力低，宏观经济波动对其影响较大。经济周期与风险投资的交互项符号均显著为负，说明风险投资平滑了经济周期对企业创新绩效的影响，提升了企业创新韧性。资产收益率与创新显著正相关，高新技术属性与创新正相关，资产负债率与创新系数为负但不显著，生命周期与创新显著正相关。区分经济繁荣期和经济衰退期后，风险投资在经济衰退期表现出显著的逆向调节效应，与没有风险投资支持的企业相比，有风险投资支持的企业创新在经济周期中表现更稳健，更有韧性。

表 8-2　风险投资与企业创新韧性

	(1) 经济周期对创新	(2) 全样本	(3) 衰退期	(4) 繁荣期
cycle	2.5623***	3.1364***	3.4412***	3.0288***
	(17.9369)	(12.1329)	(8.7079)	(8.5558)
scale	35.1721***	35.0852***	35.4773***	34.7502***
	(22.5792)	(22.5281)	(15.3794)	(16.4444)
alratio	0.3286***	0.3365***	0.2635***	0.3765***
	(5.4102)	(5.5386)	(2.9326)	(4.5341)

续表

	(1) 经济周期对创新	(2) 全样本	(3) 衰退期	(4) 繁荣期
technology	15.0849***	15.0505***	16.7629***	13.6391***
	(6.0092)	(5.9974)	(4.5941)	(3.9467)
roa	−0.1839	−0.1673	−0.1056	−0.2033
	(−1.1246)	(−1.0232)	(−0.3951)	(−0.9762)
life	5.0146***	5.1932***	4.0240*	5.5595***
	(3.3177)	(3.4355)	(1.7461)	(2.7645)
vc		3.8926*	4.6754	2.9001
		(1.8175)	(1.3776)	(1.0173)
c. vc#c. cycle		−0.8458***	−0.9437**	−0.6645
		(−2.8228)	(−2.0891)	(−1.5885)
固定效应	YES	YES	YES	YES
_cons	125.4461***	122.3367***	128.0805***	120.0775***
	(27.5036)	(25.3441)	(17.3725)	(18.6084)
N	15 710	15 710	7 098	8 612

注：* $p<0.1$，** $p<0.05$，*** $p<0.01$。

（3）稳健性检验

稳健性检验中我们使用分省季度 GDP 数据得到的分省经济周期①数据代替 CF 滤波法处理的 GDP 指数作为经济周期的另一种衡量指标，回归结果在表 8－3 的第 1 列展示，分省经济周期与风险投资交互项系数显著为负，表明回归结果稳健。风险投资与企业创新水平之间可能存在内生性问题，即创新水平更高的企业可能会吸引到更多风险投资，使两者之间存在反向因果问题。本书使用匹配倾向得分方法一定程度上消除了内生性问题。为了进一步检验，首先使用 logit 回归对是否有风险投资支持与创新绩效进行回归分析，结果显示企业创新绩效的系数并不显著（见

① 使用省级 GDP 增长率数据，先进行季节调整，然后使用 BK 滤波法处理，上升趋势的设为高涨期，下降趋势的设为衰退期，衰退期＝1，高涨期＝0。

表 8－3 第 2 列）。其次使用工具变量 2SLS 估计法，将风险投资的滞后项作为工具变量，工具变量检验结果 F 统计检验结果均大于 10，认为不存在弱工具变量，回归结果显示交互项系数为负（见表 8－3 第 3 列），与前文结果一致，并且对模型进行的豪斯曼检验的 p 值大于 0.1，表明样本不存在明显的内生性问题，回归估计结果稳健。表 8－3 第 4 列展示了反事实检验结果，为 893 家创业板企业随机分配风险投资，生成 vc_fake 变量，得到的交互项系数不显著，模型通过了反事实检验，表明前文得到的结果稳健。

表 8－3　　　　稳健性检验

	(1) 分省经济周期	(2) logit 回归	(3) 工具变量	(4) 反事实检验
innovation		－0.0001		
		(－0.4578)		
vc	11.6513***		7.1130***	
	(4.4704)		(2.6103)	
vc_fake				7.8261
				(1.5161)
pro_cycle	2.2331			
	(0.7510)			
cycle			3.3275***	2.8527***
			(11.4408)	(4.0021)
c. vc#c. pro_cycle	－6.3899*			
	(－1.7201)			
c. vc#c. cycle			－1.3146***	
			(－3.2704)	
c. vc_fake#c. cycle				－0.2493
				(－0.3425)
控制变量	√	√	√	√
_cons	94.5156***	2.2151***	78.2942***	116.8152***
	(20.8059)	(12.9851)	(11.9093)	(17.0831)
N	18 393	12 342	16 458	15 639

注：* $p<0.1$，** $p<0.05$，*** $p<0.01$。

（4）分类讨论

本书将样本按照公司性质，公司规模和行业研发强度三个维度分成子样本进行异质性分析。表8-4结果显示，国有企业、外资企业和民营企业的交互项系数均为负，外资、民营企业系数显著。风险投资显著提升了外资企业的创新发展韧性，推测这主要是由于外资企业治理相对更规范、更易与风险投资形成紧密且相互信任的合作关系。国有企业作为特殊的企业主体，在外部融资中具有优势，对抗经济周期时对风险投资的依赖较低，风险投资对其创新韧性的影响也较小。民营企业对经济周期较为敏感，当经济由繁荣向衰退期变化时，风险投资的支持将有效缓解民营企业外部融资约束。从公司规模看，风险投资更有利于提升中小型企业的创新韧性。由于中小创业企业缺少抵押物，所以在经济衰退期的融资成本和难度显著加大，风险投资的逆周期调节效应对其创新发展的积极影响更大。从行业研发强度水平来看，低研发强度行业创新的顺周期效应更加明显，说明低研发强度公司对创新的依赖相对较小，倾向于在经济低谷时大幅度减少创新行为，因此风险投资支持对提升低研发强度行业的创新韧性更加明显。

表8-4　　　　异质性分析

	按公司性质分类			按公司规模分类		按行业研发强度分类	
	(1)	(2)	(3)	(4)	(5)	(6)	(7)
	国有企业	外资企业	民营企业	中小型企业	大型企业	低研发强度行业	高研发强度行业
vc	3.0610	-34.86***	7.814***	2.280	11.839	-3.8628	5.541**
	(0.7665)	(-3.4635)	(3.2642)	(1.2279)	(1.2813)	(-1.0167)	(2.3925)
cycle	2.8819***	7.448***	2.652***	2.676***	5.939***	3.355***	2.936***
	(5.9264)	(6.1716)	(9.2100)	(12.1051)	(5.1445)	(7.2601)	(10.5370)
c.vc#c.cycle	-0.381	-5.170***	-0.406*	-0.718***	-0.910	-2.16***	-0.5362*
	(-0.7110)	(-3.7362)	(-1.6869)	(-2.7845)	(-0.6830)	(-4.1535)	(-1.6569)
固定效应	YES	YES	YES	YES	YES	YES	YES
控制变量	√	√	√	√	√	√	√

续表

	按公司性质分类			按公司规模分类		按行业研发强度分类	
	(1) 国有 企业	(2) 外资 企业	(3) 民营 企业	(4) 中小型 企业	(5) 大型 企业	(6) 低研发 强度行业	(7) 高研发 强度行业
_cons	115.48 ***	159.39 ***	119.90 ***	153.15 ***	143.44 ***	161.41 ***	115.19 ***
	(13.8762)	(7.7008)	(21.6960)	(37.9064)	(6.8505)	(21.2879)	(21.5541)
N	1 930	1 415	12 294	13 058	2 581	1 329	14 310

注：* $p<0.1$，** $p<0.05$，*** $p<0.01$。

（5）风险投资属性的调节效应

表 8－5 考察了风险投资自身属性的调节效应，结果显示企业风险投资较传统风险投资更有利于提升被投企业的创新韧性。外资风险投资对创新的逆周期调节效应更显著，而民营风险投资则显著增强了被投企业的顺周期特征，根据张学勇和廖理（2011）[16]，这可能是因为外资风险投资相对较为成熟规范，倾向更加审慎的投资策略，投资之后对公司治理结构安排和持续支持会更加合理，且民营风险投资的资金供给对周期更加敏感，往往会对经济周期产生过度反应，会给衰退期的企业创新带来更大的负面影响。当前，我国风险投资机构高度活跃于北京、上海、广东三地。从南北地区投资规模占比来看，2020 年南方地区整体投资规模占 54%，北方地区占 46%。近年来，我国经济重心出现整体“南移”的现象，背后的原因引发了社会的广泛热议。我们将风险投资机构所在地划分为南北方城市，结果显示南方城市风投机构支持的创新逆周期调节效应更为显著。这可能是得益于南方地区的开放度更高、金融发展程度高、人均收入高等因素，所以南方风险投资对企业创新发展的韧性发挥了更大的作用。

表 8－5　风险投资机构属性对风险投资和企业创新韧性的调节效应

	(1) cvc	(2) 外资	(3) 民营	(4) 南方城市
cycle * vc	－1.3619 ***	－5.6876 ***	2.1518 **	－0.9679 *
	(－3.5410)	(－3.7664)	(2.3914)	(－1.6881)

续表

	(1) cvc	(2) 外资	(3) 民营	(4) 南方城市
固定效应	YES	YES	YES	YES
控制变量	√	√	√	√
_cons	124.1449***	133.2032***	133.2422***	131.0461***
	(28.2164)	(20.8115)	(17.0601)	(34.2096)
N	17 614	10 664	10 664	17 757

注：* $p<0.1$，** $p<0.05$，*** $p<0.01$。

8.4 结论与政策建议

本章研究发现，百年未有之大变局下，提升企业创新韧性是应对风险挑战保持竞争优势的关键。通过对企业创新韧性的内涵、影响因素和作用机制分析，得到以下几点结论和政策建议：

一是高度重视提升企业创新韧性。受多重冲击叠加影响，作为中国技术创新的中坚力量和关键引擎，企业的创新脆弱性问题突显，特别是中小型企业对外部环境变化更加敏感，缺少应对冲击的意识和能力，面临较高的倒闭破产风险。因此，厘清企业创新韧性的内涵和影响因素，将为评估、发展、改进企业创新韧性提供基础，有助于重塑更具包容的创新发展生态，增强创新竞争力。

二是协力提升企业创新韧性。围绕提供冗余资源、缓解融资约束、优化资源配置效率几个方面发力，增强企业创新的灵活性、稳定性、创造性。企业管理者应完善资源储备机制，在人才、资金、存货等方面预留缓冲资源增强风险承担能力。行业组织应积极推动共同技术标准建设，增强技术和产品的通用性和可替代性，降低创新调整成本。政府应出台相应扶持措施，增加融资供给，营造良好的创新生态，打破行业和技术垄断，增加技术路线选择的多样性，避免陷入路径依赖陷阱。

三是风险投资有利于提升企业创新韧性。风险投资可以作为逆周期调节的有效补充手段，为经济复苏、稳定发展提供新的动能和支撑。应继续推进资本市场改革，完善风险投资退出机制，鼓励风险投资市场多元化发展。为外资风险投资来华投资提供良好的营商环境，提升国内创业企业的研发国际化水平，帮助其深度融入全球创新网络。

第9章

国际经验

近年来随着中美战略博弈加剧，对未来发展具有重要引领作用的高技术领域已成为两国战略竞争的主战场。自2018年始，美国通过贸易和投资管制以及技术和人员交流限制等多种方式在高技术领域加大对华施压的力度。2018年7月以来，在美国主导下针对华为等公司的打压表明美国在高技术领域对中国开展技术遏制愈演愈烈。在此背景下，美国开展国际技术遏制的问题引起越来越多中国政策界与学术界人士的关注。人们可以较为直观地发现，当前美国对中国所采取的遏制手段与历史上美国对苏联和日本的遏制手段具有很大程度的相似性。因而回到历史案例中开展比较分析，有助于发现规律、寻找启示，这是本书研究的现实意义所在。

9.1　日美贸易摩擦：回顾、策略与经验

20世纪50年代中期至90年代，日本与美国之间发生了长时间、多领域的贸易摩擦。美国对日本的高技术遏制始于20世纪80年代，其背景

是随着第三次科技与产业革命推动下经济全球化的不断深入发展，国家间经济相互依赖的程度日益加深。日本借经济全球化的大势，通过推行战略性贸易政策成功扶持了本国半导体产业的发展，并侵蚀了美国半导体产业利益。对此，美国的回应便是集中对日本以半导体为核心的电子信息技术类高技术加以遏制。本节将分阶段对日美贸易摩擦的内容与政策效果进行回顾，并在此之上总结应对贸易摩擦的经验。

9.1.1 早期：微观经济领域摩擦（20世纪50年代中期—1981年）

第二次世界大战后，日本急于恢复正常的经济发展状态。1945—1955年，由于处在战后初期阶段，作为战败国的日本在经济上严重地依赖美国，因此该阶段日美贸易进程异常顺利。在经济逐步发展的过程中，日本在1955年加入了关贸总协定。根据战争结束后全球经济环境变化以及在劳动力成本上的比较优势，日本政府明确了贸易立国的发展战略，秉承重商主义的基本观点，致力于扩大对外出口来促进日本经济的持续发展。这一政策主要体现在日本对美服装和纺织品的出口上，1955—1960年，日本对美出口服装和纺织品总额呈爆发式增加，且随着日本纺织品劳动生产率的提高，价格不断降低，屡次突破美国接受的底线。日本的国际市场不断扩大，而其“垂直型”的进出口商品结构，正是造成国际贸易收支不平衡的重要因素①。日本主要从发展中国家进口能源等供应原料，而工业制成品则出售给以美国为主的发达国家，导致其对美开始出现贸易顺差，且数额越来越大，呈现出波段上升的态势。

在20世纪60年代中期以前，日本对美仍处于贸易逆差的状态，并维持在5亿美元左右，对美经济影响不大。且美国出于政治考量，十分重视发展美日伙伴关系，如通过定期召开美日经济相关会议等，及时沟通和解决美日经济关系发展中出现的问题②。因此，在贸易摩擦初期，并未表现出剑拔弩张的态势。1960年后日本国内的产业结构发生变化，通过对出口商品的“镜像”，日美贸易结构也发生了相应的变化。钢铁逐渐取

① 马成三．日美贸易摩擦：30年的“攻防战”[J]．国际贸易，2019（02）：4－10.

② 徐梅．中美贸易摩擦与日美贸易摩擦的比较分析[J]．日本学刊，2014（03）：69－88.

代了纺织品成为日本对美出口的主要产品，相关数据显示日本对美出口的钢铁量在同期美国钢铁进口总量中的占比超过了 50%。日美钢铁贸易摩擦始于 1963 年，当时美国的钢铁企业协会对日本出口至美国的钢铁提出倾销指控。由于当时贸易争端的解决方式遵循 GATT 协议的相关内容，1968 年日美两国签订了日本对美钢铁出口的自愿限制协议，该协议在 1970 年由日美两国协商延长其限制期限（见图 9－1）。

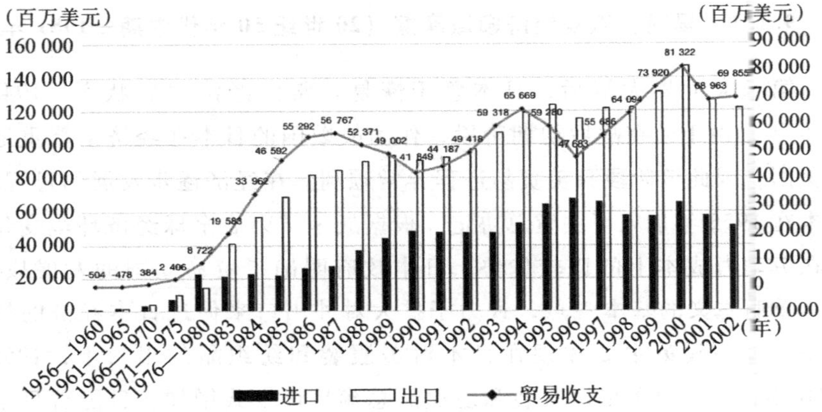

图 9－1 1956—2002 年日本对美进出口及贸易差数据统计

资料来源：根据彭敬（2004）所统计的数据而绘制。

由于贸易顺差所导致的贸易摩擦领域与对美出口的产品结构密切相关，在本阶段，主要是以劳动密集型的纺织品产业为主，后期重心逐步转到以重化学工业品为代表的资本密集型产业。这一时期的日本是美国的政治盟友，但其在经济上逐渐对美国的某些产业形成了威胁与挑战。在盟友间经济相互依赖的背景下，美国一方面要保持与日本的密切经济联系；另一方面又要降低自身在对日经济依赖中的脆弱性，减少日本高技术产业发展带来的负面影响。由于日本在半导体产业采取的战略性贸易政策已经威胁到美国半导体产业的生产、销售与长远发展，因此美国对日本的高技术遏制主要是在与产业竞争力密切相关的低政治领域展开，重点便是日本竞争力最强劲的半导体产业。从具体措施来看，美国选取了战略性贸易政策作为对日高技术遏制的主要手段，旨在减少对日本的技术进口并强制打开日本技术市场，提高美国对其高技术出口的份额，通过人为创造出比较优势在高技术的进出口贸易中实现对美国同类技术产业的保护。

（1）政府和企业具体措施：以纺织业贸易摩擦为例

日美贸易摩擦争端首发于纺织品产业。20世纪50年代，日本纺织业出现库存积压的状况，导致其价格下跌，低于国际市场正常水平，大量涌入美国市场。由于出口主要集中于中小企业，而处于过度竞争的中小企业在没有建立完善的出口管理制度下，同一产业过度、大量地向美国出口，冲击美国南部纺织业，对美国轻工业造成严重威胁[①]。在此阶段，日本政府和企业在应对贸易摩擦时，主要采取自主限制出口、加快产业升级、对外直接投资和企业自主创新的策略。

①自主限制出口。在出口政策上，日本在国内首先自主对产品进行限制出口和收购。主要在三方面进行改革，首先优化了出关流程：在本国货物出关前需将货物运送至保税区或者其他保存场所，由专门机构对货物品质和数量等进行验收；其次，在出口申报方面，有专门具有通关资格的海运公司代出口商办理全部通关事务，大大缩短了出关的时间；最后在出口许可阶段，仅需要纸质文件审批即可完成出口许可。这三项改革在一定程度上可以影响日本出口货物的结构，而且在出关开始阶段可以由政府对出关货物的数量进行一定程度上的调度，尽量避免大量同质产品倾销至国际市场。

②加快产业升级，对外直接投资。应对美国磋商谈判、签订协议的要求，日本政府则采取“拖”的战略。当其国内的要素成本在客观上已经不能再支持日本商品出口的增长率时，日本才会作出低姿态表示同意美国的要求，而这时距离美国提出要求的时间已经过了相当长一段时间，而日本正是借这段时间完成了相应的产业转型[②]。20世纪60年代美国要求同日本签订纺织品协议，然而直到1971年，《日美纺织品协议》才落

---

① 赵瑾．日美贸易摩擦的历史演变及其在经济全球化下的特点［J］．世界经济，2002(02)：50－57.

② 彭敬．20世纪50年代以来的日美贸易摩擦及其现实意义［J］．世界经济研究，2004(04)：60－65.

成，而在这段时间内纺织业在国内早已成为衰退产业，日本完成了从劳动密集型产业到资本密集型产业的转变。

为加快结构升级转型，日本在同时间扩大了对外直接投资，并于1972—1974年掀起第一次对外投资高潮：投资对象主要为东亚、东南亚等发展中国家，利用其原料和劳动力优势进行产业转移，将出口能力转移到这些国家，从而曲线规避了与美国的贸易摩擦风险。数据显示，日本纺织业的出口竞争力逐渐下降，纺织品服装出口占总出口的百分比从1951—1960年的11%下降至1971—1980年的6%，贸易竞争力从96%下降至37%，纺织服装出口的贸易依存度也从50年代的24%下降到70年代的13%。通过加快对产业结构的调整升级，能够在一定程度上规避或减小贸易摩擦带来的损失和风险。

③企业自主创新。贸易摩擦对于企业自主创新能起到一定的“催化剂”作用，促进实质性创新，引发“逃离竞争效应”。而日本纺织企业在贸易摩擦的冲击之下，积极进行转型和创新。以日本东丽公司为例，其在业研发碳素纤维的成功使其在世界碳素纤维市场中的份额位居第一；日本清纺集团的情况也颇为类似，面对纺织品出口受限，清纺集团转而将纺织品技术运用于刹车材料，成功完成企业转型升级[①]。

表9-1　1951—1988年日本纺织服装产业发展变化

年份	纺织品服装出口占总出口的百分比（%）	贸易竞争力（%）	年份	贸易依存度（%）
1951—1960	11	96	1951—1955	24
			1956—1960	23
1961—1970	7	73	1961—1965	18
			1966—1970	17
1971—1980	6	37	1971—1975	14
			1976—1980	13

① 李丹，董琴．日美贸易摩擦下日本产业升级的实现及启示［J］．现代日本经济，2019(02)：1-12.

续表

<table>
<tr><th>年 份</th><th>纺织品服装出口占总出口的百分比（%）</th><th>贸易竞争力（%）</th><th>年 份</th><th>贸易依存度（%）</th></tr>
<tr><td rowspan="2">1981—1988</td><td rowspan="2">4</td><td rowspan="2">24</td><td>1981—1985</td><td>13</td></tr>
<tr><td>1986—1988</td><td>9</td></tr>
</table>

注：表中的贸易竞争力是所有纺织品服装和合成纤维的数据，计算方法是贸易竞争力 =（出口 - 进口）/（出口 + 进口），贸易依存度 = 纺织品服装的出口/纺织品服装的总产出。

资料来源：根据 Yong - II Park，Kym Anderson（1991）整理，转引自赵君丽（2011）。

（2）后期扩展领域：技术密集型产业

两场石油危机给世界带来了巨大的经济冲击。这一阶段日本仍在奉行贸易建国政策，积极扩大出口，以迅速实现国际收支净平衡。从美国为首的贸易伙伴国中赚取了巨额利润，导致日美贸易摩擦不断加深，并逐渐被推向战后高潮。1973 年，第一次石油危机爆发，美国的基础产业——钢铁产业受到严重打击。而日本生产力不断提高，出口结构不断升级完善，"倾盆大雨"般的出口进行得如火如荼。日美贸易收支失衡问题迅速膨胀，并上升为影响两国关系的严重问题[①]。该时期钢铁作为重化工业的代表是日本的支柱产业，日美钢铁贸易摩擦爆发后，尽管日美两国数次延长日本对美钢铁自愿出口限制协议，日本每年对美出口的钢铁量仍然在美国钢铁进口总量中的占比超过一半。最终美国发现自愿出口限制协议无法解决日美钢铁贸易严重失衡这一问题。于是 1978 年以日本的钢铁生产成本为标准，计算出各类钢铁的国际标准销售价格，并制定了对美出口钢铁相关贸易伙伴国的"钢铁产品最低限价"制度。一旦外国企业生产的钢铁对美售价低于该最低限价，美国国际贸易委员会将对其进行倾销调查。

在 20 世纪 70 年代，日美贸易摩擦的领域从劳动密集型、原料密集型产业扩展到加工组装业和技术密集型产业，矛盾进一步升级。石油危机

① 日本通商产业政策史编纂委员会（日）. 日本通商产业政策史（1980—2000）[M]. 北京：中信出版社，2022.4.

之后，贸易摩擦蔓延到彩色电视机、钢铁、汽车等诸多领域，特别是重工业领域。1976年，日本向美国输出的彩色电视机达200万台，约为当时美国彩色电视机总数的36%。在美国的施压下，日本在1988年与美国签署《日美彩电协定》，以维护日本本国的出口贸易秩序。根据协议，从1977年7月开始的3年内，日本向美国输出的彩电不超过175万台，包括156万台成品和19万台的半成品。基于此，日美彩电摩擦才告一段落。后来日本公司在美国进行了大量的外商投资，导致日本公司对美的彩电销售量大幅下降，最终使得日美彩电摩擦消弭。

1980年以后，日本工业结构的主干已由重工业逐步过渡到精加工组装业，日产汽车的国际竞争力不断提高，对美出口数量不断扩大，因此汽车产业的日美贸易摩擦成了关注的焦点。第一次的"石油冲击"之后，日本汽车以其轻巧、省油、美观、高性能等优点，大量进入美国市场。1976年和1977年对美出口分别比上一年同期增长47.6%和27.4%。1978年，日本对美国的出口额增长速度曾有过短暂的降低，但在1979年和1980年两年间又出现了显著的增长①，市场占有率于1980年1月达到了22%。美国同期汽车产业属于萧条产业，产业失业人数超过20万。为转移国内矛盾，美国政府将汽车产业的高失业率归咎于日本长期奉行的出口扩大战略上。日美两国决定将由日本实施自愿出口限制来控制日本汽车对美销售数量——每年控制在168万辆内，但由于日本生产的汽车在美国的需求量并没有相应减少，导致该限制数额在5年内扩大至185万辆/年。为躲避出口数额限制，本田、丰田和日产等日本汽车企业将生产基地转移至美国本土以扩大日产汽车的销量。

由于美国自身的工业区概念，也即某一产业聚集在某一地区，如果该产业出现衰退，地区的经济发展相应地就会受到严重影响。区域内的企业和居民由此产生诸多不满，纷纷向国会议员乃至总统请愿制裁日本。为了争取地区选票，政客无法忽视这些强烈的期待，所以美国在一开始

① 马文秀. 日美贸易摩擦与日本产业结构调整［D］. 河北大学，2007.

就是以政治为由而采取强硬态度对待日本[①]。在政治色彩的渲染之下，美方除了要求日本继续进行自主限制出口外，还要其开放高技术产品等市场，也为 20 世纪 80 年代日美之间的科技战埋下了隐患。

9.1.2 中期：宏观领域经济摩擦与日美科技战（20 世纪 80—90 年代）

进入 20 世纪 80 年代，日本继续保持稳定巨额的对美贸易顺差，1971—1975 年，对美贸易顺差为 24.06 亿美元，而到 1985 年，已经扩大为 465.92 亿美元，10 年间上涨超过 18 倍。美国面对日本出口对其经济的巨大冲击，以及里根执政时期美国赤字居高不下，加剧了日美贸易不平衡的状态，美国将汇率作为解决贸易摩擦的重要工具。在贸易摩擦的中期，已经从微观经济领域扩展到对于宏观贸易收支不平衡的问题。《广场协议》签订后，汇率对于缓解贸易摩擦的效果并不显著，美国转而启动“超级 301 条款”，并对日挑起科技战。这一阶段，日本政府的应对措施主要从限制对美出口转为扩大对美进口，并开始意识到经济结构的问题。在高技术产业竞争方面，主要采取降低生产成本、“雁阵战略”扩大海外生产和加强创新研发等措施。

（1）《广场协议》与日元升值

自 20 世纪 70 年代起，日美汇率就有了较大波动；而 80 年代美国财政赤字剧增，对外贸易逆差大幅增长。美国希望通过美元贬值来增加产品的出口竞争力，以改善美国国际收支不平衡状况。1985 年，美国、日本、联邦德国、法国以及英国的财政部长和中央银行行长于纽约举行会议，达成五国政府联合干预外汇市场，诱导美元对主要货币的汇率有秩序地贬值，以解决美国巨额贸易赤字问题的协议，即《广场协议》。

《广场协议》签订后，日元极速升值，1985 年汇率为 255，到 1988 年即为 127，在短短 3 年内日元对美元升值 1 倍左右。美元贬值应该可以提高美国出口产品竞争力，外需促进经济增长，增加储蓄。而日本对美贸易顺差却并未减少，甚至上涨了近 10%，两国贸易收支并没有大的变

---

① 日本通商产业政策史编纂委员会（日）. 日本通商产业政策史（1980—2000）［M］. 北京：中信出版社，2022. 4.

化。以汇率为手段的经济政策对于贸易收支不平衡并没有显著作用（见图9－2）。

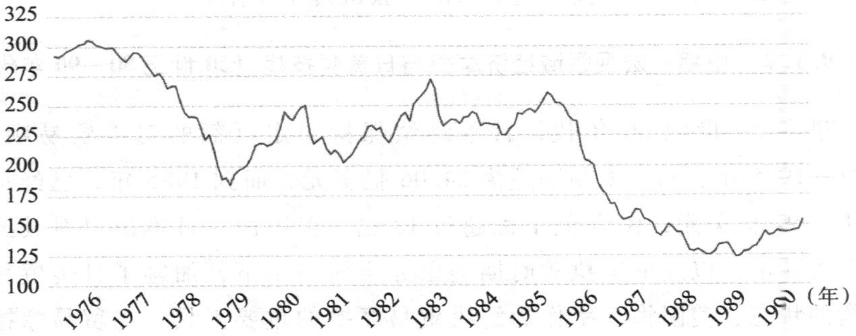

图9－2 1976—1990年日元兑美元汇率（月平均）

资料来源：CEIC Data，www. ceicdata. com.

（2）日美“科技战”：以半导体产业为例

在汇率手段未收到成效之后，美国转而启动“超级301条款”，对其认定的贸易对象国存在的“不公正交易行为”进行全面调查。1989年1月布什总统执政后，美国一边高举“自由贸易主义”大旗，一边积极运用“新贸易法”，在对日钢铁、汽车、半导体等领域的贸易摩擦中都动用过“超级301条款”①。在高技术产业领域，日美“科技战”打响。在本节，作者将以半导体领域贸易摩擦为例，具体分析日本政府和企业应对美国科技战的措施。

一直以来，为促进产业结构升级转型，日本政府重视高科技产业发展，并出台一系列政策措施鼓励高技术产品出口。在20世纪80年代，高技术产业取得迅猛发展，高技术产品出口值稳步上升，占制造业出口比例也不断扩大，1987年巅峰时期达到35%左右，成为日本制造业出口的支柱型产业。以半导体产业为例，日本政府大力扶持半导体产业，实施“超大规模集成电路研究计划”（VLSI），日本半导体产业通过政府扶持在整个世界市场都占据优势地位。20世纪80年代中期，日本集成电路产品

① 徐梅．中美贸易摩擦与日美贸易摩擦的比较分析［J］．日本学刊，2014（03）：69－88.

占美国市场的 30%，尖端半导体芯片产品甚至占到 90%[①]（见图 9－3）。

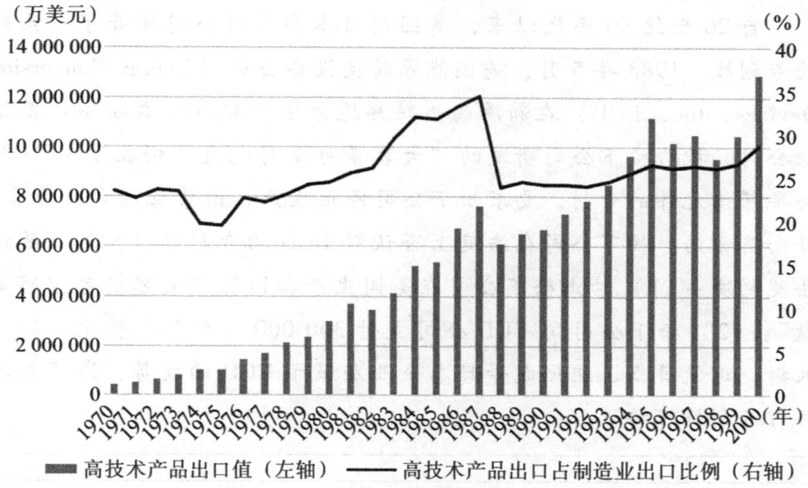

图 9－3 1970—2000 年日本高技术产品出口状况

资料来源：根据 WDI－Database－Archives－（beta）历年有关数据整理。

日本对于美国半导体产业的压倒性优势给美国本土企业带来巨大冲击，让美国感受到了巨大的经济威胁。因此，美国采取一系列强硬措施对日本半导体产业进行压制。首先，阻碍日本引进先进技术，以“盗用美国专利技术”为理由对日本企业进行制裁，并且以政治手段“加码”，如以冷战期间向苏联非法出口军用敏感高科技的“东芝事件”为由对企业进行制裁，以及以“非法获取技术”为由的“IBM 间谍案”；其次，美国采取以政治和经济手段为代表的各种措施抑制日本高科技企业自主创新。日本对美国妥协退让，最终以 1988 年签订《日美半导体协议》告终。协议要求日本增加从美国进口半导体产品、减少对美国半导体产品出口、强化知识产权保护等。

① 王厚双，付煜．日本处理日美贸易摩擦的经验及其启示［J］．日本研究，2018（02）：1－11.

专栏1：ECD指控日本松下电子

自20世纪80年代以来，美国对日本高科技公司展开了一系列的专利战。1983年5月，美国能源转换设备公司（Energy Conversion Devices，Inc，ECD）在新泽西州联邦地方法院起诉日本松下电器工业公司，控告松下公司研发的“大容量可重写光盘”侵犯了ECD相关半导体元件的专利，要求松下公司停止生产、出售及陈列此光盘，并向其索赔。松下公司在法庭上否认对ECD的专利侵权，然而最终法院判决：（1）禁止松下公司在美国生产和销售“大容量可重写光盘”；（2）松下公司向ECD公司支付300 000美元的赔偿金。松下败诉，迫使日立、旭化成等日本企业屈服于ECD的攻势，逐步与其签订专利许可协议。

专栏2：日本美能达公司的惨败

1987年4月，美国的霍尼韦尔公司（Honey Well，HW）向明尼苏达地方法院提起诉讼，控告日本的美能达公司侵犯了其在自动聚焦方面的专利权。在诉讼进行了将近5年后的1992年，双方终于达成了协议，协议要求美能达公司一次性付给HW公司1.275亿美元作为解约费，其中包括共计9 635万美元赔偿金及律师费。此后，HW公司起诉了包括尼康和佳能在内的五家日本照相机生产商，并要求这些公司支付共计1.241亿美元作为1986年3月至1992年3月期间的专利使用费。HW公司声称将对同类日本相机制造企业采取同样的措施。据估计，HW公司在自动聚焦技术上的专利最终能为其带来共计10多亿美元的收益。

协议出台后，无疑是对日本半导体企业的重大利空，贸易摩擦短期内的确导致企业生产经营情况的恶化。1988年日本高技术产品出口值减少近200亿美元，高技术产品出口占制造业出口比例也下降近10%。然而，面对来自美国的进口竞争，企业和政府采取积极措施，长期来看促进了高技术产业的发展。

①降低企业生产成本。在《日美半导体协议》和日元升值的背景下，企业生产成本增加，不利于出口。而企业对此积极调整经营方法，降低生产成本。如东芝公司，用垂直生产方式进一步密切母公司与下属中小企业的合作来降低生产价格[①]。因此，凭借自身优势，20世纪80年代后期日本企业高技术产品仍在世界市场中保持相对优势的地位。90年代，高技术产品出口值回升，而高技术产品出口占制造业比例也稳定在25%—30%。

②运用“雁阵战略”。雁阵模型的核心是产业转移。这一模型中日本占据第一梯度，以技术密集与高附加值产业为主；新兴工业经济体为第二梯度，以资本密集产业为主；东盟诸国为第三梯度，以劳动密集型产业为主[②]。日本政府和企业积极运用“雁阵战略”，扩大海外生产，合理布局产业链，以对外直接投资缓和贸易摩擦，并再一次掀起对外投资高潮。投资对象不仅涉及发展中国家，对发达国家亦有投资，如在美设立研发机构，利用中国和东南亚地区的劳动优势进行生产布局，分散日美贸易摩擦带来的不利影响。

③加强企业创新与研发。贸易摩擦的事实证明，“无中生有”才能适应技术发展潮流，自主创新能够获得高额的回报率。技术创新程度以专利申请数量为重要表现。20世纪90年代前期，技术创新受到美国制裁的重大影响，有所下滑和波动，而中后期专利申请数量稳步增长，专利申请增长率则有较大提升，1994年专利申请增长率甚至上涨8.5%，体现出日本企业应对贸易摩擦的技术创新水平（见图9-4）。

（3）从限制出口到扩大进口：意识到结构问题

由于日元升值，日本生产成本增加，本阶段的政策动向从限制对美出口逐渐转变为扩大对美进口。对于电气通信、医药品、医疗器械和电子等行业与美国进行协商，增加美国进口，签订MOSS（Market-Oriented Sector-Selective）协议，以数量限制和关税等传统措施作为主要解决途径。

---

① 田正.《日美半导体协议》冲击下的日本半导体产业发展研究——基于日本高科技企业经营业绩的分析［J］.日本学刊，2020（01）：115-137.

② 雷小苗，高国伦，李正风.日美贸易摩擦期间日本高科技产业兴衰启示［J］.亚太经济，2020（03）：65-73+150.

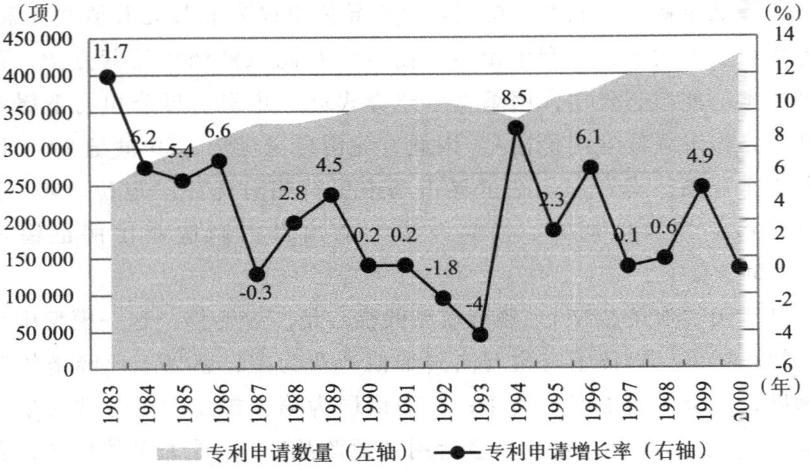

图 9－4　1983—2000 年日本专利申请数量及增长情况

资料来源：根据 WDI－Database－Archives－（beta）历年有关数据计算、绘制而成。

一方面，日本急需缩小贸易顺差；另一方面，日元升值给日本企业生产带来巨大冲击，日本政府逐渐意识到经济结构的问题。1986 年前川研究会向日本政府提交《前川报告》，认为“现在我国迎来了转换以往经济政策和国民生活方式的历史时期，没有改转换，我国的发展难以实现”，势必要从出口导向型的经济结构转变为国际协调性的经济结构。政府据此制定《经济结构调整推进纲要》，积极推动市场开放和自由化。具体措施方面，引导需求结构向“内需主导型”转变，扩大规划事业，缩短劳动时间，刺激消费；供应结构上调整产业结构，发展知识密集型产业并扩大进口，减少进口限制和降低关税；并提出为世界经济作出积极贡献的愿景：配合“国际化国家日本”的对外经济政策，“要充分认识到日本在国际经济中的地位。为支持并适应日本的中长期发展，日本要继续为世界各国经济发展做出贡献，并构建新的国际经济关系”。①

然而，这一纲要并没有解决深层次的问题，由于错误的货币政策和财政政策，日本“泡沫经济”的隐患已然出现。

① 日本通商产业政策史编纂委员会（日）．日本通商产业政策史（1980—2000）［M］．北京：中信出版社，2022．4．

9.1.3　后期：聚焦投资问题，泡沫经济崩溃

在日美贸易摩擦后期，关注焦点由国际收支失衡的问题转向宏观的储蓄投资问题。在上述章节作者已经提及，对外直接投资是日本缓解日美贸易摩擦的基本策略之一，但效果有限。在 1985 年后日元升值，为了降低生产成本、规避与美贸易摩擦，日本对外直接投资（OFDI）迅速扩张，1980 年仅 48.93 亿美元，而到 1990 年已经达到 480.24 亿美元，增长了 881.4%（见图 9－5）。1986—1989 年的第三次投资高潮则引发了投资摩擦：日对美投资与同类企业产生冲突，兴起日本对美投资威胁论，政治色彩日趋浓厚。例如，日本的三菱地产甚至收购了美国的洛克菲勒中心大厦，引起美国的民族主义情绪反弹，不利于缓解贸易摩擦问题。

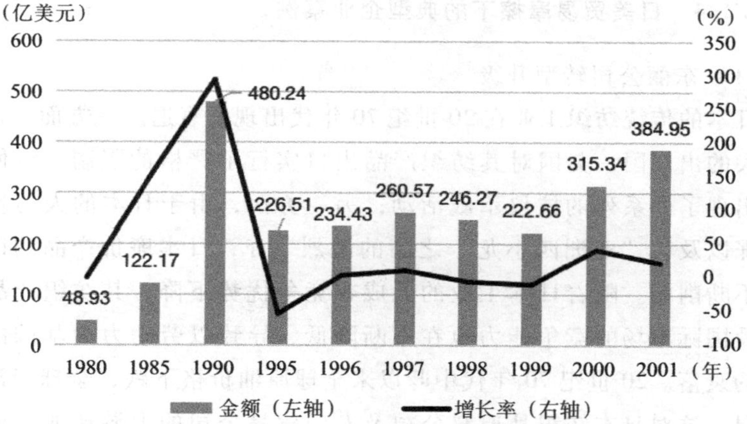

图 9－5　1980—2001 年日本对外直接投资金额及增长率统计

资料来源：日本财务省《国际收支统计》。

为应对日美投资摩擦，双方就相关问题进行了协商，签订“日美结构协议”，提出 430 万亿日元的公共投资目标，加强垄断法和修订大店法，作为结构问题协商的焦点。例如，1994 年日美在通信方面签署了政

府采购协定，1997 年签署了日美保险协议①。因为日美之间在服务贸易方面所遇到的障碍与战后初中期的货物贸易不同，并非一般意义上的关税或非关税壁垒，而是涉及日本当时的法律法规、市场结构以及相关政策制度，因此该阶段日美贸易摩擦的对策转变为制度层面的调整。一方面，面对出口危机，日本政府继续采取加大对外投资的方式，降低因日元大幅度升值而提高的企业出口成本，采取宽松的货币政策。虽然降低了一部分企业的出口成本，但日本国内制造业大量对外转移出国，也导致了日本相关产业的“空洞化”，对日本经济结构转型带来不利影响②。另一方面，面对美国提出日本增加内需的要求，实施积极的财政政策，导致大量资金流入房市和股市，“房地产泡沫”岌岌可危。最终，20 世纪 90 年代，日本泡沫经济崩溃，使日本经济长期处于一蹶不振的状态，产业竞争力明显下降，本轮日美贸易摩擦逐渐消退。

9.1.4 日美贸易摩擦下的典型企业案例

（1）东丽公司转型升级

日本的传统纺织工业在 20 世纪 70 年代出现了衰退。一方面，作为日本最大的出口国，美国对其纺织产品出口实行了严格的限制，致使日本国内出现了一系列的抗议示威活动；另一方面，由于日本的人力费用不断上涨以及与“亚洲四小龙”之间的激烈争夺，日本廉价产品的市场竞争力不断削弱。随着日本工业的低成本竞争优势下降，其纺织产品的出口额及国际市场的竞争能力也在不断降低，导致以劳动力为基础的纺织产业的衰落。20 世纪 70 年代中叶以来全球原油价格下跌，全球经济也逐渐衰退，这对日本纺织品原料公司及专门贸易公司的上游产业造成了严重的影响，许多公司相继倒闭。以纺织业为中心的众多上游行业都要对其进行人事重组和机构变革，曾雇佣大量员工的大纺织公司也要实施裁员。

---

① 赵瑾．日美贸易摩擦：由宏观经济摩擦转向制度摩擦［J］．国际经济评论，2001（Z4）：53-56.

② 王厚双，付煜．日本处理日美贸易摩擦的经验及其启示［J］．日本研究，2018（02）：1-11.

在 1990 年左右，日本因经济泡沫破灭而陷入通缩，居民的财产、投资和消费都在减少，造成日本内需衰弱，经济持续低迷。日本国民在经历了经济泡沫之后，消费观念改变，开始注重性价比、简约、环保等。与此同时，在《广岛协议》的影响下，日元汇率迅速上升，使日本的纺织服装业陷入严重的逆差，而其纺织品进口量的迅速增长，以及纺织品出口量的逐渐减少，更是对传统纺织工业造成了沉重打击。正是在这种情况下，日本的纺织工业开始把目光投向以高纤维为代表的高科技纺织品，服装工业也转向以快速时尚为代表的服装工业。20 世纪 90 年代中期，日本东京已经从服装产业中心转变为新的时装流行中心。

东丽公司成立于 1926 年，是日本最有代表意义的合成纤维制造公司之一，经过近百年的发展，如今已经成为一家世界著名的以有机合成材料、高分子化学、生物化学为核心技术的高科技跨国企业。一直以来，东丽公司都按照"用创新的理念、技术和产品为社会创造新的价值"的企业家，将"科技"和"创新"作为企业发展的重中之重。在 1971 年到 1986 年的经济结构衰退期，面对日、美两国纤维贸易摩擦的形势，东丽公司确定了两条转型方向：一是实施纤维生产技术创新和业务结构改革，不断调整经营结构，加强与成衣企业的合作，同时又加大了市场营销力度；二是利用自身的技术优势，开发具有较强市场竞争力的新业务和附加值更高的产品，如碳纤维复合材料，药物医学材料，印刷材料等。此后，东丽集团一直秉承着这一理念。在 1985 年日元走强、泡沫经济破裂后，东丽公司采取了集团化、国际化的经营策略，最终构建了跨越四个地区的全球生产模式。

日本东丽集团的发展策略并不仅限于日本本土，更在于建立一个更强有力的国际制造机构，通过产业、资金、科技与销售网络的转移以及与供应链的整合协作，来达到国际策略的扩展与增效。东丽集团将以内生孵化和外延并购两种模式，构建从纺织到服装的完整产业链，并在每一个阶段都拥有核心的研究与开发技术，从而在整个行业中发挥更大的优势。

高强度、高模量、耐高温等综合性能优异的新型人造高强钢纤维，已成为国际上研究的热点之一。由于它拥有其他纤维无法比拟的特性，无论是在军事领域，还是在高科技领域，抑或是在平民服饰上都有很大的市场空间。日本公司在国际上极具竞争能力，拥有碳纤维、对位芳纶、UHMWPE 三项先进纤维的研究与制造技术，尤其是碳纤维方面的技术更是突出。东丽集团以其在全球范围内持续的收购与并购为基础，整合其在碳纤维方面的先进技术，以期在高品质碳纤维市场中占据主导地位。据统计，2016 年世界范围内的碳纤维市场需求量为 76 500 吨，较上年同期增加了 11.8%。到 2020 年世界范围内的碳纤维需求量增加到14 000吨，相应地，在接下来的几年里，世界范围内的碳纤维需求量将会增加到 10.0% 左右。同时，随着全球石油化工资源的匮乏，以日本东丽公司为首的日本公司抓住了民航迫切需要一种能够降低燃油消耗的轻量化原料的机会，开始向民航等更高层次的产品进军。

近年来，日本东丽公司与美国波音公司签署了长期合同，订单总额超过 1 万亿日元，创下两家公司交易额的历史新高。东丽向波音供应制造新型波音 777X 飞机的“东丽卡”碳纤维顶浸材料，成为主机翼部分的独家供货商，同时也打破波音 2020 年的 787 梦幻客机的现有供货协议。东丽公司还计划投资 1 000 亿日元，在美国建设世界最大规模的碳纤维工厂。

韩国知识产权局通过对日本纺织业的调查，得出的结论是：日本纺织业在新产品和新技术方面投入了 70% 的研发资金，这也是日本公司能够跻身世界前列的一个主要因素。东丽集团仅在碳纤维方面的技术就已投入了 1 400 亿日元。本书认为，日本“官产学研”协同体系，即政府、产业界、学术界三方共同参与的技术开发体系，对推动技术创新的产业化起到了不可忽视的推动作用。尤其是日本在高端纺织业的发展上，更多地起到了引导作用，而非直接介入的作用。通过制定技术方案，为解决问题提供经费，并将研究结果交给东丽公司，使其在高端光纤行业中站稳脚跟，并进一步成为隐形冠军。

（2）丰田汽车逆势翻盘

日本在 1967 年一跃成为全球汽车生产第二大国，达到了 315 万台。20 世纪 70 年代末，由于世界石油价格飞涨，生产具有良好节油性能汽车的日本公司在美国市场份额迅速增长。1950 年，美国议会通过了一项关于大气污染控制的法案，要求在 1975 年所有的车辆都要符合新的废气控制的要求。日本汽车公司如丰田公司，在了解到美国将加强对机动车排放的控制之后，很快就生产出符合美国排放控制要求的车型。

美国的汽车工业一直以生产奢华、豪华和大型轿车为主，而经历了两次的石油危机后（1973 年和 1979 年），因为行业能源消耗过多而遭受了巨大冲击。而日本轿车则以其低排放、低油耗、轻型、廉价等优点，迅速进入美国的市场。在 1975 年美国汽车业对日本提起了一场著名的反倾销诉讼，结果大获全胜。这场官司看起来是美国汽车赢了，但相反证明了日本汽车的质量和价格更好，从某种意义上来说，这场官司就是给日本汽车打了一个免费的广告。日本在 1978 年向美国输出 152 万台车辆，1979 年在美国市场占有率增加到 17%，总销量达到了 164 万。1980 年，日本汽车在美国市场占有率更是增长到了 24%，该年日本向美国汽车出口额为 1 922 万台，相当于美国全部进口量的 80%。美国三大汽车业巨头利用汽车业联盟要求美国政府对日本的汽车业实行进口限制，并向美国议会开展游说活动。20 世纪 80 年代早期，由于从日本进口了大量汽车，美国汽车业陷入了更深层次的衰退，而在同一时期，美国的汽车业有将近 60 000 名员工失业，加剧了美国的贸易逆差。

早在 1957 年，丰田公司两款“皇冠牌”小型汽车就首次登上了美国口岸。在试销后规划调查组发现丰田轿车有一些不足之处，如车身较重，动力不足，引擎温度过高等，于是丰田立即作出相应的修改。1957 年 10 月，日本的丰田集团在美国成立了世界上最早的汽车企业——美国丰田集团。在 1965 年“光冠”牌小汽车进入美国市场前，丰田公司已在全国设立了 38 个经销商，并拥有可存储 200 万美元的零部件的仓库。1968 年，丰田公司如洪水般迅速涌进了美国市场，同年美国卖出了 27 万辆车。

此后不久，1970 年的两次石油危机确实让数以百万计的美国人明白了节约能源的重要性。美国人的汽车虽然马力很大，但使用价值却并没有因此而增加。加之交通拥堵，停车难等实际问题，使得价格低廉，节能，经久耐用的小型汽车受到了广大消费者的青睐。然而，美国的几家主要的汽车厂商对此置若罔闻，仍然坚持生产以前的那些高能耗，宽车身的奢华巨轮。日本丰田于 1975 年取代之前排名第一的德国大众，占据美国进口车的占有率。与丰田的高速增长相反，美国本土公司营运收入急速下滑。例如，美国克莱斯勒公司连续几年都在赔钱，其中在 1979 年损失了 11 亿美元。在 20 世纪 80 年代初期，美国的汽车业几乎一年损失了 6 万个工作岗位。

丰田最初的目标是美国的微型轿车市场，但小型轿车并非无人可挡的竞技场，德国大众的微型轿车在美国非常受欢迎。因此，丰田公司在德国对大众轿车做了一次详细的研究，全面了解大众轿车的优势和劣势。从那以后，丰田就在这个信息的指导下，建立了自己的销售网络，建立了一个销售和服务的"一体化"的零售网点，在各个网点都有专门的销售网点，并且配备了专业的维修工。

在 1983 年 8 月，正当丰田在美国的发展势头正旺之时，丰田公司总裁丰田英二却提议：能不能推出一款能冲击高端汽车的车？这个决定不是临时起意，而是来自他对市场的敏锐观察。美国"婴儿潮"时代出生（1940—1950 年）的一批人已经成长起来，与他们的父母相比有着显著的差异，他们拥有了更高的购买力。当他们还很小的时候，他们都是丰田轿车的"铁杆"顾客，但如今他们希望购买更高级的轿车。丰田公司敏锐地捕捉到了这一商机，于是下定决心投资 10 亿美元，花费大量时间进行研发与设计，以生产一款高端车型。1989 年，研发投入高达 5 亿美元的丰田雷克萨斯（Lexus）成功上市。丰田的 LexusLS400 汽车上市当年共售出 16 302 台。两年之后，雷克萨斯已经是美国市场上销量最好的进口车，并推出了新车型 SC 古贝。雷克萨斯于 2000 年超越凯迪拉克成为北美最热卖豪车之位。为了巩固自己在美国的统治力，丰田陆续发布了多款新车，包括 Tundra 皮卡、阿瓦隆轿车、赛利卡双座轿车、Echo 等。2001 年后又以平均 40 天生产一种车型的速度推出了几种新车型。与 2000 年推出的四款相比，2001 年末丰田用了 18 个月在美国市场推出了 13 款新汽车。

由于三井等日本大财团的相互持股，1974 年丰田已与十余个主要成员公司共同组建了丰田集团，并与数百个中小规模成员公司共同组建合作网络。到 20 世纪 90 年代末，丰田公司已建立起由四个部分构成的大型集团公司系统，即运营组织、生产、研发和供应链。体系内部交叉持股，这也是丰田公司不被外界影响的原因。

20世纪90年代，尤其是90年代中期日美发生了一场激烈的经贸摩擦。为防止与北美、欧洲等国家的车企发生直接碰撞，东南亚就成为丰田等日本车企在世界范围内扩张的主要生产基地。相比起北美、欧洲以及日本，东南亚东盟各国的汽车市场起步较晚，规模也不大，因此日本公司迅速占领了该区域的主导位置。日本丰田公司于1996年在东南亚总共制造或装配了370万台车辆，其中2/3的车辆都是在当地制造，零部件产品已经实现了最高40%的当地化率。泰国是丰田在太平洋区域内最大的制造工厂的第二大海外市场：由丰田公司持有59.6%股权的丰田—泰国公司产量超过了丰田在东南亚地区总产量的40%；在印度尼西亚，PT丰田—亚洲公司是丰田在东南亚的引擎制造中心，由日本丰田公司持有49%的股份；在菲律宾，日本的丰田公司在菲律宾制造了一些亚洲车型，并持有25%的股份；在越南，一家非常小型的组装工厂进行了试验，并最终取得了成功。从产量上来说，丰田在东南亚的产量已经超过了它在欧洲的生产基地。

(3) 索尼的制胜之道

美国广播公司于1939年在纽约世博会上发布了全球首部黑白电视机。之后，第二次世界大战的爆发让电视的发展有近十年的停滞。第二次世界大战之后，电视的发展进入了一个大爆发时期。例如，美国在1949年至1951年的短短3年内，电视产量就由100万台增加至1 000万台。当然，电视机行业的进步并不只是数量上的增加，而是在技术上的飞跃。1950年进入“彩电年代”。1953年，美国广播制定了全国彩色电视机的标准。美国广播公司于1954年正式推出第一部面向普通消费者的彩电，名为CT-100。

在大洋的另一端，日本在第二次世界大战后工业化进程加快，国内经济逐渐恢复。在20世纪五六十年代，“工作”和“消费”已经成为日本社会的一种身份认同，日本的消费市场也出现了“大众化”的特点。在这一过程中，冰箱、洗衣机和黑白电视“三大神器”，以及彩电、空调和汽车“新三大神器”的出现，在日本社会引起了一场消费变革。据资料显示：1955年日本水箱、洗衣机和黑白电视机的普及率不到1%、5%

和1%，而在1965年这一数据达到了51%、69%和90%。同时，日本的东芝、索尼、松下、夏普等家电企业都在迅速崛起。凭借日美两国的同盟关系，日本家用电器公司不断地向美国引进先进技术，这对日本家用电器工业的发展起到了举足轻重的作用。

日本索尼公司早期主要生产晶体管收音机，这也为日后索尼开发出第一台晶体管电视机奠定了技术基础。仅在1959年索尼就卖出了400万个晶体管收音机，而在1965年，这个数字更是达到了2 400万。索尼为了迎合美国市场，在美国注册了美国—索尼公司。在彩电销量不断攀升的同时，索尼也认识到了彩电市场的广阔前景，并将目光投向了彩电技术的开发。

1968年，索尼公司将型号为KV－1310，名为“特丽珑”的电视机推向了日本市场，在世界范围内掀起了一股抢购狂潮。特丽珑电视机第一次将单色三束管应用到显像管CRT，是CRT显示器在图像质量上的一次飞跃。特丽珑电视机不但在亮度、色彩等方面都很优秀，色彩纯净度也很高。其特征是：降低了热扩散，同样的耗电条件下亮度和对比度较高，显示屏幕完全扁平。特丽珑电视机的诞生，打造了整个显像管时代的技术巅峰，无论是在电视机、显示器还是广播监视器领域，索尼特丽珑都有着最高画质水平。有数据统计：在1968—1988年间，索尼公司售出的特丽珑电视总数已经超过了一亿台，被誉为“史上销量最好的电视”。

20世纪70年代中期，由于索尼公司的特丽珑电视机在日本获得极大成功，索尼公司决定将目光投向美国。那时候，索尼的电视机在东南亚和日本都很有名，但在美国，索尼的电视机只是一个“杂牌货” 市场潜力极低。索尼公司也做了不少的宣传，甚至还打了不少的折扣，但都没能起到多大的作用，甚至还影响到了产品的形象。在这种情况下，索尼对外事务部部长将美国最大的电子产品供应商——马希利尔公司作为切入点。有了当地最大的家电销售公司马希利尔做“带头羊”，索尼的彩色电视机也开始向芝加哥上百家店铺供货。不到3年的时间，索尼公司在芝加哥的市场份额就提升到了30%。

日本公司在美国的彩色电视机进口市场上占有将近80%的分额，这也就意味着，一度被认为是廉价杂牌产品的日本彩电已经在美国市场上大举进军。日本彩电在刚进入美国时就遭遇了品牌形象和信誉差等问题，很多日本公司在美国根本就没有商品的销路。如何破解不仅取决于美国市场本身的需要，还取决于日本公司的营销战略。日本公司一般都会把精力放在寻找切入点上，它们不会一鼓作气拿下整个市场，而是会选择美国的某个地区，某个批发商，或者某个特定的客户消费群，站稳了脚跟之后才会逐步扩张。正如之前所说的索尼的“带头羊”战略，索尼公司认为只有那些占据了这个区域市场份额 80% 以上的少数几家大型商店，才是最有开拓价值的潜在客户。

与此同时，日本索尼也会灵活使用一种“市场占有率定价”的战略，即以相对低价的方式进入一个市场，从而获得一定的市场份额，进而实现对这个市场的长期掌控。因为价格太低，厂商和经销商的利润都会受到影响，如索尼的彩电在初期就打了 2% 的折扣。但以索尼为代表的日本公司很乐意在成立初期吃些亏，并且将此看作是长期市场开发的一项投资。

另外，索尼还非常重视和美国代理商的良好合作，给予他们各种各样的援助，并以更高的价格来激励代理商对日本商品的销售。例如，索尼与马希利尔公司的谈判，索尼就是从另一方的利益出发，提出了这个问题。日本公司在开发国外市场之初，均以“经销商利益为先，公司利益”为后作为经营宗旨，一直与中间代理商维持良好的商业关系。

最后，有着后发制人的认识。美国研发出了很多先进科技，但最终还是日本企业把这些技术转化为商品。日本公司借鉴美国的技术，对其进行复制、改进和进一步的创新，以最低的成本获得最高的利润。例如，美国的录像机 VCR 技术，就是美国人金斯伯格首先发明的，美国安贝克斯公司一开始掌握着 VCR 技术的专利。在 1960 年的时候，日本索尼公司就跟美国安贝克斯签订了合同，购买了 VCD 的专利，同年就开始生产录像机产品，率先进入美国市场。

9.1.5　日本应对贸易摩擦的经验启示

2018 年，美国以中国对美长期贸易顺差和“不正当手段窃取技术”为由，进行了所谓“301 调查”，正式开始新一轮贸易战，实行贸易保护政策和对中方的科技打压。面对这“似曾相识的一幕”，日本处理对美贸易摩擦的措施对于我国应对当下的贸易政策不确定性具有较强的经验意义。作者认为，应从扩大内需、合理对外投资、加强技术自主创新和产业升级转型等方面进行应对，促进我国经济社会持续发展。

（1）积极扩大内需，避免出口市场过度集中

日本的出口导向型贸易政策不利于长期稳定的经济发展，积极扩大内需、开拓国内市场才能站稳脚跟。纵观日本对美出口贸易的变化，在20世纪50年代到90年代一直对美国市场存在过度依赖，对美出口占日本出口总额比重一直居高不下，维持在20%—40%的水平，在1985年甚至达到37.1%（见图9－6），对美出口占总出口比重已经超过1/3，日本对美出口和贸易顺差的迅速增长是导致日美发生贸易摩擦的直接原因。近年来，我国也通过扩大进口、开放市场等方式缓解贸易战压力，是打破贸易壁垒的良好选择。

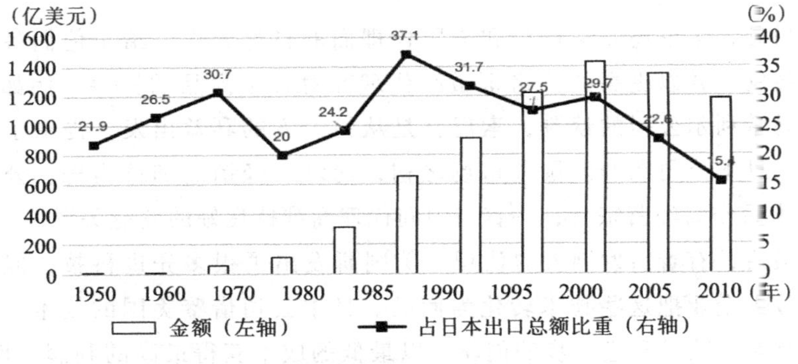

图9－6 1950—2010年日本对美出口贸易变化

资料来源：根据徐梅（2014）文中数据绘制。

（2）对外直接投资是把“双刃剑”，缓解贸易摩擦的效果有限

第二次世界大战后，日本通过对外直接投资的方式试图缓解贸易摩擦，然而从出口诱发效应、进口转移效应、出口替代效应和逆向进口效应四方面来看，日本对北美直接投资的出口替代效应明显，逆向进口效应较弱；而日本对亚洲直接投资的逆向进口效应明显。一定程度上缓解

了对外贸易摩擦，但效果始终有限①。对外直接投资在一定程度上能够起到转移出口能力、规避贸易摩擦的效果，然而过度的对外投资也会导致国内产业的“空心化”②，反而不利于国内经济发展。再者，“雁阵战略”使得各国经济紧密的联系在一起，在这一增长的梯队和链条中，一个环节出现故障，就会使整个增长梯队受到影响，在当今复杂多变的国际形势下暴露出其缺陷。

（3）加强技术自主创新能力，非完全自主开发易将摩擦引向纵深

在日美贸易摩擦中，日本相关企业正是凭借技术自主创新增强了产业竞争力，在国际竞争中保持相对优势的地位。中美贸易摩擦从长远来看，有利于倒逼我国企业自主创新形成技术积累，向全球价值链中高端升级。当前，我国核心技术仍然受制于人，因而在美方采取贸易霸凌主义、强行切断如华为等相关高技术企业的尖端技术和先进产品供应链时，才会对我国相关行业造成较强的冲击。唯有以创新应对竞争，才能立于不败之地。

（4）加快产业升级转型是解决贸易摩擦的重中之重

日本在日美贸易摩擦中始终处于妥协态势，贸易战最后以“泡沫经济”的崩溃而告终，其根源是日本的产业结构问题始终没有得到较好的解决。日本国土面积狭小，自然资源匮乏，原材料大量依赖进口，而为了维持国际收支平衡又依赖于大量出口③。而20世纪80年代后期日元快速升值，生产成本增加，经济优势被其他低成本国家所取代，过度的对外投资又造成国内相关行业的严重空心化，不利于加快日本经济的结构转型。中国在全球价值链分工中一直处于中低端，附加值较低。进入经济新常态，必然要进行发展方式转型，布局如高端芯片、高端医疗设备、基础软件系统等战略性产业，提高中美竞争中的竞争力。

---

① 马文秀，杨茜．日本对外直接投资缓解日美贸易摩擦的效应及其启示［J］．日本研究，2008（01）：31－37.

② 李丹，董琴．日美贸易摩擦下日本产业升级的实现及启示［J］．现代日本经济，2019（02）：1－12.

③ 王厚双，付煜．日本处理日美贸易摩擦的经验及其启示［J］．日本研究，2018（02）：1－11.

9.2 西方对俄贸易、科技制裁与反制裁

冷战结束以来，俄美关系经历了多次“重启”，但都以失败告终。2014年乌克兰危机使美俄的关系走向对抗，美国和欧盟开启了对俄罗斯的多轮经济制裁，包括政治、军事、能源、科技等众多领域。2018年3月，特朗普正式签署的对进口钢铁、铝及其制品加征关税的命令掀起了新一轮的对抗的序幕。2022年俄乌战争爆发后，美国和欧盟进一步加大了对俄制裁力度。以美国为首的西方国家对俄制裁给全球化蒙上了阴影，分裂的时代加速到来。俄美较量给中国发出警示，我们应从俄乌冲突下的制裁与反制裁中吸取经验和教训，做好预案，以更好应对中美博弈的挑战和风险。

9.2.1 西方对俄制裁历程回顾

（1）制裁历程分析

①第一阶段。乌克兰危机至2014年7月为第一阶段，美国对俄罗斯实施了较为密集的经济制裁手段。主要方式是冻结相关个人在美的所有财产和权益，包括禁止美国民众、企业与制裁对象进行贸易交易，且凡是拥有美国子公司的公司都需要遵守美国的行政命令。与此同时，美国对俄罗斯能源实体的制裁力度提升，试图破坏俄罗斯能源行业的长期融资能力。此外，美国还采取了非直接针对个人或实体的制裁方式，如延缓与俄罗斯商谈经济合作事宜①。这一时期，欧盟对俄罗斯的制裁主要是对俄罗斯官员以及与他们相关联的个体和实体实施资产冻结，并对其发布欧盟内部的签证禁令、旅行禁令，但避开了较为敏感的能源制裁。

②第二阶段。MH17坠机事件开始到2014年年底为第二阶段，美国和欧盟开始加强对俄罗斯的经济制裁措施，涉及金融、能源、技术和国防领域。美国财政部对俄罗斯经济金融部门内其他实体实施金融制裁，

① 朱优优．乌克兰危机以来欧盟对俄罗斯经济制裁研究［D］．外交学院，2018（6）．

冻结相关企业在美国的资产，限制它们进入美国资本市场。欧盟对俄制裁升级，包括限制俄罗斯进入欧盟资本市场，欧盟各国和企业不再向俄罗斯五大国有银行提供贷款。发布军民两用商品贸易禁令，限制俄罗斯敏感性技术的进入通道。

③第三阶段。2014年年底到俄乌战争之前为第三阶段，这一时期的制裁有所放缓，主要是延长已有的制裁措施。虽然制裁名单时有增加，但总体而言由于美欧内部分歧加大，欧盟希望经济制裁能够获得较大的政治作用，但不希望伤害到自己的经济利益，因此对俄制裁处于停滞缓和阶段（见表9－2）。

表9－2　2014—2018年美欧对俄罗斯经济制裁情况

制裁国家	制裁时间	制裁内容
美国	2014年3月20日	美国停止对“俄罗斯”银行与“北海航线”银行所发售的银行卡的支付服务。美众议院以419票赞成、3票反对的绝对多数通过新法案，对更多俄公司和个人进行经济制裁
	2017年7月26日	包括俄能源行业、军工企业、几家银行以及被美指控干预美总统大选的机构
	2018年8月8日	全面禁止向俄出口电子设备和军民两用配套设备
	2018年8月27日	停止对俄任何援助。停止发放向俄国营公司出口美国武器、军民两用产品许可证（太空合作和商业航天发射所需以及确保民航飞行安全所需产品除外）。美机构被禁止向俄提供任何信贷、信贷担保、财政支持
欧盟	2014年6月23日	对克里米亚实施进口限制
	2014年7月6日	停止欧洲投资银行对俄罗斯的新增融资
	2014年7月22日	冻结欧洲复兴开发银行对俄罗斯的新增融资，限制俄国有金融机构进入欧盟市场，实施武器禁运并禁止向俄出口军事终端使用的军民两用商品，限制俄获取欧盟敏感技术尤其是石油行业
	2014年9月12日	禁止俄6家防务和能源企业在欧盟进一步融资
	2014年12月18日	加强对克里米亚贸易、投资、商业活动限制，禁止欧盟游轮前往当地港口，禁止向克里米亚出售能源和移动通信技术

资料来源：通过公开数据整理所得。

④第四阶段。2022 年 2 月俄乌战争爆发至今为第四阶段，美欧对俄制裁全面升级，更为严厉的金融制裁包括美国及其盟友冻结了俄罗斯中央银行的储备资产，并将俄罗斯排除在 SWIFT 金融支付系统、基础性国际金融机构包括所有外国银行和国际货币基金组织之外。贸易和科技制裁包括禁止进口俄能源，实施高科技产品禁运，涉及半导体和者多关键元器件。美国政府还考虑实施“次级制裁”，即惩罚向俄罗斯出口高科技产品的第三方企业。民间层面，美国科技巨头也参与了对俄“脱钩”和抵制。苹果、谷歌等停止在俄罗斯的市场运营。一些虚拟货币交易平台加入对俄金融制裁大军，禁止俄罗斯用户交易甚至没收其财产。社交媒体巨头脸书和推特对俄罗斯官方媒体施加算法限制，使其影响力遭到打击。美国一些院校也开始暂停或取消与俄罗斯的双边合作、奖学金项目等，试图将俄科学家排除出国际科研合作。在美国的压力下，欧盟方面作出艰难的决定，并宣布将在 5 年之内彻底改变对俄罗斯能源的依赖状态。这意味着在逆全球化背景下，俄罗斯与美国为首的西方国家从政治关系到经济关系都将快速脱钩（见表 9－3）。

表 9－3　俄乌战争后美欧对俄罗斯制裁

国家或组织	制裁措施
七国集团＋欧盟	1. 取消各成员国对俄关键产品实行的最惠国待遇； 2. 限制俄关键商品和技术进出口贸易； 3. 进一步限制对俄高附加值产品进出口； 4. 将俄罗斯七家银行踢出 SWIFT 系统； 5. 禁止对俄能源等关键经济部门进行新的投资； 6. 限制俄央行动用国际储备，防止影响制裁效果
美国	1. 联合盟友减少俄高技术产品出口 50%，并对俄国防和航空航天等行业实行出口管制； 2. 禁止美国企业或个人向俄政府或任何在俄人士出口、再出口、出售或供应美元； 3. 对俄油气开采设备实施出口管制； 4. 禁止进口俄原油和某些石油产品、液化天然气和煤炭； 5. 禁止进口俄能源，对自俄、白两国进口产品加征关税；

续表

国家或组织	制裁措施
美国	6. 限制俄、白两国肥料等产品出口，并要求两国自美进口这些产品需获特殊许可证； 7. 禁止美对俄特定经济领域进行新的投资； 8. 禁止在美境内或由美国人批准、筹资、协助或担保任何别国与俄交易； 9. 纳斯达克证券交易所暂停俄 Yandex 和 OZON 公司证券交易，纽约证券交易所暂停俄 Mechel、MTS、CIAN 公司证券交易； 10. 万事达和 visa 暂停在俄服务
欧盟	1. 禁止通信、电子、半导体、飞机和零部件、航天元器件等产品对俄出口； 2. 禁止所有与俄央行储备有关的交易； 3. 禁止投资或参与俄直投基金所有投资的项目； 4. 禁止自顿涅茨克、卢甘斯克两地货物进口，并限制对其的投资，旅游及技术出口； 5. 2030 年前逐步削减自俄进口煤炭、石油和天然气的计划，至 2022 年年底，对俄天然气依赖将减少 67%； 6. 对自俄生产、出口的煤炭和其他硬质矿物燃料实行禁运； 7. 大幅禁止对俄能源领域进行新的投资，包括与能源勘探和生产有关的所有投资、技术转让和金融服务； 8. 取消俄最惠国待遇； 9. 禁止自俄进口钢铁行业关键商品； 10. 禁止自俄进口俄原木、水泥、化肥、海产品及酒类饮料，以及对俄出口喷气燃料、量子计算机、先进半导体、高新技术电子产品、软件、智能机器和交通设备
英国	1. 暂停军用卡车、半导体、石油生产设备等零部件对俄出口许可； 2. 全面禁止对俄投资。限制俄公司在英市场上获利和使用美元和英镑结算； 3. 伦敦证券交易所暂停包括俄储银行、俄气、俄油等公司的证券交易； 4. 计划在 2022 年年底前停止进口俄罗斯石油及相关石油产品，并禁止向俄出口航空航天产品和技术； 5. 宣布 2022 年年底摆脱对俄石油、煤炭的依赖，停止自俄进口天然气，并禁止对俄出口关键炼油设备、催化剂，资金进口俄钢铁产品
澳大利亚	1. 禁止对俄出口氧化铝、铝矿石及铝土矿； 2. 对自俄、白进口的所有商品加征 35% 关税；停止自俄进口石油、天然气、煤炭等产品； 3. 禁止对俄出口珠宝、黄金、葡萄酒、汽车、皮草等奢侈品

9.2.2 美欧对俄制裁的影响

(1) 经济增长放缓

对俄罗斯资本流通和能源领域进出口的限制直接打击了俄罗斯的经济，对技术的限制尤其是与非常规油气勘探开发有关的商品、技术和服务，严重阻碍了俄罗斯油气生产的潜能，也影响了俄罗斯经济的发展前景。2014—2015 年，由于经济制裁的影响，俄罗斯的进口商品总额大幅下降。从产品结构看，下降最多的是消费品进口，其次是中间品进口，资本品进口额在 2014 年后出现先升后降趋势（见图 9－7）。

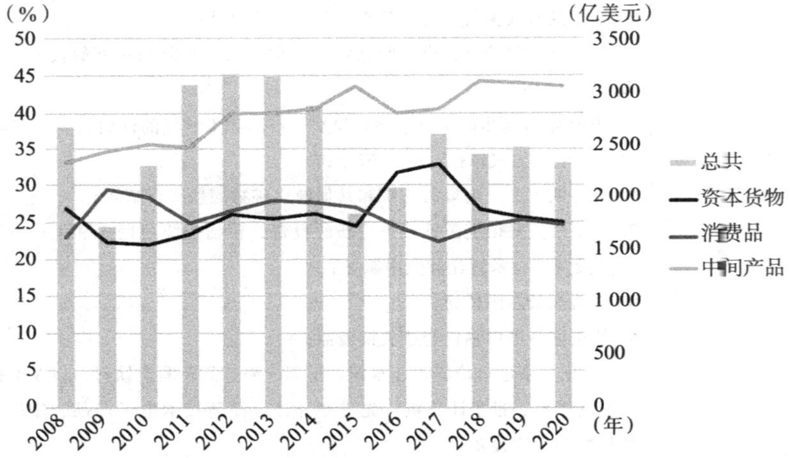

图 9－7 俄罗斯进口商品总额（消费品、资本品和中间品比重）

资料来源：UN Comtrade Database。

利用 UIBE 数据库计算出俄罗斯制造业的全球价值链位置指数，结果显示，自 2000—2007 年间俄罗斯制造业的全球价值链位置出现明显下降，在 2013 年达到低点后，出现回升态势，2014—2020 年间俄罗斯制造业的全球价值链位置指数虽然出现了波动，但总体呈现上升趋势。这主要是由于俄罗斯大量出口自然资源如石油、天然气等初级产品，这些产品往往被纳入第三国出口的中间品使用，因此俄罗斯的全球价值链上游度指数整体较高（见图 9－8）。

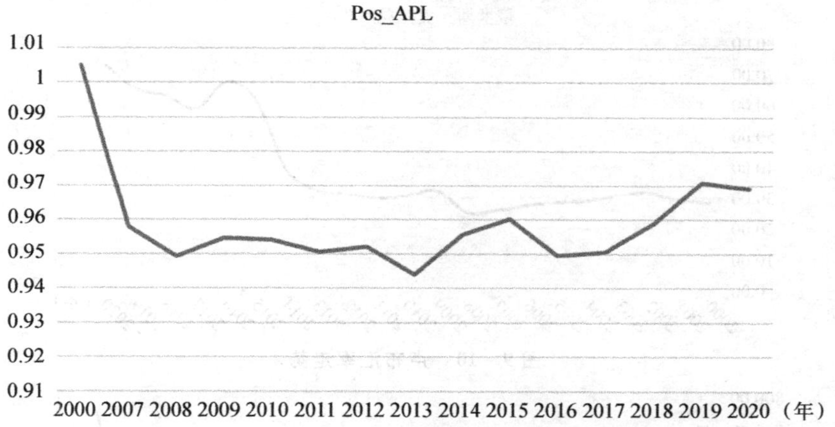

图9-8 俄罗斯制造业在全球价值链位置

根据研发强度对制造业行业进行分类，我们发现俄罗斯的高技术制造业、中高技术制造业在全球价值链的位置出现了明显的下降，而低技术制造业和中低技术制造业在波动中逐渐上升。说明美欧的技术限制对中高技术领域的负面影响是显著的（见图9-9）。

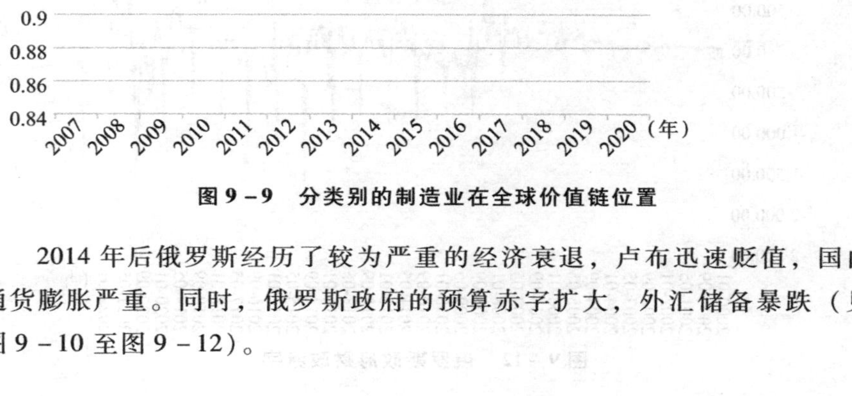

图9-9 分类别的制造业在全球价值链位置

2014年后俄罗斯经历了较为严重的经济衰退，卢布迅速贬值，国内通货膨胀严重。同时，俄罗斯政府的预算赤字扩大，外汇储备暴跌（见图9-10至图9-12）。

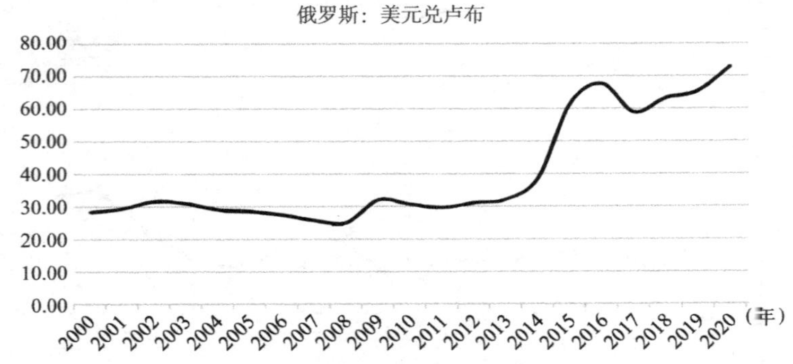

图 9－10　卢布汇率走势

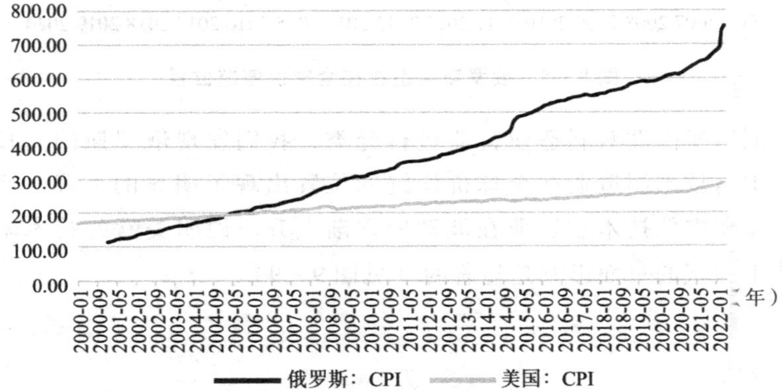

图 9－11　俄罗斯和美国的 CPI 走势对比

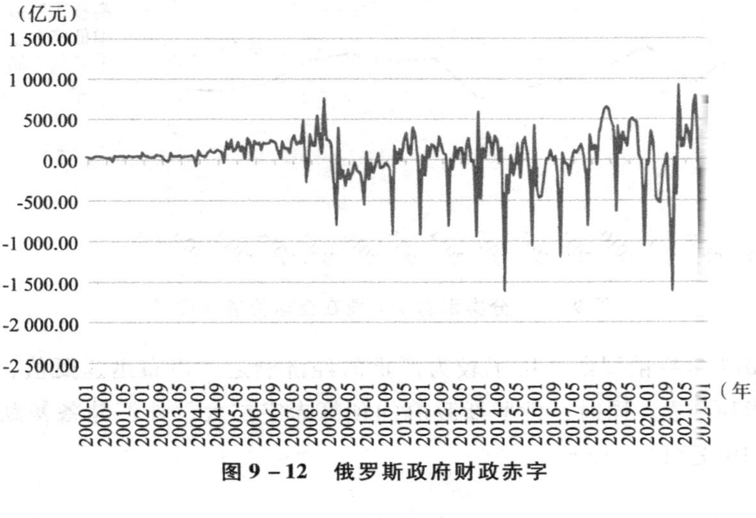

图 9－12　俄罗斯政府财政赤字

俄罗斯的国外直接投资大幅减少，金融制裁使得俄罗斯被制裁的实体资金冻结，俄罗斯企业融资困难。随着地缘政治紧张和经济制裁导致资本外逃，俄政府试图以提高利率维持汇率稳定，但会推高企业的融资成本，进一步弱化金融制裁背景下的俄企投资冲动。俄很难大规模援助受制裁企业。在整体缺乏流动性的背景下，缺乏政府庇护的中小私人企业将面临最严重的冲击（见图9－13）。

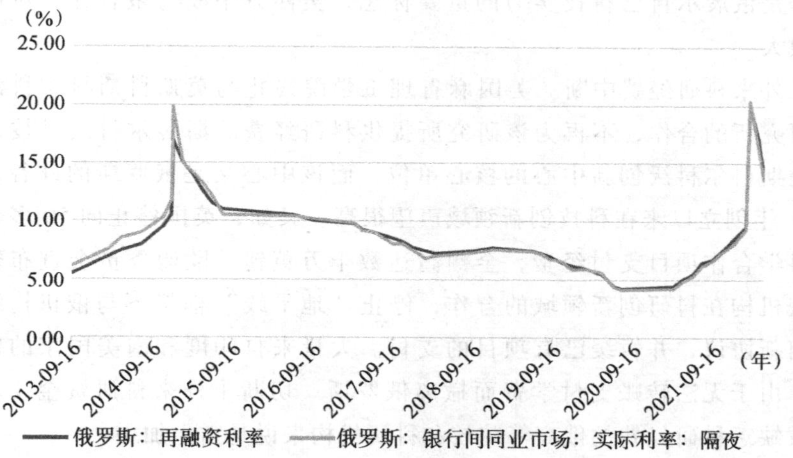

图9－13 俄罗斯利率走势

（2）遏制科技创新

美欧对俄罗斯制裁的负面影响主要金融、网络空间和产业安全方面。金融层面，武器化的科技制裁增加了俄罗斯金融体系遭遇网络攻击、发生严重网络安全灾难的机率，也让俄无法利用区块链等新一代金融技术应对美西方的金融制裁。网络空间层面，武器化的科技制裁让俄罗斯在与西方的信息战博弈中居于不利位置，面临极不友好的国际舆论环境。俄罗斯网民与外部的交流也会因此中断。产业安全层面，俄国内一些前沿科技产业的发展可能就此中断，大量人才和前期投入付之东流。企业既面临无法继续从美西方科技圈获得后续支持的难题，也面临研发产品和成果无法出口与转让的困境。

①制裁对俄科技领域的短期影响。制裁导致大型国际合作项目停止。

俄乌战事开启后，美西方科技界随即宣布中断与俄科研机构的合作项目。例如，德国大学校长联席会议冻结了对俄科研、教育与培训项目，停止了所有与俄相关的资助与联合研发；德国还宣布暂停与俄的太空合作。欧洲 X 射线自由电子激光项目与俄罗斯库尔恰托夫原子能研究所的合作也被中止。欧洲核子研究组织取消了俄参会和使用大型加速器等实验设备的资格。欧洲航天局也取消与俄 ExoMars—2022 的火星探测任务。国际合作是俄展示自己科技实力的重要标志，美西方中断与俄合作，对俄打击很大。

外来科研经费中断。美国麻省理工学院终止与莫斯科斯科尔科沃科技研究所的合作，不再为该研究所提供科研经费。斯科尔科沃科技研究所是斯科尔科沃创新中心的核心单位，而该中心又是俄罗斯的硅谷，自 2011 年创立以来在科技创新领域声望很高。又如，英国停止向 50 多个英俄科学合作项目支付经费，金额高达数千万英镑。欧盟委员会宣布暂停与俄机构在科研创新领域的合作，停止“地平线”框架下与俄机构缔结任何新协议，并暂缓已有项目的支付。大量来自印度和南美国家的留学生，由于无法转账支付学费而撤离俄罗斯。切断了外来科研资金，对于严重缺乏科研经费的俄高等院校和科研机构来说是雪上加霜。

科研人员之间的交流停顿。最明显的是 2022 年 7 月俄承办的 2022 年国际数学家大会被取消。该大会是由国际数学联盟主办的数学界规模最大的会议，每 4 年举行一次，是数学家交流、展示和研讨数学发展的学术盛会，被誉为数学界的奥林匹克大会，每届大会宣布菲尔兹奖、高斯奖和陈省身奖以及奈望林纳奖获得者，俄只在 1966 年承办了一次这样的会议，因此，俄政府对举办本次大会非常重视，原计划有高层领导人出席会议。波兰宣布停止自 1993 年与俄签署的所有科技合作项目，并不再承认俄罗斯的高校毕业证书、教育机构资质等。欧洲大学联盟取消了包括莫斯科国立大学、莫斯科鲍曼国立技术大学、莫斯科物理技术研究所等 12 所俄罗斯大学的欧洲大学联盟身份。这基本意味着美西方拒绝接纳来自俄罗斯的科研人员，对俄科技发展有重要作用的学术交流活动基本停止。

高端科学仪器设备、化学研究试剂等断供。英国公司 Teledyne E2V

停止为俄《光谱—紫外线》宇宙望远镜项目提供光电探测仪，而这种高灵敏度光电探测仪在俄无法制造。俄罗斯科学院物理研究所所长尼古拉·科拉切夫斯基称，这对俄物理学研究来说是致命打击，因为俄目前无法生产这些仪器，即便将来可以生产，也大约需要 10 年的时间。在半导体器件、微电子技术领域，美西方公司也不再提供高端设备、仪器和芯片以及设计软件[①]。

②制裁对俄科技发展的长期影响。科技创新实力停滞不前。自苏联解体后，俄罗斯的研发机构数量总体呈缓慢下降的趋势，1990 年为 4 646 家，2018 年减至 3 950 家。进入 21 世纪以来，俄罗斯科研机构数量不断整合压缩，从 2000 年的 2 686 家减至 2018 年的 1 574 家[②]。俄罗斯的全球创新指数排名一直较低，2019 年仅列第 46 位。近几年，俄罗斯全球创新指数几乎一直徘徊于 40 多名，可见其工业进口替代战略收效甚微。

美西方要与俄科技界脱钩。自 2014 年后美国就对莫斯科鲍曼国立技术大学、莫斯科物理技术研究所等与俄军工有关的科技院所实施了制裁，俄乌战争爆发后，制裁的力度更大、范围更广，涉及所有俄中等水平以上的科研院所和前沿科技领域。与此同时，全球主要科学出版物已停止向俄罗斯科研机构出售，这使得俄科研人员失去了 97% 的科学信息来源；同时，俄科研人员在国际核心学术期刊上发表论文也越来越难。这种趋势的后果是俄被美西方科技界孤立，美西方对俄降下了科技铁幕，要与俄科技界脱钩。

影响俄基础研究和创新技术发展。根据经济合作与发展组织统计数据，2019 年俄 R&D 支出约 450 亿美元，其中政府占比达到 66. 3%，企业不足 17%，俄科研人员的平均工资 4 万卢布（约合 3 500 元人民币）。美西方等世界科技强国的发展表明，科技的进步和发展在很大程度上依赖于资金的投入，若没有对科技的巨大投资，一个国家的科技不可能得到发展。未来，俄在科技领域的低投入趋势必将影响其前沿科技、创新技术和基础科学的发展和进步。

---

① 董映璧. 美西方制裁对俄科技发展影响几何 [J]. 科技日报，2022，(4).

② 蒋菁. 俄罗斯科技创新体系的构建与发展 [J]. 俄罗斯东欧中亚研究，2021，(5).

造成人才严重流失。美西方对俄科技界前所未有的制裁使俄科研人员非常震惊，特别是许多青年科研人员不知如何规划自己未来的科研计划和职业生涯，“谁也不需要俄罗斯人”这句话在科技界流传，已经有许多尖端科技人才绕道离开了俄罗斯。由于谷歌、英特尔、苹果、脸书等大型IT公司撤离了俄罗斯，俄IT领域人才流失最突出。

9.2.3 反制裁措施和效果

俄乌冲突前的反制裁措施和效果。在遭受来自美欧的经济制裁后，俄罗斯开始实施反制裁措施，最大限度地削弱西方制裁的效应（见表9-4）。

表9-4 俄罗斯反制裁措施

制裁对象	制裁时间	制裁内容
美国、欧盟等西方国家	2013年3月30日	俄对包括美众议院议长在内的九名官员和议员实施制裁，正式接纳克里米亚加入俄罗斯联邦
	2014年7月31日	禁止进口波兰的大部分水果和蔬菜
	2014年8月6日	普京签发总统令：要求俄联邦各国机关和法人实体在未来一年内禁止或限制从对俄制裁国家进口部分农产品、原材料及食品
	2014年9月11日	对波兰、斯洛伐克天然气供应量减少24%和10%
	2014年9月12日	对罗马尼亚的天然气供应量减少5%
	2015年1月	发布并实施包括促进进口替代、支援重要产业、保持金融稳定等七项内容的经济危机对策
	2017年7月27日	2017年9月前将美国驻俄使领馆所有工作人员裁减到455人
	2017年7月	进一步坚持美国证券，在贸易结算中减少使用美元
	2019年6月26日	延长从美国、欧盟等国进口禁运清单的农产品、食品原料和食品至2020年12月31日

续表

制裁对象	制裁时间	制裁内容
美国、欧盟等西方国家	2022 年 3 月—5 月	1. 要求欧盟国家进口俄天然气时以卢布支付，否则断供； 2. 对于列入不友好国家地区清单的外国债权人，如俄国家、个人和企业对其负有外汇债务，可使用卢布偿还； 3. 按国别冻结美国、欧盟等不友好国家在俄资产； 4. 2022 年年底前禁止部分产品和原材料进出口； 5. 禁止葵花籽和油菜籽出口。大豆仅通过远东联邦区检查站出口；豆粕仅保留远东口岸和加里宁格勒地区海上口岸； 6. 俄工业和贸易部批准允许平行进口的商品清单，涵盖超 200 个品牌的 50 多类商品

斗而不破，坚决反击。2014 年 8 月 7 日，俄罗斯首次宣布了反制裁措施，禁止从向俄罗斯公民或公司实施经济制裁的国家进口农产品、原材料和食品，包括美国、欧盟、加拿大、澳大利亚和挪威。2017 年，因欧盟延长了制裁期限，俄罗斯也延长了反制措施，并且在制裁对象中增加了乌克兰、阿尔巴尼亚、黑山、冰岛和列支敦士登。2018 年，俄罗斯议会通过了《关于反制美国和其他国家不友好行为的措施》的法律。俄政府全面禁止从欧盟、美国、澳大利亚、加拿大和挪威进口农畜产品。2022 年年底前禁止部分产品和原材料进出口。禁止葵花籽和油菜籽出口。大豆仅通过远东联邦区检查站出口；豆粕仅保留远东口岸和加里宁格勒地区海上口岸。俄工业和贸易部批准允许平行进口的商品清单，涵盖超 200 个品牌的 50 多类商品。俄罗斯要求欧盟国家进口俄天然气时以卢布支付，否则断供。对于列入不友好国家地区清单的外国债权人，如俄国家、个人和企业对其负有外汇债务，可使用卢布偿还。按国别冻结美国、欧盟等不友好国家在俄资产。

制订反危机计划，“精准”应对。2015 年和 2016 年，俄政府连续制订两个反危机计划，确定了反制裁的四个优先方面、60 项措施，包括刺激投资、地区平衡发展、扶持中小企业等。俄罗斯财政部规定，对因制裁受到损失的俄罗斯企业提供贷款、允许它们推迟偿还债务，出口商免于购买外汇的义务。成立了由政府总理负责的“政府进口替代委员会”，把“技术性能优先”原则改为“俄罗斯制造优先”，确定5年内减少国防生产、农牧业等20个关键部门的进口。为防止金融风险，俄开始用MIR卡替代VISA卡和Master卡，大幅减持美国国债，大量购入黄金。①

利用美欧之间的分歧，对不同国家采取了不同的反制裁策略。欧盟成员国对制裁的犹豫让俄罗斯看到了击破制裁联盟的可能性，欧盟需要俄罗斯的能源供应，俄罗斯也需要欧盟的市场。因此，俄罗斯主动向态度迟疑的欧盟国家示好。例如，拉拢和俄罗斯关系较好的东欧国家斯洛伐克和匈牙利，与它们签订能源建设计划，同时适当向德国、捷克等对制裁怀有迟疑态度的国家妥协。面对俄罗斯态度强硬的美国和欧洲国家，俄罗斯也采取了强硬的反制裁措施。俄罗斯的反制裁策略让欧洲国家看到俄罗斯妥协的可能性，也让它们体会到反制裁措施的后果，加剧了欧盟内部意见的分裂，也加剧了美欧之间的分歧。

实行“进口替代”政策，促进国内经济结构变化与改善。2014年后，俄罗斯对外贸易依存度持续升高的趋势中断，为了应对美欧的制裁、维护国家安全、缓解卢布贬值，2014年年底在关键领域实行进口替代成为俄罗斯的必然选择，并上升为国家发展战略。《俄联邦发展和提高工业竞争力国家纲要》及后续一系列法令都规定，应进一步明确国家在进口替代过程中的作用。2015年8月4日，俄联邦政府通过决议，批准成立进口替代委员会，下设两个分委会，分别就民用经济和国防工业综合体相关事务给予指导。俄罗斯制定了未来几年19个部门的进口替代计划。该计划包括以下工业部门：制药、重型机械制造、软件、飞机制造和造船等。计划要求工业发展基金和其他机制为先进的项目，包括进口替代提供融资保证。实施进口替代计划两年来，工业各个行业的进口替代约为10%—40%，在国防工业综合体的个别领域达到90%甚至100%，即俄罗斯完全不需要进口。在做好组织保障的同时，俄罗斯还修改了《国家采

① 王宪举．反制裁，俄罗斯很讲策略［J］．环球时报，2019-10-10.

购法》，提出了工业发展基金、专门投资合同制、对从事研发和设计给予部分补偿和补贴、对 2014—2016 年实施投资项目提供贴息贷款、扶持中小企业等多项内部促进机制。进口替代具有局限性，可能陷入保护落后、走向“自闭”的新困境，俄高层对此认识清醒。俄希望以进口替代为抓手，走创新发展之路，因此，进口替代是工具，不是长期发展战略。他们明确提出进口替代的目的是实现经济重组，赋予其创新性，要扶持和促使那些具有技术潜力和创新前景的产业尽快成长，并获得国际竞争力。同时，强调要依照世贸组织的规则，遵循市场原则，不是通过高关税、进口配额、复汇率制度等手段进行贸易限制，而主要是通过金融和财政手段对重点进口替代项目提供支持。

鼓励自主创新。俄罗斯的创新发展改制从苏联解体之后便已然开始。俄罗斯虽然继承了苏联大部分的科技资源，但是受到经济转轨等因素的制约，科技发展几近停滞（李旭，2016；蒋菁，2021）。在此背景下，俄罗斯重新审视其能源依赖的发展模式，推动科技创新发展的制度体系建设。首先，建立由决策机构、管理机构和执行主体三层科技管理体系，其中联邦政府居主导地位。权力、资源仍然高度集中，有利于加强重点项目建设能力，同步推动建立全国统一的科研课题体系，同时加强政府机构之间的横向协调能力。其次，推动创新立法，1996 年至 2020 年间颁布多条法律支持科技创新规范发展。再次，对创新的资金管理引入多元化的投入机制。权力高度集中导致科研投入高度依赖中央财政，但是其又同时面临财政预算资金有限的情况。在此背景下，俄罗斯依然坚持发展基础研究，同时又积极推动技术开发产品商业化发展以提升其吸引投资的能力，打造完整的科技创新链条（贾中正和李燕，2018）。为支持国家技术计划的顺利进行，俄罗斯在创新战略中引入 PPP 模式，更好地实现科技与经济相结合。这样不仅可以为政府的技术创新拓宽资金来源，还可以通过引入企业参与，提高其研发积极性（张丽娟，2018）。最后，俄政府一方面通过多元化的投入方式为创新战略引入资金；另一方面也积极提升研发投入效率。通过对科研机构的私有化改造，强调了企业的创新主体地位，同时对组织机构进行精简并进行专业化分工，全面提升效率。

9.2.4　对中国的启示

俄罗斯的反制措施最初在很大程度上是应对西方制裁的无奈之举，相关应对策略也纯属反危机的自我保护。西方对俄罗斯的制裁与美方对中国的贸易战虽然在目的、原因和性质上有一定的区别，但实质上是美国霸权主义作祟的表现，也是冷战思维的热变化。俄罗斯的反制措施及应对策略对我国应对中美贸易战以及今后可能面临的其他类似更加严峻的危机可资借鉴。

（1）建立整体安全观

一是切实提升能源和粮食安全。针对西方各种制裁，俄罗斯采取了一系列的反制措施，重点在于农业方面，把粮食安全置于优先考虑的地位，成效显著。俄罗斯通过农产品进口替代策略，为粮食安全构筑了极大的安全屏障，抵消了对西方反制措施给农业带来的不利影响。为此，俄罗斯农业发生了重大变化，粮食在自足的前提下向周边国家出口，我国应积极推动农业产业结构调整和农业科技创新，加大农业现代化建设，降低农业生产成本，建立农业产业集群，在一定程度上减小部分农产品的进口依赖，分区域、分条块地建立相关农产品应急制度，实行农业进口替代战略。在注重工业的同时，农业也必须做大做强。另外，在做好预警机制的同时，要实施好第三国（如俄罗斯、巴西、阿根廷等）进口替代制度，避免国际形势变化所带来的食品安全问题，争取参与制定更加公平合理的国际农业贸易投资新规则。

二是加大对本土高科技企业扶持力度。针对西方国家对我国技术限制，我们必须在高科技领域加强科研投入，大力发展数字技术、人工智能，采用新材料和新设计方法，开发大数据、机器学习及人工智能系统等高科技领域，对我国高科技产业敌对的相关国家、机构或个人建立黑名单制度，推行进口替代策略，并在相关领域培育和扶持国产品牌企业。

（2）构建应对科技制裁的硬实力和软实力

2022 年以来美西方针对俄罗斯的科技制裁具有“全政府”“全社会”特征，国际协调和社会动员程度空前。这说明几个基本的事实：一是科技全球化并没有改变美国仍拥有科技霸权的基本事实。从俄罗斯的情况看，该国利用科技全球化实现的部分科技自主，并不能抵消美西方全面封锁带来的冲击。与之相对，科技全球化反而让美国能够逼迫和动员更多参与者实施制裁，减少制裁本身可能存在的内部缺陷和漏洞。二是美西方科技企业仍将政治正确视为优先选项。一些观点认为，美国科技巨头与华尔街类似，经济利益是其最高追求，而在政治、意识形态上较为灵活变通。但在俄罗斯发生的情况与这种猜测相悖，美国科技公司在抵制和“脱钩”上并没太多迟疑。商业利益固然是企业的主要追求目标，但美国科技企业的决策层、主要员工、主要投资方均是西方精英，政治理念与西方政客在本质上趋同。

(3) 做好应对数字化制裁新方式的准备

数字化已经是我们生活中的一部分。因此，对于诸如此次的制裁新方式，要引起我们的高度重视。这次美国科技巨头对俄罗斯实施了网络制裁，这意味着数字经济时代的制裁呈现出网络泛化的特征。此次欧美国家的制裁，一方面是试图通过其在网络信息上的优势掌握主动权；另一方面是通过这种方式给俄罗斯社会的运转制造障碍和问题。虽然互联网域名及数字地址分配机构（ICANN）和欧洲互联网注册网络协调中心（RIPE NCC）目前已拒绝乌克兰方面关于中止对俄罗斯国家顶级域名的服务，以及撤销已分配给俄罗斯的 IP 地址的请求，但不能排除在制裁发展过程中，互联网被重定向的“断服”以及被短时间（或随机）的“断网”风险是客观存在的。我国在网络建设中应该更注重从底层技术架构上考虑未来可能潜在的风险以及应对措施，包括如何应对被“武器化”的域名系统，以及应对 IP 地址的授权运营和服务等的制约。

第10章

中美贸易摩擦经验总结及未来研判

10.1　中美贸易摩擦的经验总结

自2018年美国悍然挑起贸易争端以来，以习近平总书记为核心的党中央审时度势，统领全局，处变不惊，采取灵活的战略战术，历经艰苦斗争，达成阶段性经贸协议。通过此次贸易战，我们用实际行动向世界宣告：中国不会屈服于任何强权和霸凌，没有任何力量能够阻挡中国人民和中华民族的前进步伐。这次贸易摩擦虽然给我国带来了严峻挑战，但也为我们积累了宝贵的经验。

10.1.1　中美贸易摩擦的正面影响

一是维护产业链、供应链安全自主可控。贸易战让我们深刻意识到维护产业链安全，实现供应链自主可控的重要性。当前，我国产业链、供应链仍然存在基础不牢、水平不高的问题，一些基础产品和技术对外依存度高，高端产品供给不足。因此，中央提出要围绕产业基础高级化、产业链现代化，来增强产业链、供应链自主可控能力：其一补短板，聚焦产业薄弱环节，开展关键基础技术和产品的工程化攻关，布局建设一批国家制造业创新中心，加快科技成果转化和产业化；其二是锻长板，聚焦产业优势领域深耕细作，培育打造一批先进制造业集群；其三是促进产业在国内有序转移，优化区域产业链布局，支持老工业基地转型发展。

二是加强知识产权保护。长久以来，由于我国知识产权保护制度不完善，模仿、抄袭在一定程度上造成了恶性市场循环，引发外商不满的同时，也抑制了国内自主研发，阻碍了相关技术的发展。如今，美国在全世界范围内对中国科技企业的打压实则提供了一个机会，让我们可以趁机规范自己、健全自己、发展自己，找到最适合我国的知识产权保护制度，实现国内层面和国际层面的双重均衡。为此，中国颁布《关于强化知识产权保护的意见》，提出“严保护、快保护、大保护、同等保护”的政策理念。

三是重视自主创新。美国在高端科技方面施压，使我们意识到自主研发能力较低，在关键技术领域上被“卡脖子”的问题亟待解决。因此，外部压力促使中国政府更加坚定地制定积极的财政和税收政策，深入实施创新驱动发展战略，进一步提升创新能力和效率，以前所未有的决心建设科技强国，加快核心技术突破，全力保障我国产业链安全。

四是建立国家安全观。美国蛮横无理的制裁在伤害中国的同时也警醒了国人，和平与发展的外部环境已发生改变，不确定性将成为常态，这促使中国进一步深化总体国家安全观，从系统、全面、整体视角认识和把握国家安全问题，不仅要重视传统的领土问题，更要关注国家产业链安全，国家网络安全，以及网络意识形态斗争。

五是推动人民币国际化进程，破除美元霸权。中美贸易战初期，为了对冲能源风险，我国成立了上海能源交易中心，这意味着中国正在完善人民币石油期权贸易体制，争取原油定价权，推动人民币国际化进程，进而打破石油美元体系。

六是重视多元国际经济合作。在中美贸易战中，众多中国高科技企业遭受美国“实体清单”威胁，暴露出我国过于依赖美国提供核心技术，难以找到替代品的问题。因此，中美贸易摩擦在一定程度上推动了中国企业扩大朋友圈，在国际贸易和投资市场中朝着多元化方向发展，进一步扩大对外开放，加强与世界其他经济体的合作，开辟新兴市场，实现互利共赢。中国已经成为推动全球化的重要积极力量，在国际社会中的影响力和话语权不断提升。

10.1.2 中美经贸摩擦的经验总结

(1) 敢于斗争、善于斗争，才能更好地维护国家利益

在与美国的较量中，我方主要面临三大问题：要不要打、能不能守、要不要停。这几个问题一个接着一个，都解决了。我们越战越勇，反击越来越精准。实践证明，在21世纪任何谋求霸权的道路都行不通。中国将始终站在国际道义的一边，站在历史前进的正确方向一边。如果照这样打下去，中国的优势会日益突显，美国的战线迟早会溃败。

同步反制策略成效显著。贸易战爆发初期，有一种观点认为我们要斗争到底，甚至不惜动用限制稀土出口、抛售美国国债等“核武器”，还有一种观点认为我方手段有限，美国只想要利益，作出让步即可，不需要打。事实证明，对于崇尚丛林法则的美国而言，不反击坐以待毙只会让对方得寸进尺，我们必须以战止战、以武止戈，用胜利赢得和平、赢得尊重。面对美国发起的针对中国产品和投资的第一轮贸易制裁，中国采取了同步对等反制策略，制定出同等规模的制裁清单，有力地回击了美国，传递出中方不会屈从于任何外部压力的战略竞争信号。在斗争中坚守分离均衡策略，有效应对美国打出的眼花缭乱的组合拳，拒绝任何混合博弈策略形式的利益交换。保持战略定力和底线思维，能谈的才谈，不能谈的一概不谈，在重大原则问题上决不让步。

美国并非没有弱点，在第二轮和第三轮较量中，面对美方不断增加的制裁规模，中国主动出击扭转了被动挨打的局面，交叉使用了经济吸引和经济制裁策略。一方面加大谈判力度，通过修改外资法和其他法律法规来进一步保护知识产权，吸引美资；另一方面，利用自己的经济资源打破美国对华设置的贸易禁运等投资及贸易壁垒。采取“你打你的，我打我的”的灵活反制策略，通过数量与质量相结合的综合措施，针对美国痛点进行了“定向打击”。

斗而不破，积极寻求争端解决方式。中方在谈判中保持诚意，以打

促谈，在积极反制美国单边主义和霸凌主义行径的同时，争取达成互利双赢的协议。为此，中方先后与美方举行了数轮高级别经贸磋商，重点就贸易不平衡等问题深入交换意见，以负责任的举动展现出推动解决分歧的最大诚意。虽然磋商历经波折，但中国从维护两国共同利益和世界贸易秩序大局出发，以最大的耐心和诚意回应美国提出的关切，提出务实解决方案，推出强化知识产权保护条例、主动扩大对美进口、深化现代服务业、金融业开放等举措，为促成双方达成互利共赢的经贸协议作出了艰苦的努力。

中美贸易已经不是斗争的前线，而是后方。此次贸易战让我们认清了美国挑起贸易战的根本目的不是贸易，而是遏制中国发展。中美之间的矛盾和问题从本质上讲，是多边主义与单边主义之争、公平正义与霸权强权之争、天下为公与美国优先之争，这决定了中美之间的较量具有长期性和复杂性，我们绝不能掉以轻心。值得注意的是，自2018年以来，除了贸易摩擦，美国还对中国进行了科技打压、舆论攻击，考虑到中美两国仍有互利合作的基础以及敌强我弱态势在短期内不会发生变化，贸易将作为中美关系的稳定因素发挥积极作用。

（2）努力合作、善于合作，才能在中美竞合关系中不断发展壮大

经济基础决定上层建筑。美国和中国拥有世界上最大的两个国内市场，双方经济结构的互补性决定了“谁也离不开谁”。全球化是经济发展的客观规律，中美在全球产业链中大规模分工合作的基础不会改变，中美完全脱钩的可能性非常小。虽然在短期内上层建筑可以对经济基础造成重大破坏和扭曲，但从长远来看我们要保持战略定力，以冷静和理智来面对美方的冲动和焦躁。努力在竞争中创造合作，避免发生恶性对抗和冲突。

中美作为两个大国，在维护世界和平稳定，促进全球发展繁荣方面，拥有广泛的共同利益，肩负特殊的重要责任。与其他任何国家之间的关系一样，中美之间难免存在分歧，但两国共同利益远大于分歧。中美合作可以办成很多有利于两国和世界的大事。在新冠疫情、经济复苏、气候变化等全球性挑战面前，中美能够合作的领域非常广阔。

今后在争取与美国的合作过程中，中国应更多采取“主动塑造”、经

济吸引、地方交流、灵活让步策略来促成中美关系的实质性转圜，从保证最低程度的“不冲突、不对抗”，到在发展中探讨“相互尊重、合作共赢”之道。一是要有一个连贯、清晰和精确的对美战略目标，这与国际格局的变化与中国对自身核心国家利益的判断有关，是直接影响中美关系发展的决定性因素。二是需要一个全局性的对美战略规划和战略方针，确定不同时期的对美工作重点、主要工作方向，不争一时之长短，不计较一时之得失，在综合运用或总体协调政治、经济、心理、军事力量等方面发挥出最大效力，把握中美关系前进的方向和节奏。三是坚持“底线思维”，为避免对美战略出现大的失误而根据形势的变化及时评估战略效应，调整或修正战略目标及手段，确保中国对美战略赢得最广泛的国内和国际支持。

（3）建立更加广泛的利益共同体，加速去“美国中心化”趋势

贸易战期间，中国主动调整改善与周边国家关系，加强双边经济合作。中日关系回暖，中欧地理标志协定签署，决定打造中欧绿色合作、数字合作伙伴关系，中俄新时代全面战略协作伙伴关系持续提升。2018年以来奥地利、希腊、波兰、意大利、卢森堡、瑞士等西方国家纷纷宣布加入“一带一路”倡议，德国、英国等欧洲大国不顾美国干扰同意华为参与5G设施建设，这一系列事实表明通过建立更加广泛的利益共同体，中国完全有能力应对美国的经济钳制。

受贸易战影响，中国加快了与其他国家的谈判进程。《区域全面经济伙伴关系（RCEP）》签署，中国与东盟等区域伙伴关系得到进一步巩固。《中欧全面投资协定》谈判如期完成，中欧合作有助于搭建起反对贸易保护主义的合作平台，将更有效地发挥中国市场和资本的制衡作用。中国还积极考虑加入全面与进步跨太平洋伙伴关系协定，提振了各方共建亚太自贸区的信心。这些合作安排意味着美国不再是世界不可缺少的中心，随着国际力量对比进一步变化，美国的主导优势将大打折扣。

（4）必须统筹中华民族伟大复兴战略全局和世界百年未有之大变局，才能把握重要战略机遇期，主动塑造有利的内外环境

中美贸易战不仅是双边问题，也不仅是贸易问题，还是综合国力不断上升、与世界经济深度融合的中国与领导力和影响力不断走下坡路、

内部问题重重的西方国家尤其是美国之间矛盾的爆发点。中美竞争将是政治、经济、军事、科技、文化等全方位的较量，只有不断增强的国家综合实力才是维护中美关系稳定的基础和后盾。

贸易战深刻警醒国人，在日益走近世界舞台中央的过程中，中国遇到的挑战将更严峻，竞争将更激烈，特别是关键核心技术要自立自强才能不受制于人。面对外部压力，我们要变压力为改革动力，凝心聚力啃下改革开放的“硬骨头”。聚焦国有企业改革、要素市场化改革、行政性垄断领域市场开放改革，推进与数字经济、绿色发展相关领域的改革，继续扩大开放，与国际高标准市场体系对接，优化营商环境，坚定不移地将中华民族复兴伟业不断推向前进。

当前，我国的改革已经进入深水区，触动利益往往比触及灵魂还难。然而，受此次贸易战的影响，我们深刻意识到对于实力相对弱的中国来说，要在贸易战中争取胜利必须练好内功，强筋健骨。利用此次贸易战契机，中国发布了新的外商投资准入负面清单，基本完全放开制造业的投资限制；颁布《关于强化知识产权保护的意见》；取消金融领域外资股比限制，显示中国全方位推进改革开放的决心。

要想把握重要战略机遇期，必须在统筹“两个大局”中加快构建新发展格局。牢牢把握中华民族伟大复兴的战略全局，始终围绕这一战略全局来谋划各项工作；全面、辩证地审视世界百年未有之大变局，敏锐把握世界形势、国际格局、大国关系、国际秩序等的深刻变化及其对我国发展的复杂影响，继续拓展和深化与国际大循环的紧密联系；审慎评估世界百年未有之大变局对中华民族伟大复兴战略全局带来的风险和挑战，既准备好防范风险的先手，又准备好应对和化解风险挑战的高招，推动国内国际双循环相互促进。

（5）维护和践行多边主义，重塑全球治理新秩序

经济全球化符合多数国家和多数人的利益，损人不利己的单边主义不得人心。与美国带头破坏国际规则、扰乱国际秩序形成鲜明对照，作为全球化的主要受益者之一，中国在反击美国的同时，顺应全球化发展趋势，维护和践行多边主义，反对贸易保护主义，加快对外开放步伐。一方面维护以世界贸易组织为基石的多边贸易体制，秉持开放包容理念，

坚定不移构建开放型世界经济，推动全球经济可持续发展。另一方面主动扩大对外开放，通过举办中国国际进口博览会，中国国际服务贸易交易会等一系列全球性经贸会议，推动贸易和投资便利化、自由化，推进高质量共建“一带一路”，维护全球产业链、供应链顺畅稳定。

全球化时代，世界各国是休戚与共的命运共同体。中国坚持共商共建共享原则，以人类命运共同体为理念，积极推动和引领全球治理变革。一是依靠全球伙伴关系网络，解决世界秩序“有效制度供给不足”问题。倡导建立国际贸易、投资、产业和其他结构性政策协调机制。鼓励各国积极参与全球公共产品的生产与发展中，坚持互利互惠的原则，在有效促进自身经济发展的同时为世界的繁荣贡献力量。二是推动建设相互尊重、公平正义、合作共赢的新型国际关系，为世界秩序重构贡献中国方案。重视二十国集团、上海合作组织、金砖国家等多边国际机制，支持扩大发展中国家在国际事务中的代表性和发言权，构建人类卫生健康共同体，探讨制定全球数字治理规则，共同应对气候变化，促进绿色发展。三是提倡新的文明交流观。以文明交流超越文明隔阂，以文明互鉴超越文明冲突，以文明共存超越文明优越。尊重文化的多样性和差异，打破文化壁垒，通过增加不同文明之间的交流互鉴，推动相互学习和共同发展。

10.2 如何退出中美关税战

2022 年 5 月美国总统拜登称正在考虑结束对华贸易征收关税的方式。9 月 2 日，美国贸易代表办公室（USTR）发布公告称，在对中国“301 调查”中，受益于关税行动的美国国内产业代表已要求继续征收关税。

（1）美国政府内部存在严重分歧

在对华关税的免除问题上，美国政府内部存在严重分歧。美财长耶伦曾在多个场合表示，大幅度取消特朗普时期加征的“301 关税”有利于缓解美国国内的高通胀压力，美贸易谈判代表戴琪则坚持保留高关税，看重其战略价值，称其压力有利于增加美对华谈判的筹码，所以坚持不动或少动。考虑取消部分对华关税后，拜登政府收到了400多条反对意见，反对声音主要来自美国极端左翼、极端右翼、工会。民主党进步派势力的反对也困扰着拜登。部分研究认为，通胀冲击最严重的领域是食品、能源和住房。取消对中国服装、家具、纺织品及自行车等商品的关税，无助于缓解美国通胀。降低通胀可能只是拜登用于减免对华关税的借口，而非最初的缘由。早在拜登上台之际，美国商界就存在降低或减免对华关税的声音。在他们看来，特朗普对华加征关税并没有实现预期目标，如“让美国就业回到国内”，或者“实现和中国的脱钩，减少对中国的依赖”。

（2）退出中美关税战的可行方案探索

特朗普时期开出的停止贸易战的条件“三零二停一允许”：“三零”是零关税、零非关税壁垒、零补贴；“二停”是停止盗窃知识产权、停止强行技术转让；“一允许”是允许美国人到中国独立开设公司。我国长期对“三零”高挂免战牌，并不符合自身利益。我国接招“三零”中的“零关税”“零非关税壁垒”虽有一定难度，但难度并不太大，难度最大的是“零补贴”。一种方案是接招“三零”，并把高技术出口限制也作为一种贸易壁垒，纳入“三零”中的“零非贸易壁垒”议题下，展开谈判。另一种更加主动、特色更鲜明的方案是设置“零关税、零壁垒、零补贴、零出口限制”的“四零”和“对等”的国际经贸议程①。

美国政治新闻网站“Politico”7月5日披露了可能方案：仅取消约3 700亿美元中国商品中，约100亿美元商品的关税；开启新的关税排除程序；同时对包括半导体在内的关键中国产业展开新一轮关税调查。美国两党和国会参众两院在反华问题上已形成高度一致，大家把免除对华关税视同是对华让利，相当于是对华妥协，所以拜登在作出对华免除部分关税决定的同时，一定要在反华问题上有所动作，所以才会表示将对中国的部分产品发起新的“301”不公平竞争调查，不排除加征惩罚性关税的可能②。即便美国真能取消对华关税也是被迫取消而并非主观意愿上

---

① 刘培林．全球化新议程：基于均势的技术和产业安全格局［J］．比较，2020，（6）．

② https：//www. sohu. com/a/566120676_115479.

取消的，其目的并不是希望通过这一举措加强与中国之间的经贸关系，而是作为一种救急手段。

10.3 中美未来经贸关系展望

(1) 中美经贸关系总量增长但结构调整

中美贸易总额继续增长。国家统计局公布的数据显示，2018 年至 2021 年，中美之间的贸易规模分别为：6 335.19 亿美元、5 415.60 亿美元、5 869.79 亿美元和 7 557.76 亿美元。可以看出，在美国挑起贸易战之后的 2019 年和 2020 年，两国贸易额受到了影响，但在 2021 年出现大幅反弹，并创下了新的历史纪录。据彭博社援引 2022 年前 9 个月中美贸易数据报道称，在美国挑起贸易战近 6 年后，2022 年或将成为一个中美贸易额创纪录的年份，不但美国从中国的进口超过历史上任何一年，美国向中国的出口也将创下新的历史纪录。与中国的贸易关系仍然是美国最大的双边贸易关系。在投资方面，美累计对华实际投资接近 1 000 亿美元，中国企业在美累计非金融类直接投资超过 700 亿美元。目前，在华美资企业超过 700 亿美元，在华美资企业超过 7 万家，其中 97% 是盈利的。

中美经贸依赖度下降。在美国科尔尼公司发布的年度报告《美国制造业回流指数》中指出，美国从中国进口的制成品份额继续下降，从 2018 年的 66% 降至 55%。从 2020 年第四季度开始，随着其他亚洲低成本国家或地区从疫情中复苏，美国再次减少了对中国进口的依赖。2021 年，美国从中国进口的制成品减少，从其他亚洲低成本国家或地区进口的占比增加。这种变化主要是因为产业转移，具体体现在对初级金属、纺织品、机械（电气除外）等领域的进口明显减少，其次是对计算机和电子产品以及其他制成品的进口也有一定幅度的减少。据报告结果显示，79% 在中国有业务布局的制造部门高管已经或计划在三年内回流部分业务，另有 15% 正在评估类似行动。

理性正在回归。中国香港特区《南华早报》网站发表了美国前外交官布赖恩·克莱因的文章，题为“虽然其他领域关系紧张，但美中商业合作盛行”。文章指出，考虑到美中之间激烈的经济竞争，如今要找到合作的证据并非易事。不过，有迹象显示，理性正在回归。最近在金融和贸易领域发生的事件表明，尽管两国在双边关系的其他领域存在明显分歧，但基于共同利益的做法仍在持续。对于在美上市的中国公司及其投资者而言，有关美国上市公司会计监督委员会得以充分获取相关审计信息的消息，缓解了对于中企从美国大规模退市的担忧。中方同意审计也表明进入美国市场仍很重要。这种合作的最终结果是：投资者可以更加了解情况，中国企业也可以继续进入美国股市。文章称，在不涉及国家安全的领域，这种互利经济交流应该继续下去。而在贸易领域，美国最近决定将对 352 项中国输美产品的关税豁免再延长 9 个月。这一行动表明，华盛顿仍然重视互利贸易的某些方面。美国贸易代表戴琪本可以让这些豁免失效，甚至让更多中国商品受到更高关税的影响。但相反，一项全面审查正在进行，以评估关税措施对美国企业和民众的影响[①]。

（2）中美经贸关系面临诸多挑战

一是美方对中美经贸关系的认识存在固化和片面性。特别是对中国基本经济制度、国有企业作用、市场准入水平以及经贸利益分配等方面的负面认知没有改变。认知偏差是影响中美落实元首会晤共识的重要阻碍。

二是美国国内政治极化影响对话立场。中期选举后，共和党控制了国会众议院，会以众议院为平台，表达本党诉求，打击拜登政府。特别考虑到在经贸领域，众议院拥有的立法权力更大，拜登政府势必会面临共和党掣肘。民主党当然也会从国内政治出发，考虑其在对华经贸政策上的立场。中美经贸关系很可能会被中期选举后的美国国内政治结构所裹挟，被国内政治斗争所高度塑造。

三是华盛顿聚焦中美战略竞争、维护全球经贸优势的战略考虑。中美当前的经贸摩擦并不全然是经贸问题本身，还与中美战略竞争态势高度相关。美国对华采取的经贸政策，不仅是从经贸关系考虑，也有服务

---

① https：//m. sohu. com/a/622277055_114911.

于对华战略竞争、维护其全球战略地位的需求。因此，美方会从削弱中国竞争优势的目标定位中美经贸关系。从这一角度出发，美国对华出口管制等遏制性经贸手段将会强化①。

10.4 中美经贸合作前景

尽管挑战重重，但中美两国经贸合作前景广阔，两国之间贸易投资的增长，将带动全球产业链价值链的稳定与开放，增加全球各个国家人民的福祉。中美有非常相似的利益，如跨境电子传输关税免征、延长，还有粮食出口限制。加强中美宏观政策沟通协调意义重大，有利于共同维护全球产业链供应链稳定。

（1）第三方市场合作

吴崇伯和丁梦②（2021）研究表示，第三方市场合作作为中美企业参与国际产能协作的新形式，是中美两国“以经促政”的重要合作方式，也是实现中国、美国与第三方市场国家多方共赢的重要经济实践，中美第三方合作能够在错位协调发展的基础上满足广大发展中国家的社会经济发展需求，一是中美价值链条通过紧密合作对接，可以迎合第三方市场发展需求；二是中美企业优势通过双向协调互补，可以提升第三方市场合作质量；三是中美多元领域通过广泛深度合作，可以实现第三方市场多方共赢。中美如果能够通过共同探讨并达成共识的手段来重新确立加强两国外交关系、经济合作以及政治互信的新路径，不仅有助于进一步拓展拜登政府时期中美企业在第三方市场合作中的发展空间与合作广度，加速双方企业在全球价值链中的优势互补与产业结构对接进程，而且还可以为中美战略博弈向良性竞争转变提供更多的积极要素，进而形成相对稳定的国际经济发展环境。

---

① 宋国友．中美经贸关系迎来改善窗口了吗［N］．环球时报，2022－11－25.

② 吴崇伯，丁梦．中美第三方市场合作的实践、挑战与展望［J］．国际观察，2021（04）：44－71.

（2）协力推进WTO改革

WTO改革面临上诉机构效率低下、不同群体利益难以兼顾以及其框架与现行国际经贸格局无法兼容的困境。美国出于自身利益，在WTO争端解决机制、WTO透明度、发展中国家身份认定等方面提出改革主张，并与中国在WTO改革的有效性、包容性问题上存在立场冲突，但在相关性问题上仍有合作空间。中国宜通过主动回应发展中国家和非市场经济的争议话题、积极推动WTO争端解决机制恢复、进一步完善补贴政策、倡导采用“多边+诸边”的双轨谈判模式以及加强中美在新兴领域合作的方式，在WTO框架下解决中美在关键领域的分歧，以共同利益推进中美在WTO改革中的合作。例如，可以围绕能源安全、网络信息安全、粮食安全、服务贸易等国际重大议题，推动与美国在新能源、数字经济以及环境保护等新兴领域的合作。

第11章

结论与政策建议

11.1 中国的贸易政策不确定性将长期处于较高水平

当前，中美在高技术领域的竞争涵盖了技术、产业、贸易、政治等多重因素，具有长期性、反复性和艰巨性特征。随着全球高科技竞争格局和优势的演化和转移，中美博弈的强度将不断加大。双方的利益平衡将被打破，冲突可能会进一步升级。美国为了遏制中国的技术赶超态势，将中国锁定在全球价值链的中低端，将对未来有潜力的高技术领域采取更加严格的管制打压措施，随着中美科技领域部分脱钩举措逐步付诸实践，全球供应链体系和创新生态都将受到深远影响。中美科技竞争虽然给中国高技术产业发展带来巨大不确定性，相关行业和企业的发展生态受到影响，特别是中美人才流动、双边投资和科学技术交流都受到了限制。但相关企业表现出较强的韧性，研发投入大幅增加，攻克核心技术、国产替代的战略决心增强。

我们分别从关税政策、非关税壁垒、广义贸易政策不确定性几个角度回顾了中国入世以来贸易政策不确定性的变化趋势，指标测度结果表明，2018 年以来中国贸易政策的不确定性水平持续攀升，2020 年达到新高。分行业看，制造业贸易政策不确定性普遍较高。但是 2018 年以来，信息传输、软件和信息技术服务业的不确定性上升较快，2020 年后不确定性水平超过制造业。资本品和中间品的贸易政策不确定性显著高于消费品。高技术产品的贸易政策不确定性水平显著高于非高技术产品。美国、印度和欧盟是对华实施反倾销措施最多的国家。与美国和日本相比，中国的贸易政策不确定性处于相对较高的水平，且波动性较大。我们尝试从宏观经济、国际贸易、国际政治、能源依存、媒体报道五个方面选取指标构建了中国贸易政策不确定性的宏观指数，并对其未来走势进行研判，认为在地缘政治冲突、全球经济增长前景黯淡等多重危机叠加背景下，中国的贸易政策不确定性将长期处于较高水平。新形势下，中国要提前研判中美科技竞争发展态势，尽早制定有针对性的科技领域的反制措施，积极做好应对各种风险挑战的准备。

11.2　辩证看待贸易政策不确定性对企业创新的影响

近年来，持续升高的贸易政策不确定性影响了企业投资决策，给企业创新发展带来严峻挑战。本书的研究发现，贸易政策不确定性与企业创新呈现非线性的倒“U”形关系。低水平的贸易政策不确定性有助于提升企业的创新能力，但超过一定范围后，贸易政策不确定性对企业创新的抑制效应显著增强。具体而言，贸易政策不确定性水平较低将对企业自主创新发挥“催化剂”作用，促进实质性科技突破。贸易政策不确定性水平较高则会使得企业处于相对被动的位置，核心创新能力受到抑制。这主要因为我国制造业大多处于全球价值链的中低端，与发达国家相比自主创新能力仍有差距，若其强行切断如华为等相关高技术企业的尖端技术和先进产品供应链，将导致明显的负面效应。这一结论提示我们应理性、辩证看待贸易政策不确定性对企业创新的影响，在不确定性中激发企业自主创新的内在动力，同时完善贸易政策不确定性的监测预警体系，提升企业和政府应对贸易政策不确定性的能力，将贸易政策不确定性控制在合理的区间，避免其对企业创新造成不可逆转的危害。

首先，建立贸易政策不确定性监测预警机制。在贸易政策不确定性水平攀升背景下，预测和研判贸易政策不确定性十分必要。不仅有助于政府和企业未雨绸缪，减少因不确定性造成的损失。对于促进产业结构调整、提升产业政策的精准性和有效性也具有十分重要的意义。一是应从信息收集、数据监测、分析评估以及预报警情几个维度搭建贸易政策不确定性预警体系。二是建立政府、行业协会、预警机构和企业四个主体相互作用、共同努力的“四位一体”的贸易政策不确定性预警机制。明确好每个组织主体各自职责和分工对整个机制的运行非常重要。政府部门应在贸易政策不确定性预警体系中起主导和协调作用，在贸易政策不确定性水平升高时，政府要提前响应，作出整体应对和预防预案。通过积极参与多边和双边协定，建立区域贸易政策领域的信息沟通和共同监测机制，增强地区化解贸易政策不确定性风险的能力。行业协会开展相关专业知识的交流及普及活动，帮助企业形成行业合力。设立贸易政策不确定性预警专门机构是为了提供贸易政策不确定性预警的专业性及效率性。企业要参与贸易政策不确定性监测数据库的构建工作，如实上报录入相关信息，及时进行信息反馈。

其次，重视自主创新，维护产业链、供应链安全自主可控。作为国家安全的重要影响因素，科技不仅成为社会各领域的技术支撑，也成为外部势力控制、破坏的重点对象。美国在高端科技方面施压，使我们意识到自主研发能力较低，在关键技术领域上被“卡脖子”的问题亟待解决。因此，外部压力促使中国政府更加坚定地制定积极的财政和税收政策，深入实施创新驱动发展战略，进一步提升创新能力和效率，以前所未有的决心建设科技强国，加快核心技术突破，全力保障我国产业链安全。当前，我国产业链、供应链仍然存在基础不牢、水平不高的问题，一些基础产品和技术对外依存度高，高端产品供给不足。因此，要围绕产业基础高级化、产业链现代化来增强产业链、供应链自主可控能力：一是补短板，聚焦产业薄弱环节，开展关键基础技术和产品的工程化攻关，布局建设一批国家制造业创新中心，加快科技成果转化和产业化；二是锻长板，聚焦产业优势领域深耕细作，培育打造一批先进制造业集群；三是促进产业在国内有序转移，优化区域产业链布局，支持老工业基地转型发展。

11.3　提高政策透明性、连续性和针对性

从行业层面看，贸易政策不确定性对不同高技术制造业创新绩效的影响存在显著差异。竞争度高、外部融资依赖度高、不透明度高的高技术制造业行业创新绩效更容易受到贸易政策不确定性的影响。

从企业层面看，对美国出口依赖度高、私营企业的创新受到的影响较大。贸易政策不确定性升高对我国外向型经济发展模式带来挑战。当前，我国企业遭受实体清单制裁后从供应链稳定到技术合作以及外部融资、市场销售都受到不同程度的负面影响。政府应密切关注实体清单制裁对企业创新的影响，为企业提供资金、技术及法律上的帮助。政府要分类施策，制定出与行业、企业发展实际和发展趋势相配套的政策，提高宏观经济政策的透明性、稳定性与连续性，减缓贸易政策不确定性对相关行业和企业创新的负面冲击。一方面鼓励企业降低对海外市场和技术的过度依赖，提升关键核心技术和零部件自给自足能力。另一方面，积极主动应对技术遏制，为中国本土创新企业拓展市场份额、实现创新商业化提供应用场景和政策支持。与此同时，要进一步优化创新生态，完善知识产权保护制度，鼓励跨国公司将研发中心落地中国，支持跨国公司加快创新本土化进程。

11.4　从投资、技术、融资渠道支持企业创新

首先，贸易政策不确定性通过影响内部研发支出，影响企业研发创新水平。在贸易政策不确定性水平较低时，倒逼效应使企业关注技术短板，增加内部研发支出，进而促进创新绩效。而当贸易政策不确定性升高到一定水平后，企业管理者的风险偏好发生变化，对风险较高的创新

项目的投资意愿下降，进而产生抑制创新的效应。

其次，贸易政策不确定性通过影响企业技术获取渠道，影响企业研发创新水平。外商直接投资通过技术转移和技术溢出效应，对东道国产业技术进步和创新具有重要作用。我们考察了企业股权中外资股权的进入和退出情况，结果发现贸易政策不确定性升高使得外资股权进入显著下降，阻碍了外资的技术溢出效应。与此同时，贸易政策不确定性与企业境外联合研发的依赖度呈倒“U”形关系。说明不确定性下企业与外方研发合作和交流活动受到影响，抑制了技术扩散，降低了创新绩效。贸易政策不确定性与企业出口额占总销售收入之比负相关，说明贸易政策不确定性缩小了企业的国际市场份额，降低了出口的规模效应，减少了企业利润，进而抑制了企业创新投入。海外并购也是发展中国家企业获取技术进步的有效途径，检验结果发现贸易政策不确定性与企业海外并购呈现倒“U”形关系，企业不能按照效益最大化配置国内外技术资源，降低了创新效率，延缓了创新进程，进而影响了企业的创新绩效。

最后，贸易政策不确定性通过影响企业融资约束，影响企业研发创新水平。实证结果显示，贸易政策不确定性与企业融资约束正相关，不确定性下的外部融资来源及资金成本显著上升，同时企业自身会陷入流动性陷阱中，为了保持现金流稳定，企业的扩大投资的意愿减少，对创新型项目的支持力度下降，影响了企业的创新绩效。在贸易政策不确定性环境下，政府为了稳定宏观经济会推出相关的补贴和扶持政策，帮助企业应对不确定性风险。我们检验了贸易政策不确定性与税收减免、政府补贴的关系，发现贸易政策不确定性显著提升了税收减免额度和政府补贴额度，但从效果来看，税收减免的促进创新的效应不如政府补贴。

11.5 完善国内制度环境建设

研究发现，贸易政策不确定性对创新的不利影响在地区创新创业指数高、直接融资市场发达以及市场化水平高的地区有所减弱。说明有利的制度因素会增强市场参与者对未来的预期，进而缓解贸易政策不确定性对创新的抑制效应。当前，中国建设创新型国家已经取得了重大进展，然而制约中国企业创新发展的因素仍有很多，特别是在贸易政策不确定性升高背景下，创新领域的脆弱性问题突显，企业家精神受到抑制。因此，创造有利于企业家创新的文化环境和制度环境，对提升创新发展韧性至关重要。

一是继续推进市场化改革进程。一方面提升市场主体活力和创新积极性。在贸易政策不确定性升高背景下，继续推进市场化改革，稳定企业创新投资预期。不以企业所有制对企业进行分类，建立中性竞争的市场环境，对所有企业一视同仁，无歧视地平等对待，通过公平竞争推动经济发展和国际竞争力提升。另一方面要更好发挥政府在推动创新发展中的重要作用。以计划、规划和战略来确定创新的方向，整合资源、推进产业技术进步，打造“国家制造业创新网络”，资助进行基础和竞争前研发，并承担私营部门不愿意接受的初始风险。

二是建立健全的金融和法律基础设施，以吸收不确定性冲击的不利影响。完善融资结构，构建多层次、有差异、互补且有竞争的金融体系。根据实体经济创新创业需求发展直接融资，特别是股权融资，减少融资约束，提高企业在危机时期获得外部融资的能力。

三是重视创新生态建设，营造创新友好型营商环境。创新生态水平越高，企业在贸易政策不确定性中的抗风险能力越强。进一步打破体制机制障碍，推动创新要素在全国范围内合理流动、优化配置。完善知识产权保护，加强创新基础设施建设，促进创新链与产业链、资金链融合发展。长久以来，由于我国知识产权保护制度不完善，模仿、抄袭在一定程度上造成了恶性市场循环，引发外商不满的同时，也抑制了国内自主研发，阻碍了相关技术的发展。如今，美国在全世界范围内对中国科技企业的打压也为我们提供了“机会”，让我们可以趁机规范自己、健全自己、发展自己，找到最适合我国的知识产权保护制度，实现国内层面和国际层面的双重均衡。

11.6 积极融入全球创新网络

嵌入全球创新网络正向调节贸易政策不确定性与企业创新的关系。具体而言，网络中心度、结构洞位置越高，对贸易政策不确定性与企业创新关系的调节效应更大。企业参与的创新联盟数量越多，应对贸易政策不确定性的能力越强，创新绩效越高。网络关系强度越高，贸易政策不确定性下企业的创新表现越好。在全球技术竞争加剧，全球价值链收缩背景下，从获取技术能力的角度嵌入全球供应链的重要性要比单纯的技术进口更重要。企业要更加重视通过技术链接国际国内两个市场两种资源，积极参与全球创新网络，拓展开放创新合作空间，通过建立多元的合作关系获取异质性信息，努力提升自身的网络中心度和结构洞位置。同时，应强化和巩固与合作伙伴的关系，通过建立强关系提升在贸易政策不确定性中获得帮助的可能性和有效性，推动创新绩效持续稳定提升。

在技术扩散、生产组织和资本流动等国际化程度总体提升的趋势下，国际科技合作始终是应对人类共同挑战、把握新技术革命和产业变革红利的重要途径。当前，在前沿领域的技术竞争日趋激烈背景下，技术扩散受到“国界”利益的影响。加上个别国家以国家安全为由，采取技术禁运和排斥主义，技术性贸易壁垒也有扩大化和滥用趋势。尽管创新全球化受到政治因素影响加剧，但仍向多元化合作的发展方式迈进，全球化的趋势不会发生根本性改变。面对全球科技创新趋势的变化，中国企业应顺应全球科技发展大势，进一步融入全球创新网络，同时通过深化改革开放，提高科技创新能力，塑造未来科技战略优势，推动科技创新质量和层级跃迁，最终实现从创新大国创新强国转变。融入全球创新网络需要政府为营造良好的全球科技合作生态提供相应的支持。特别是在地缘政治风险上升的背景下，各国企业和行业层面的共识需要通过政府间的有效沟通落地。各国政府如何管控分歧，划定范围，达成一致将有效降低贸易政策不确定性水平，给各国产业和经济发展提供空间。

鼓励外资研发中心发展，促进技术交流合作。当前，中国在市场规模、人力资源、创新保护、产业链配套等方面的优势逐渐显现，越来越多的跨国公司在华设立研发中心，外资研发中心是中国企业参与全球创新网络的重要媒介和载体。应为外资研发中心融入全球创新合作提供有利条件。由于跨国公司研发活动涉及与母公司总部和其他分支机构的数据交流活动，应在保证国家安全的基础上进一步畅通跨境数据流动，明确相关法律法规和配套细则，积极与国际规则接轨，为数据跨境流动提供便利。目前，外资企业还无法纳入高新技术企业的认定序列，因而无法享受 15% 的税收优惠政策，应对创新企业的扶持一视同仁，增强对外资研发中心的吸引力。

11.7　深度嵌入自由贸易网络

嵌入自由贸易网络能够有效降低经贸合作的成本，提供更多便利，创造了良好的市场预期，通过制度协同与配合，为市场发挥资源配置的决定性作用创造了更好的保障。中国当前已初步形成立足周边、辐射“一带一路”、面向全球的 FTA 网络，继续推进 FTA 网络构建的广度和深度，对于稳定中国出口贸易，降低贸易政策不确定性对企业创新冲击具有重要作用。

一是推进高水平对外开放。在统筹开放和安全的前提下，加快推进制度型开放，合理缩减外资准入负面清单，更大力度吸引和利用外资，加大现代服务业领域开放力度，推进高能级开放平台建设，实现更加自主、更有效率、更高水平的开放。具体而言，我们的工作将围绕以下几个方面展开：首先，实施更大范围对外开放。优化开放空间布局，引导沿海内陆沿边开放优势互补，促进区域协同发展。其次，实施更宽领域对外开放。通过大幅放宽市场准入，吸引更多更优质外资在我国市场上同台竞争。要推动服务业的有序开放，稳妥推进银行、证券、保险等金融领域开放。稳步推进海南自由贸易港建设，以货物贸易“零关税”、服务贸易“既准入又准营”为方向推进贸易自由化便利化。最后，实施更深层次对外开放。稳步拓展规则、规制、管理、标准等制度型开放。持续推进稳外贸促外资工作的落地落实落细，健全外商投资准入前国民待遇加负面清单管理制度，促进内外资企业公平竞争，营造更加市场化、法治化、国际化的营商环境。

二是重视多元国际合作。加强与世界其他经济体的合作，开辟新兴市场，实现互利共赢。在中美经贸摩擦中，众多中国高科技企业遭受美国“实体清单”威胁，暴露出我国过于依赖美国提供核心技术，难以找到替代品的问题。因此，在贸易政策不确定性上升背景下，企业扩大“朋友圈”、推行供应链多元化战略，是从被动防御到主动控制风险、保持市场竞争力的必然选择。中国应加快与其他国家的谈判进程，依托《区域全面经济伙伴关系（RCEP）》，进一步巩固中国与东盟等区域伙伴关系。推动《中欧全面投资协定》重启，中欧合作有助于搭建起反对贸易保护主义的合作平台。

三是加快完善面向全球的高标准自由贸易区网络为目标的自由贸易区提升战略。作为推动高水平开放的重要举措，自由贸易区将与多边经贸体制形成更为有效的互补配合和双轮驱动，共同推动中国与全球经贸伙伴增强协同发展动力。在双循环新发展格局下，嵌入自由贸易网络有助于提升在国际国内两个市场配置资源的能力。这将有利于我国以扩大开放带动国内创新、推动改革、促进发展，不断实现产业转型升级，巩固我国在区域产业链供应链中的地位，为国民经济良性循环提供有效支撑，加快形成国际经济竞争合作新优势，推动经济高质量发展。

四是深度参与全球经贸规则治理。在世界贸易组织主导的多边贸易体系日渐式微的背景下，一批新的高标准贸易协定纷纷出台。2018 年以来，日欧 EPA（经济贸易伙伴关系协定）、美墨加协定、欧加 FTA 等高标准自由贸易协定纷纷涌现。这些贸易协定涉及零关税、服务业开放、跨境电商以及市场准入、知识产权保护、环境保护等条款，是推动相关领域迈向新一轮全球化的重要力量。中国更高水平的对外开放重点是落实制度型开放举措，一方面，要顺应国际经贸体系和投资规则的变化趋势，及时调整补充，推进建设与国际标准相衔接的制度体系；另一方面，要着眼于发挥自身优势，适时推出由中国主导的高标准规则体系，掌握扩大开放的主动权，提升国际影响力。

参考文献

[1] Aghion, P., Bloom, N., Blundell, R., Griffth, R., Howitt, P., 2005. Competition and innovation: An inverted U relationships. Quart. J. Econ. 120 (2), 701 – 728.

[2] Aghion, P., Blundell, R., Griffith, R., Howitt, P., Prantl, S., 2009. The effects of entry on incumbent innovation and productivity. Rev. Econ. Stat. 91 (1), 20 – 32.

[3] Aghion, P., Bergeaud, A., Lequien, M., Melitz, M., 2019. The heterogeneous impact of market size on innovation: Evidence from French firm – level exports. Working Paper. Harvard University.

[4] Amiti, M., Konings, J., 2007. Trade liberalization, intermediate inputs, and productivity: Evidence from Indonesia. Am. Econ. Rev. 97, 1611 – 1638.

[5] Antrás, P., Yeaple, S. R., 2014. Multinational firms and the structure of international trade. In: Gopinath, G., Helpman, E., Rogoff, K. (Eds.), Handbook of International Economics. 4, pp. 55 – 130.

[6] Acharya, V. V., Baghai, P. R., & Subramanian, K. (2013). Labor laws and innovation. Journal of Law and Economics, 56 (4), 997 – 1037.

[7] Arrow, K. (1962) . Economic welfare and the allocation of re-

sources for invention, NBER chapters. In The rate and direction of inventive activity: Economic and social factors. pp. 609 – 626. National Bureau of Economic Research, Inc.

[8] Ashraf, N. D. , & Shen, Y. (2019) . Economic policy uncertainty and banks' loan pricing. Journal of Financial Stability, 44, Article 100695.

[9] Atanassov, J. , Julio, B. , & Leng, T. (2019) . The bright side of political uncertainty: The case of R&D. SSRN Working Paper Levine

[10] Baldwin, R. , Krugman, P. , 1989. Persistent trade effects of large exchange rate shocks. Quart. J. Econ. 104 (4), 635 – 654.

[11] Baldwin J. R. , Caves R. E. , Gu W. Responses to Trade Liberalization: Changes in Product Diversification in Foreign – and Domestic – Controlled Plants [J]. Chapters, 2009.

[12] Baker, S. R. , Bloom, N. , & Davis, J. S. (2016) . Measuring economic policy uncertainty.

[13] Quarterly Journal of Economics, 131 (4), 1593 – 1636.

[14] Beck, T. , Demirgüc, – Kunt, A. , & Levine, R. (2009). Financial institutions, and markets.

[15] Across countries and over time: Data and analysis. World Bank Policy Research Working Paper 4943, May 2009.

[16] Bernanke, S. B. (1983) . Irreversibility, uncertainty, and cyclical investment. Quarterly Journal of Economics, 98 (1), 85 – 106.

[17] Bhattacharya, U. , Hsu, P. H. , Tian, X. , & Xu, Y. (2017). What affects innovation more: Policy or policy uncertainty? Journal of Financial and Quantitative Analysis, 52 (5), 1 – 33.

[18] Bloom, N. (2009) . The impact of uncertainty shocks. Econometrica, 77 (3), 623 – 685.

[19] Bloom, N. , Draca, M. , & Van Reenen, J. (2016) . Trade induced technical change: The impact of Chinese imports on innovation, diffusion, and productivity. Review of Economic Studies, 83 (1), 87 – 117.

[20] Bloom, N. , Bond, S. , & Van Reenen, J. (2007). Uncer-

tainty and investment dynamics. The Review of Economic Studies, 74 (2), 391 – 415.

[21] Bonaime, A., Gulen, H., & Ion, M. (2018). Does policy uncertainty affect mergers and acquisitions? Journal of Financial Economics, 129 (3), 531 – 558.

[22] Bond, P., Goldstein, I., & Prescott, E. S. (2010). Market – based corrective actions. Review of Financial Studies, 23 (2), 781 – 820.

[23] Bordo, M. D., Duca, V. J., & Koch, C. (2016). Economic policy uncertainty and the credit channel: Aggregate and bank – level us evidence over several decades. Journal of Financial Stability, 26, 90 – 106.

[24] Bravo – Biosca, A. (2007). Essays on innovation and finance. Harvard University. Ph. D. Thesis.

[25] Brown, J. R., & Martinsson, G. (2019). Does transparency stifle or facilitate innovation? Management Science, 65 (4), 1600 – 1623.

[26] Beestermöller, M., Disdier, A. – C., Fontagné, L., 2018. Impact of European food safety border inspections on agri – food exports: Evidence from Chinese firms. China Econ. Rev. 48 (C), 66 – 82.

[27] Berkowitz, D., Ma, H., Nishioka, S., 2017. Recasting the iron rice bowl: The reform of China's state – owned enterprises. Rev. Econ. Stat. 99 (4), 735 – 747.

[28] Bernard, A., Jensen, J., Schott, P., 2006. Survival of the best fit: Exposure to low – wage countries and the (uneven) growth of U. S. manufacturing plants. J. Int. Econ. 68 (1), 219 – 237.

[29] Bertrand, M., Duflo, E., Mullainathan, S., 2004. How much should we trust differences – in – differences estimates? Quart. J. Econ. 119 (1).

[30] Bilir, L. K., 2014. Patent laws, product lifecycle lengths, and multinational activity. Am. Econ. Rev. 104 (7), 1979 – 2013.

[31] Blundell, R., Griffith, R., van Reenen, J., 1999. Market share, market value and innovation in a panel of British manufacturing firms.

Rev. Econ. Stud. 66 (3), 529 - 554.

[32] Brandt, L., Van Biesebroeck, J., Zhang, Y., 2012. Creative accounting or creative destruction? Firm - level productivity growth in Chinese manufacturing. J. Dev. Econ. 97 (2), 339 - 351.

[33] Branstetter, L., Lardy, N., 2008. China's embrace of globalization. In: Brandt, L., Rawski, T. (Eds.), China's Economic Transition: Origins, Mechanisms, and Consequences. Cambridge University Press.

[34] Bustos, P., 2011. Trade liberalization, exports, and technology upgrading: Evidence on the impact of MERCOSUR on Argentinian firms. Am. Econ. Rev. 101, 304 - 340.

[35] Caldara D., Iacoviello M., MolligoP., Prestipino A., Raffo A. (2020). Theeconomic effects of trade policy uncertainty, Journal of Monetary Economics.

[36] Cai, H., Liu, Q., 2009. Competition and corporate tax avoidance: Evidence from chinese industrial firms. Econ. J. 119, 764 - 795.

[37] Cheng, W., Potlogea, A., 2015. Trade liberalization and economic development: Evidence from China's WTO accession. Working Paper.

[38] Chirinko, R., Schaller, H., 2009. The irreversibility premium. J. Monetary Econ. 56, 390 - 408.

[39] Coelli, F., 2018. Trade Policy uncertainty and innovation: Evidence from China. Working Paper.

[40] Coelli, F., Moxnes, A., Ulltveit - Moe, K. H., 2016. Better, faster, stronger: Global innovation and trade liberalization. NBER Working Paper 22647.

[41] Chen, X., & Chiang, T. C. (2020). Empirical investigation of changes in policy uncertainty on stock returns - Evidence from China's market. Research in International Business and Finance, 53, Article 101183.

[42] Chen, Y., & Puttitanun, T. (2005). Intellectual property rights and innovation in developing countries. Journal of Development Economics, 78 (2), 474 - 493.

[43] Colak, G., Durnev, A., & Qian, Y. (2017). Political uncertainty and IPO activity: Evidence from U. S. gubernatorial elections. Journal of Financial and Quantitative Analysis, 52 (6), 1-42.

[44] Cohen W M, Levinthal D A. Absorptive Capacity: A New Perspective on Learning and Innovation [J]. Administrative Science Quarterly, 1990, 35.

[45] Dixit, A., Pindyck, R., 1994. Investment Under Uncertainty. Princeton University Press, Princeton, NJ, USA.

[46] Dubois, P., de Mouzon, O., Scott - Morton, F., Seabright, P., 2015. Market size and pharmaceutical innovation. Rand J. Econ. 46 (4), 844-871.

[47] Feenstra, R. C., Romalis, J., Schott, P. K., 2002. U. S. imports, exports and tariff data, 1989-2001. NBER Working Paper 9387.

[48] Feng, L., Li, Z., Swenson, D. L., 2017. Trade policy uncertainty and exports: Evidence from China's WTO accession. J. Int. Econ. 106, 20-36.

[49] Facchini, Giovanni; Liu, Maggie Y.; Mayda, Anna Maria; Zhou, Minghai (2018): China's "Great Migration": The Impact of the Reduction in Trade Policy Uncertainty, IZADiscussion Papers, No. 11279.

[50] Goldberg, P. K., Khandelwal, A. K., Pavcnik, N., Topalova, P., 2010. Imported intermediate inputs and domestic product growth: Evidence from India. Quart. J. Econ. 125 (4), 1727-1767.

[51] Gilchrist, S., Sim, J. W., and Zakrajsek, E. (2014). Uncertainty, financial frictions, and investment dynamics. Working Paper 20038, National Bureau of Economic Research.

[52] Guariglia, A., Tsoukalas, J., Tsoukas, S., 2012. Investment, irreversibility, and financing constraints: Evidence from a panel of transition economies. Econ. Lett. 117 (3), 582-584.

[53] Guiso, L., Parigi, G., 1999. Investment and demand uncertainty. Quart. J. Econ. 114 (1), 185-227.

[54] Handley, K., 2014. Exporting under trade policy uncertainty: Theory and evidence. J. Int. Econ. 94, 50 - 66. 19.

[55] Handley, K., Limão, N., 2015. Trade and investment under policy uncertainty: Theory and firm evidence. Am. Econ. J. Econ. Policy 7 (4), 189 - 222.

[56] Handley, K., Limão, N., 2017. Policy uncertainty, trade and welfare: Theory and evidence for China and the U. S. Am. Econ. Rev. 107 (9), 2731 - 2783.

[57] Hashmi, A. R., 2013. Competition and innovation: The inverted - U relationship revisited. Rev. Econ. Stat. 95 (5), 1653 - 1668.

[58] Hu, A. G., Jefferson, G. H., 2009. A great wall of patents: What is behind China's recent patent explosion? J. Dev. Econ. 90 (1), 57 - 68.

[59] Levinsohn, J., Petrin, A., 2003. Estimating production functions using inputs to control for unobservables. Rev. Econ. Stud. 70 (2), 317 - 341.

[60] Lighthizer, R., 2010. Testimony before the U. S. - China Economic and Security Review Commission: Evaluating China's Role in the World Trade Organization Over the Past Decade. p. 2010.

[61] Liu, Q., Lu, Y., 2015. Firm investment and exporting: Evidence from China's value - added tax reform. J. Int. Econ. 97, 392 - 403.

[62] Liu, Z., Ma, H., 2020. Input trade liberalization and markup distribution: Evidence from China. Econ. Inquiry forthcoming.

[63] Liu, Q., Qiu, L. D., 2016. Intermediate input imports and innovations: Evidence from Chinese firms' patent filings. J. Int. Econ. 103, 166 - 183.

[64] Liu, Q., Lu, R., Lu, Y., Luong, T. A., 2019. Import competition and firm innovation: Evidence from China. Working Paper.

[65] Lu, Y., Yu, L., 2015. Trade liberalization and markup dispersion: Evidence from China's WTO accession. Am. Econ. J. Appl. Econ. 7 (4), 221 - 253.

[66] Nickell, S. J., 1996. Competition and corporate performance. J. Polit. Econ. 104 (4), 724 - 746.

[67] Pierce, J. R. , Schott, P. K. , 2016. The surprisingly swift decline of U. S. manufacturing employment. Am. Econ. Rev. 106 (7), 1632 - 1662.

[68] Pierce, J. R. , Schott, P. K. , 2018. Investment responses to trade liberalization: Evidence from US industries and plants. J. Int. Econ. 115, 203 - 222.

[69] Rob, R. , Vettas, N. , 2003. Foreign direct investment and exports with growing demand. Rev. Econ. Stud. 70 (3), 629 - 648.

[70] Rodrik D. Policy uncertainty and private investment in developing countries [J]. North - Holland, 1991 (2).

[71] Schumpeter, J. A. , 1943. Capitalism, Socialism, and Democracy. 6th ed. George Allen & Unwin, London and New York.

[72] Taglioni, D. , Zavacka, V. , 2013. Innocent bystanders: How foreign uncertainty shocks harm exporters. Working Paper.

[73] Topalova, P. , 2010. Factor immobility and regional impacts of trade liberalization: Evidence on poverty from India. Am. Econ. J. Appl. Econ. 2 (4), 1 - 41.

[74] Wei, S. - J. , Xie, Z. , Zhang, X. , 2017. From "Made in China" to "Innovated in China": Necessity, prospect, and challenges. J. Econ. Perspect. 31 (1), 49 - 70.

[75] Amiti, M. , Dai, M. , Feenstra, R. C. , and Romalis, J. (2017). How did china's WTO entry benefit U. S. consumers? Staff Report No. 817.

[76] Baker, S. R. , Bloom, N. , and Davis, S. J. (2016). Measuring economic policy uncertainty*. The Quarterly Journal of Economics, 131 (4): 1593 - 1636.

[77] Bernanke, B. S. (1983). Irreversibility, uncertainty, and cyclical investment. The Quarterly Journal of Economics, 98 (1): 85 - 106.

[78] Bloom, N. , Bond, S. , and Van Reenen, J. (2007). Uncertainty and investment dynamics. The Review of Economic Studies, 74 (2): 391 - 415.

[79] Bustos, P. (2011). Trade liberalization, exports, and technolo-

gy upgrading: Evidence on the impact of mercosur on argentinian firms. American Economic Review, 101 (1): 304 – 40.

[80] Coelli, F., Moxnes, A., and Ulltveit – Moe, K. – H. (2018). Better, faster, stronger: How trade liberalisation fosters global innovation.

[81] Feng, L., Li, Z., and Swenson, D. L. (2017). Trade policy uncertainty and exports: Evidence from china's wto accession. Journal of International Economics, 106 (Supplement C): 20 – 36.

[82] Handley, K. and Limão, N. (2015). Trade and investment under policy uncertainty: Theory and firm evidence. American Economic Journal: Economic Policy, 7 (4): 189 – 222.

[83] Handley, K. and Limão, N. (2017). Policy uncertainty, trade, and welfare: Theory and evidence for china and the united states. American Economic Review, 107 (9): 2731 – 83.

[84] Lileeva, A. and Trefler, D. (2010). Improved access to foreign markets raises plant – level productivityfor some plants. The Quarterly Journal of Economics, 125 (3): 1051 – 1099.

[85] Lybbert, T. J. and Zolas, N. J. (2014). Getting patents and economic data to speak to each other: An algorithmic links with probabilities approach for joint analyses of patenting and economic activity. Research Policy, 43 (3): 530 – 542.

[86] Pierce, J. R. and Schott, P. K. (2016). The surprisingly swift decline of us manufacturing employment. American Economic Review, 106 (7): 1632 – 62.

[87] Pierce, J. R. and Schott, P. K. (2017). Investment responses to trade liberalization: Evidence from us industries and plants. Technical report, National Bureau of Economic Research.

[88] Stiglitz, J. E., McFadden, D., and Peltzman, S. (1987). Technological change, sunk costs, and competition. Brookings papers on economic activity, 1987 (3): 883 – 947.

[89] Allen, F., Qian, J., Qian, M., 2005. Law, finance, and

economic growth in China. J. Financ. Econ. 77 (1), 57 - 116.

[90] Balsmeier, B., Fleming, L., Manso, G., 2017. Independent boards and innovation. J. Financ. Econ. 123 (3), 536 - 557.

[91] Bhattacharya, U., Hsu, P.H., Tian, X., Xu, Y., 2017. What affects innovation more: policy or policy uncertainty? J. Financ. Quant. Anal. 52 (5), 1869 - 1901.

[92] Bloom, N., Van Reenen, J., 2002. Patents, real options and firm performance. Econ. J. 112. (478), C97 - C116.

[93] Bloom, N., Bond, S., Van Reenen, J., 2007. Uncertainty and investment dynamics. Rev. Econ. Stud. 74 (2), 391 - 415.

[94] Bonaime, A., Gulen, H., Ion, M., 2018. Does policy uncertainty affect mergers and acquisitions? J. Financ. Econ. 129 (3), 531 - 558.

[95] Chen, H., Sun, Z., 2021. International crude oil price, regulation and asymmetric response of China's gasoline price. Energy Econ. 94, 105049.

[96] Crowley, M., Meng, N., Song, H., 2018. Tariff scares: trade policy uncertainty and foreign market entry by Chinese firms. J. Int. Econ. 114, 96 - 115.

[97] Cui, H., Mak, Y.T., 2002. The relationship between managerial ownership and firm performance in high R&D firms. J. Corp. Finan. 8 (4), 313 - 336.

[98] Dang, M., Nguyen, N., Mazur, M., Puwanenthiren, P., & Nguyen, N.T. (2021). Global policy uncertainty and cross - border acquisitions. The Quarterly Review of Economics and Finance, 80, 224 - 235.

[99] Debata, B., & Mahakud, J. (2018). Economic policy uncertainty and stock market liquidity: Does financial crisis make any difference? Journal of Financial Economic Policy, 10 (1), 112 - 135.

[100] Dixit, A.K., & Pindyck, S.R. (1994). Investment under uncertainty. Princeton, NJ: Princeton University Press.

[101] Dang, D., Fang, H., He, M., 2019. Economic policy uncer-

tainty, tax quotas and corporate tax burden: evidence from China. China Econ. Rev. 56, 101303.

[102] Edmans, A., Goldstein, I., & Jiang, W. (2015). Feedback effects, asymmetric trading, and the limits to arbitrage. American Economic Review, 105, 3766 - 3797.

[103] Ernst D. A new geography of knowledge in the electronics industry? - East. West center [J]. Policy Studies, 2009 (54).

[104] Fahlenbrach, R., Stulz, R. M., 2009. Managerial ownership dynamics and firm value. J. Financ. Econ. 92 (3), 342 - 361.

[105] Faleye, O., Kovacs, T., Venkateswaran, A., 2014. Do better - connected CEOs innovate more? J. Financ. Quant. Anal. 49 (5 - 6), 1201 - 1225.

[106] Fang, L. H., Lerner, J., Wu, C., 2017. Intellectual property rights protection, ownership, and innovation: evidence from China. Rev. Financ. Stud. 30 (7), 2446 - 2477.

[107] Folta, T. B., O'Brien, J. P., 2004. Entry in the presence of dueling options. Strateg. Manag. J. 25 (2), 121 - 138.

[108] Freel, M. S., 2005. Perceived environmental uncertainty and innovation in small firms. Small Bus. Econ. 25 (1), 49 - 64.

[109] Fu, M., Shen, H., 2020. COVID - 19 and corporate performance in the energy industry. Energy Res. Lett. 1 (1), 12967. https://doi.org/10.46557/001c.12967.

[110] Gil - Alana, L. A., Monge, M., 2020. Crude oil prices and COVID - 19: persistence of the shock. Energy Res. Lett. 1 (1), 13200 https://doi.org/10.46557/001c.13200.

[111] Gulen, H., Ion, M., 2016. Policy uncertainty and corporate investment. Rev. Financ. Stud. 29 (3), 523 - 564.

[112] Griliches, Z. (1984). R&D, patents, and productivity. Chicago, IL: The University of Chicago Press.

[113] Han, H., Qian, Y., 2020. Did enterprises' innovation ability in-

crease during the COVID - 19 pandemic? Evidence from Chinese listed companies. Asian Econ. Lett. 1 (3), 18072. https: //doi. org/10. 46557/001c. 18072.

[114] Hall, B. H., Jaffe, A., & Trajtenberg, M. (2001). The NBER patent citation data file: Lessons, insights, and methodological tools. NBER Working Paper No. 8498.

[115] Hall, B. H., Jaffe, A., & Trajtenberg, M. (2005). Market value and patent citations. RAND Journal of Economics, 36, 16 - 38.

[116] Holmstrom, B. (1989). Agency costs and innovation. Journal of Economic Behaviorand Organization, 12, 305 - 327.

[117] Hsu, P., Tian, X., & Xu, Y. (2014). Financial market development and Innovation: Cross - country evidence. Journal of Financial Economics, 112 (1), 116 - 135.

[118] Istiak, K., & Serletis, A. (2018). Economic policy uncertainty and real output: Evidence from the G7 countries. Applied Economics, 50 (39), 4222 - 4233.

[119] Jens, C. E. (2017). Political uncertainty and investment: Causal evidence from us gubernatorial elections. Journal of Financial Economics, 124 (3), 563 - 579.

[120] Julio, B., & Yook, Y. (2012). Political uncertainty and corporate investment cycles. Journal of Finance, 67 (1), 45 - 83.

[121] Kahle, M. K., & Stulz, R. M. (2013). Access to capital, investment. and the financial crisis Journal of Financial Economics, 110 (2), 280 - 299.

[122] Kelly, B., Pástor, L., & Veronesi, P. (2016). The price of political uncertainty: Theory and evidence from the option market. The Journal of Finance, 71 (5), 2417 - 2480.

[123] Kerr, W., & Nanda, R. (2015). Financing innovation. Annual Review of Financial Economics, 7, 445 - 462.

[124] Julio, B., & Yook, Y. (2012). Political uncertainty and cor-

porate investment cycles. Journal of Finance, 67 (1), 45 – 83.

[125] Kahle, M. K. , & Stulz, R. M. (2013) . Access to capital, investment. and the financial crisis Journal of Financial Economics, 110 (2), 280 – 299.

[126] Kelly, B. , Pástor, L. , & Veronesi, P. (2016) . The price of political uncertainty: Theory and evidence from the option market. The Journal of Finance, 71 (5), 2417 – 2480.

[127] Kerr, W. , & Nanda, R. (2015) . Financing innovation. Annual Review of Financial Economics, 7, 445 – 462.

[128] Kang, W. , Ratti, R. A. , Vespignani, J. L. , 2017. Oil price shocks and policy uncertainty: new evidence on the effects of US and non – US oil production. Energy Econ. 66, 536 – 546.

[129] Li, M. , Sun, X. , Wang, Y. , Song – Turner, H. , 2019a. The impact of political connections on the efficiency of China's renewable energy firms. Energy Econ. 83, 467 – 474.

[130] Liu J, et al. The geography and structure of global innovation networks: A knowledge base perspective [J]. European Planning Studies, 2013, 21 (9): 1456 – 1473.

[131] Necoechea – Mondragón H, et al. Critical factors for participation in global innovation networks – Empirical evidence from the Mexican nanotechnology sector [J]. Technological Forecasting & Social Change, 2017 (114): 293 – 312.

[132] 阿部武司. 日本通商产业政策史 (1980—2000): 通商和贸易政策 [M]. 北京: 中信出版集团, 2021.

[133] 毕晓方, 翟淑萍, 姜宝强. 政府补贴、财务冗余对高新技术企业双元创新的影响 [J]. 会计研究, 2017 (1): 46 – 52, 95.

[134] 鲍鸥. 历经百年沧桑 打造科技基础——俄罗斯 (包括苏联) 建设科技强国之路 [J]. 中国科学院院刊, 2018, v. 33 (05): 79 – 90.

[135] 曹霞, 杨笑君, 张路蓬. 技术距离的门槛效应: 自主研发与协同创新 [J]. 科学学研究, 2020 (03): 536 – 544.

［136］姜博．产业融合、网络嵌入与中国制造业创新［J］．社会科学，2020（07）：74－85.

［137］康淑娟，安立仁．知识距离视角下全球价值链网络嵌入与创新能力的关系研究［J］．财经理论与实践，2019，40（4）：107－115.

［138］杜亚灵，尹航·工程项目中社会资本对合理风险分担的影响研究［J］．管理工程学报，2015（1）：135－142.

［139］杜威剑，李梦洁．反倾销对多产品企业出口绩效的影响［J］．世界经济研究，2018（9）：55－67，136.

［140］道格拉斯·欧文．贸易的冲突：美国贸易政策200年［M］．北京：中信出版集团，2019.

［141］冯绍雷．中俄欧在欧亚大陆的互动——兼论“一带一路”对三方关系的影响［J］．俄罗斯研究，2020（4）：41.

［142］顾夏铭，陈勇民，潘士远．经济政策不确定性与创新——基于我国上市公司的实证分析［J］．经济研究，2018，53（2）：109－123.

［143］贾中正，李燕．俄罗斯科技发展战略述评［J］．红旗文稿，2018（24）：3.

［144］李德辉，范黎波，杨震宁．企业网络嵌入可以高枕无忧吗——基于中国上市制造业企业的考察［J］．南开管理评论，2017，20（01）：67－82.

［145］蒋为，孙浦阳．美国对华反倾销、企业异质性与出口绩效［J］．数量经济技术经济研究，2016，33（7）：59－76.

［146］罗胜强，鲍晓华．反倾销影响了在位企业还是新企业：以美国对华反倾销为例［J］．世界经济，2019，42（3）：118－142.

［147］李维安，张耀伟，郑敏娜，等．中国上市公司绿色治理及其评价研究［J］．管理世界，2019，35（5）：9.

［148］李敬子，刘月．贸易政策不确定性与研发投资：来自中国企业的经验证据［J］．产业经济研究，2019（6）：13.

［149］李梅，赵乔．研发国际化与企业创新绩效：基于社会网络理论视角［J］．珞珈管理评论，2020（2）：19.

［150］李双杰，李众宜，张鹏杨．对华反倾销如何影响中国企业创

新？[J]. 世界经济研究，2020（2）：106－120，137.

[151] 李浩，胡海青. 网络关系强度与企业创新类型——基于不确定性环境下的实证分析 [J]. 华东经济管理，2014，28（4）：8.

[152] 刘美秀，徐微，朱小明，等. 贸易政策不确定性对企业进口技术复杂度的影响——以中国制造业企业为例 [J]. 宏观经济研究，2020（12）：14.

[153] 刘再起，魏玮. 俄罗斯联邦安全及改革趋势 [J]. 中国社会科学文摘，2017（4）：3.

[154] 卢晓菲. 2014 年以来国外贸易政策不确定性研究进展 [J]. 国外社会科学前沿，2020（4）：75－82.

[155] 林玲，周永，余娟娟. 贸易政策不确定性，政府补贴与企业创新 [J]. 统计与决策，2022（5）：5.

[156] 柳丰华. 俄美中导竞争与中国应对方略 [J]. 北方论丛，2021（4）：10.

[157] 刘莹. 美俄关系"重启"的困境分析 [J]. 俄罗斯东欧中亚研究，2021.

[158] 毛其淋，许家云. 贸易政策不确定性与企业储蓄行为——基于中国加入 WTO 的准自然实验 [J]. 管理世界，2018，34（5）：10－27.

[159] 毛其淋. 贸易政策不确定性是否影响了中国企业进口？[J]. 经济研究，2020，55（2）：148－164.

[160] 马荣康. 国际化视角的企业创新网络嵌入机制及效应 [D]. 大连理工大学博士论文，2014－09－26.

[161] 孟庆斌，师倩. 宏观经济政策不确定性对企业研发的影响：理论与经验研究 [J]. 世界经济，2017（9）：24.

[162] 聂辉华，阮睿，沈吉. 企业不确定性感知、投资决策和金融资产配置 [J]. 世界经济，2020，43（6）：77－98.

[163] 齐绍洲，林屾，崔静波. 环境权益交易市场能否诱发绿色创新？——基于我国上市公司绿色专利数据的证据 [J]. 经济研究，2018，53（12）：15.

[164] 钱学锋，龚联梅. 贸易政策不确定性、区域贸易协定与中国

制造业出口［J］. 中国工业经济，2017（10）：81－98.

［165］汪亚楠，周梦天．贸易政策不确定性、关税减免与出口产品分布［J］. 数量经济技术经济研究，2017，034（012）：127－142.

［166］王红建，汤泰劼，刘梓微．最终控制人投资组合与风险分担：转嫁还是共担？［J］. 财贸经济，2018（8）：66－80.

［167］谢杰，陈锋，陈科杰等．贸易政策不确定性与出口企业加成率：理论机制与中国经验［J］. 中国工业经济，2021，（1）：56－75.

［168］谢申祥，张铭心，黄保亮．反倾销壁垒对我国出口企业生产率的影响［J］．数量经济技术经济研究，2017，34（2）：105－120.

［169］谢申祥，王孝松．反倾销政策与研发竞争［J］．世界经济研究，2013（1）：22－28，87.

［170］徐建中，徐莹莹．企业协同能力，网络位置与技术创新绩效——基于环渤海地区制造业企业的实证分析［J］. 管理评论，2015（1）：12.

［171］徐卫章，李胜旗．贸易政策不确定性与中国出口企业加成率——基于企业异质性视角的分析［J］. 商业研究，2016，62（012）：150－160.

［172］熊凯军．经济政策不确定性，企业异质性与技术创新——基于我国上市制造业企业经验分析［J］. 软科学，2021，35（6）：8.

［173］夏芸，熊泽胥．技术多元化，行业集中度与企业绩效波动［J］. 技术经济．

［174］杨飞．贸易摩擦、国内市场规模与经济高质量发展：国际技术竞争的视角［J］．中国软科学，2021（8）：8－18.

［175］应瑛，刘洋，魏江．开放式创新网络中的价值独占机制：打开"开放性"和"与狼共舞"悖论［J］. 管理世界，2018（2）：144－160.

［176］唐松，王俊杰，马杨，等．2017. 可抵押资产、社会网络与商业信用［J］. 南开管理评论，（03）：53－64.

［177］余森杰，智琨．进口自由化与企业利润率［J］. 经济研究，2016，51（8）：57－71.

［178］余智．贸易政策不确定性研究动态综述［J］. 国际贸易问题，

2019, 437 (05): 166 – 178.

[179] 魏明海，刘秀梅．贸易环境不确定性与企业创新——来自中国上市公司的经验证据 [J]．南开管理评论，2021 (05): 16 – 25

[180] 张军，许庆瑞，张素平．知识共享、知识基与企业创新能力关系研究 [J]．科技进步与对策，2014，31 (23): 5.

[181] 张战仁，张润强，杨晓雪．全球研发网络的中心嵌入结构及因素研究 [J]．中国科技论坛，2021 (03): 53 – 63.

[182] 周礼，金晨晨．网络嵌入对企业绿色创新的影响与作用机制：吸收能力的中介作用 [J]．科技进步与对策，2021，38 (5): 80 – 86.

[183] 赵家章，丁国宁．"双循环"新发展格局下中国高新技术产品贸易困境与策略选择 [J]．国际贸易，2021 (11): 31 – 43.

[184] 赵卫斌．政策不确定性，融资约束与企业现金持有动态调整 [J]．统计与决策，2022 (10): 4.

[185] 朱巧玲，杞如福．经济政策不确定性是否抑制了上市企业创新？[J]．财经问题研究，2022 (4): 12.

[186] Hillmann J, Guenther E. Organizational resilience: a valuable construct for management research? [J]. International Journal of Management Reviews, 2020: 1 – 38.

[187] 赵伟，吴松强，吴琨．韧性视角下科技型中小企业创新风险防范研究 [J]．现代管理科学，2022，332 (1): 115 – 124.

[188] 梁林，赵玉帛，刘兵．国家级新区创新生态系统韧性监测与预警研究 [J]．中国软科学，2020 (7): 92 – 111.

[189] 胡甲滨，俞立平．创新韧性对高技术产业创新的影响机制与特征研究 [J]．科技进步与对策，2022，39 (2): 49 – 59.

[190] 范建红、王冰、闫乐、瞿皎姣．数字普惠金融对高技术制造业创新韧性的影响——基于 GMM 与门槛效应的检验 [J]．科技进步与对策，2022，39 (17): 51 – 61.

[191] Aleksi'c, A., Stefanovi'c, M., Arsovski, S. and Tadi'c, D. (2013). An assessment of organizational resilience potential in SMEs of the process industry, a fuzzy approach. [J]. Loss Prevention in the Process In-

dustries, 26, pp. 1238 - 1245.

[192] 张吉昌、龙静、凌宇鹏、蒋峦. 逆势而生：企业韧性研究述评及展望 [J]. 管理现代化，2021，41 (03)：121 - 125.

[193] Sajko, M., Boone, C., & Buyl, T. CEO Greed, Corporate Social Responsibility, and Organizational Resilience to Systemic Shocks. [J]. Management, 2021, 47 (4), 957 - 992.

[194] Buyl T., Boone C, Wade J. B. CEO Narcissism, Risk - Taking, and Resilience [J]. Management, 2017, 45 (04): 1372 - 1400.

[195] Jüttner, U., Maklan, S, Supply chain resilience in the global financial crisis: an empirical study. [J]. Supply Chain Manag. 16 (4), 246 - 259 (2011).

[196] 鞠晓生，卢荻，虞义华. 融资约束、营运资本管理与企业创新可持续性 [J]. 经济研究，2013 (01)：4 - 16.

[197] Howell, Sabrina T., Josh Lerner, Ramana Nanda, and Richard Townsend. 2021, How resilient is venture - backed innovation? evidence from four decades of U. S. patenting. Harvard Business School Working Paper, No. 20 - 115.

[198] 陈思，何文龙，张然. 风险投资与企业创新：影响和潜在机制 [J]. 管理世界，2017 (01)：158 - 169.

[199] Bloom N, Jones C I, Reenen J V, et al. Are Ideas Getting Harder to Find? [J]. American Economic Review, 2020, 110 (4): 1104 - 1144.

[200] 吴超鹏，吴世农，程静雅，等. 风险投资对上市公司投融资行为影响的实证研究 [J]. 经济研究，2012 (1)：105 - 119.

[201] 张学勇，廖理. 风险投资背景与公司 IPO：市场表现与内在机理 [J]. 经济研究，2011 (06)：118 - 132.

致　谢

本书的完成得到了诸位师友的关怀和帮助。在此向各位表示衷心的感谢！

首先，我要感谢博士后导师方晋秘书长和刘涛雄教授。方秘书长儒雅谦和，博观约取，心怀天下，是我辈学习的榜样。犹记得第一次参加基金会活动时方秘书长语重心长的讲话。他提到我们的国家和民族正在经历严峻的挑战，面对美国的打压，我们如何才能顶住压力，推进民族复兴，是时代赋予我们的使命。方秘书长先天下之忧而忧、后天下之乐而乐的家国情怀令人敬佩。感谢清华大学社会科学学院党委书记刘涛雄教授的指导。刘老师身上凝结着清华园的精神，厚德载物，自强不息。感谢刘老师带领我向学术的高峰攀登，尽管过程不易，却领略了不一样的风景，感受到入微的精妙与快乐。

感谢中国发展研究基金会的各位领导和同事。特别感谢俞建拖副秘书长的言传身教。我清晰地记得俞秘书长对我提出的期望：要想好自己未来的路，尽早做出选择，不要在犹豫不决中错失了机会，不要虚度了时光。这句话我一直记在心底。回顾过去的两年，我认真对待每件小事，并积极主动在做事中提升能力，我的进步离不开俞秘书长的提点。感谢李帆、张纯两位主任在工作中给予我很多帮助和指导，让我重新理解了在细微的工作中做出高度和深度的艺术，也钦佩于他们不断学习、严于律己、持续精进的向上力量。还要感谢闫晓旭、李奇文、王路、杨修娜、张驰对我的帮助，能够与优秀的同事共事非常感恩。因为工作中的相互理解和支持，我们一起完成了很多有意义的工作，也从中收获了友谊和感动。基金会的工作需要团结协作，很庆幸我在跨部门交流和沟通中收获了善意，点滴相助我都铭记于心。

感谢和我一起入站的伙伴们，李阳、常成、范振婷、高廷帆、张小鹿、张亚迪，我们一起在不确定中寻找确定，相互扶持，建立了深厚的友谊。

感谢我的父母和爱人对我的爱和理解。在每一个挑灯夜读的日子里，总有你们的默默相伴和支持，在每一次遭遇挫折时，总有你们的倾听和安慰。作为我文章的首批读者，感谢你们的鼓励和严苛，我会继续努力！

感谢自己身处这样一个伟大的变革时代。每一个个体的成长轨迹终将随着时代的潮流沉浮进退，尽管不确定性增加了恐惧和不安，但未来也被赋予更多可能性。作为一名研究者，我们要以强烈的使命感积极回应现实提出的问题。接受时代的洗礼、时代的馈赠，也伴随时代一起奔赴美好的未来。

梁婧姝

2023 年 7 月 12 日

于北京